JN274560

フランス語における
複合時制の文法

Grammaire des temps composés en français

田中 善英

早美出版社

— L'essenzail na ves'ins betg cun ils egls.
Saint Exupéry

はじめに

　フランス語の時制体系には直説法のみをとっても「過去」と名のつく時制が半過去形，複合過去形，大過去形，単純過去形，前過去形，複複合過去形と6つもある．過去の出来事・状態を表すのにこれだけ多くの時制を持つ言語はそう多くはないであろう．例えば，フランス語と同じ語族であるイタリア語の場合であれば，近過去形，半過去形，大過去形，遠過去形，前過去形の5つである．フランス語の6つの時制は一体どのように使い分けされているのか．

　従来の文法書では単純過去形の直前に完了した行為を前過去形で表すという説明が多いが，実際には，前過去形の代わりに単純過去形や大過去形を使用することの方が多く，前過去形を使った実例はそれほど見られない．OLSSON (1971, p.57, p.103) は，Quand (lorsque) ＋ 前過去形 / 単純過去形の組み合わせ 178 例に対し，Quand (lorsque) ＋ 単純過去形 / 単純過去形 の組み合わせは 698 例という調査結果を示している．前過去形と大過去形が互いに置き換え可能な場合もあるし，前過去形と単純過去形の交替が可能な場合もある．逆に finir, achever など動詞が終了の意味を表す場合には，Quand (lorsque) ＋前過去形 が必要である（朝倉，1984, p.86）．前過去形と大過去形はいずれも「過去における過去」を表す時制とされているが，両者の違いはどこにあるのか，また，独立節で単独で用いられる場合については，どう説明するのか，この2つの時制の本質は何なのか，次々と疑問がわいてくる．

　先行研究については，半過去形といったある1つの時制について記述したもの，時制体系全体の分析を試みた研究は多く存在するが，複合過去形・大過去形といった複合時制を統一的に扱った研究は見当たらない．前述の前過去形と大過去形との違いをはじめとして，個々の複合時制にはまだ未解決の問題がいくつも残っている．本論は，各複合時制の本質を分析し，単純時制との比較を行いながら複合時制の性質について考察することを目的とする．

　本書は，8つの章から成る．第1章では時制体系に関する先行研究を概観，第2章で研究の手順を述べ，第3章では各時制を分析する．第4章では，競合することのある時制を比較対照し，第5章では複合時制と否定との関連を述べる．第6章では時の副詞との共起に関して論じ，第7章では複合時制に必ず表れる助動詞の機能を考察し，第8章で全ての複合時制が持つ機能・意味を分析，第9章で結論を述べる．

著者

目　次

はじめに　*3*

第1章　時制体系に関する先行研究　*11*
1.　　Damourette & Pichon の研究とその影響　*11*
1.1.　Damourette & Pichon (1911-1933)　*11*
1.2.　Klum (1961)　*12*
1.3.　Vet (1980)　*12*
1.4.　Le Goffic (1986)　*13*
1.5.　Touratier (1996)　*13*
2.　　基準点を用いた研究　*13*
2.1.　Reichenbach (1980)　*13*
2.2.　Molendijk (1990)　*14*
2.3.　Gosselin (1996)　*15*
3.　　Benveniste (1966)　*15*

第2章　研究の方法と手順　*17*
1.　　actuel, non actuel という概念　*17*
2.　　actuel, non actuel に区分する意義　*18*
3.　　actuel / non actuel という基準に基づく時制の分類　*19*
4.　　certain, non certain の区別　*19*
5.　　分析対象とする時制と分析方法　*20*

第3章　各時制の分析　*21*
1.　　直説法の各時制　*21*
1.1.　　現在形　*21*
1.1.1.　Serbat の考察　*21*
1.1.2.　瞬間的現在、継続的現在の用法　*24*
1.1.3.　反復・習慣的動作　*25*
1.1.4.　超時の現在　*25*
1.1.5.　叙述的現在　*26*
1.1.6.　過去を表す現在形　*28*
1.1.7.　未来を表す現在形　*30*

1.1.8.	小熊 (2001) の現在形論	*32*
1.1.9.	現在形試論	*33*
1.2.	複合過去形	*34*
1.2.1.	過去説による研究	*34*
1.2.2.	完了説による研究	*37*
1.2.2.1.	GUILLAUME の考察	*37*
1.2.2.2.	DAMOURETTE & PICHON の考察	*43*
1.2.3.	WEINRICH の複合過去形論	*45*
1.2.4.	前未来形的な複合過去形	*46*
1.2.4.1.	VUILLAUME (2000)	*46*
1.2.4.2.	その他の先行研究	*52*
1.2.5.	日本における複合過去研究	*54*
1.2.6.	複合過去形試論	*59*
1.3.	半過去形	*59*
1.3.1.	未完了を表す時制であるという半過去論	*60*
1.3.1.1.	GUILLAUME の研究	*60*
1.3.1.2.	STEN の研究	*61*
1.3.1 3.	IMBS の研究	*62*
1.3.2.	DAMOURETTE & PICHON の半過去論とその流れ	*63*
1.3.2.1.	DAMOURETTE & PICHON の研究	*63*
1.3.2.2.	LE GOFFIC の研究	*63*
1.3.2.3.	TOURATIER の研究	*65*
1.3.3.	照応説	*66*
1.3.4.	川本 (1954)	*70*
1.3.5.	朝倉 (1956, 2002)	*71*
1.3.6.	佐藤 (1990)	*72*
1.3.7.	阿部 (1987, 1989)	*73*
1.3.8.	春木 (1999)	*75*
1.3.9.	市川 (1993)	*77*
1.3.10.	半過去形試論	*78*
1.3.11.	愛称の半過去形	*80*
1.3.12.	遊びの半過去形	*83*
1.3.13.	Si の後に表れる半過去形	*83*
1.14.	imparfait de rupture	*84*
1.4.	大過去形	*86*
1.4.1.	大過去形が表す事行	*86*
1.4.2.	大過去形試論	*92*
1.5.	単純過去形	*92*
1.5.1.	単純過去形の性質	*92*
1.5.2.	単純過去形試論	*94*

1.6.	前過去形	*95*
1.6.1.	前過去形に関する従来の説	*95*
1.6.2.	独立節での前過去形	*96*
1.6.3.	前過去形試論	*98*
1.7.	単純未来形	*98*
1.7.1.	単純未来形の主な用法	*98*
1.7.2.	単純未来形の時間的価値	*99*
1.7.3.	単純未来形試論	*100*
1.7.4.	単純未来形と近接未来形	*101*
1.8.	前未来形	*102*
1.8.1.	前未来形の時間的価値	*102*
1.8.2.	発話者の個人的評価を表す前未来形	*103*
1.8.3.	前未来形の性質	*105*
1.8.4.	前未来形試論	*106*
1.9.	条件法	*106*
1.9.1.	条件法という法	*106*
1.9.2.	仮定文の構造	*109*
1.9.2.1.	仮定文で用いられる時制	*109*
1.9.2.2.	仮定文中の時制と実現可能性	*111*
1.9.2.3.	imparfait de dramatisation	*112*
1.9.2.3.1.	条件節の特徴	*112*
1.9.2.3.1.1.	条件節：Un N de plus / Un peu plus 型	*112*
1.9.2.3.1.2.	条件節：Sans (Avec) + N 型	*113*
1.9.2.3.2.	構文上の制約・成立条件	*114*
1.9.2.3.2.1.	動詞の制約	*114*
1.9.2.3.2.2.	主語の制約	*114*
1.9.2.3.2.3.	統辞的制約	*114*
1.9.2.3.2.4.	irréel の解釈	*115*
1.9.2.3.2.5.	否定形	*116*
1.9.2.3.3.	動詞のアスペクトと容認度	*116*
1.9.2.3.4.	dramatisation という意味効果	*118*
1.9.2.4.	si の機能	*118*
1.9.3.	仮定文以外での条件法	*120*
1.9.4.	条件法試論	*121*
1.10.	接続法	*121*
1.10.1.	接続法に関する先行研究	*121*
1.10.1.1.	DAMOURETTE & PICHON	*121*
1.10.1.2.	LE GOFFIC	*124*
1.10.1.3.	WILMET	*126*
1.10.1.4.	BRUNOT	*127*

1.10.1.5.	WARTBURG & ZUMTHOR *131*
1.10.1.6.	SCHOGT *132*
1.10.1.7.	WEINRICH *134*
1.10.1.8.	GOUGENHEIM *134*
1.10.1.9.	ARRIVÉ, GADET & GALMICHE *137*
1.10.1.10.	COHEN *140*
1.10.2.	接続法の時制 *142*
1.10.2.1.	接続法半過去形、大過去形 *142*
1.10.2.2.	接続法過去形 *144*
1.10.3.	最上級表現に続く接続法 *147*
1.10.4.	非現実の仮定を表す接続法 *158*
1.10.5.	接続法試論 *158*
1.10.6.	文法的拘束について *162*
1.10.7.	接続法と不定法の対立 *163*
1.11.	分詞法・不定法 *165*
1.11.1.	現在分詞 *165*
1.11.1.1.	現在分詞の時間的価値 *165*
1.11.1.1.1.	現在分詞単純形の時間的・アスペクト的価値 *165*
1.11.1.1.2.	現在分詞複合形の時間的・アスペクト的価値 *173*
1.11.1.2.	ジェロンディフ *174*
1.11.1.2.1.	ジェロンディフ *174*
1.11.1.2.2.	ジェロンディフ複合形 *178*
1.11.1.3.	現在分詞とジェロンディフ *181*
1.11.1.4.	過去分詞 *185*
1.11.3.	不定法 *192*
1.11.3.1.	不定法の時間的価値 *192*
1.11.3.1.1.	不定法単純形 *192*
1.11.3.1.2.	Infinitif de narration *194*
1.11.3.1.3.	不定法複合形 *196*
1.11.3.2.	不定法試論 *198*
1.12.	命令法 *198*
1.12.1.	命令法の時間的価値 *198*
1.12.2.	命令法試論 *200*

第4章 競合する時制の分析 *201*

1.	直説法複合過去形 vs 大過去形 *201*
2.	直説法前過去形 vs 大過去形 *216*
3.	直説法複合過去形 vs 前未来形 *218*

目　次

第5章　複合時制と否定形　*220*
1. 主節・独立節の場合　*220*
2. 時の副詞節の場合　*222*

第6章　過去時制と時の副詞との共起　*226*
1. il y a + 時間表現 との共起　*226*
2. 絶対的時間表現 との共起　*231*
3. déjà との共起　*233*
4. 相対的時間表現 との共起　*235*

第7章　助動詞の機能　*237*
1. 助動詞の定義　*237*
2. avoir の機能　*240*
3. être の機能　*243*
4. 助動詞の選択　*246*

第8章　複合形に共通する機能　*254*

第9章　結　論　*257*

欧文参考文献　*260*
和文参考文献　*267*
欧文出典　*271*

あとがき

フランス語における
複合時制の文法

Grammaire des temps composés en français

第1章

時制体系に関する先行研究

　フランス語の複合時制についての総括的研究と言えるものは存在しない．半過去形や複合過去形などある特定の時制について分析したもの，あるいはさらに考察範囲を絞り込み，「中断の半過去形」のように特定の1時制の1用法についての分析を行ったものは，膨大な数が存在する．また，時制体系全体を扱った研究もこれまでに多く発表されている．以下，時制体系についての研究を3つに分類して概観する．

1. Damourette & Pichon の研究とその影響
1.1. DAMOURETTE & PICHON (1911-1933)

　DAMOURETTE & PICHON は，各時制を以下の3つの概念を用いて記述しようとした．その3つの概念の説明は，青木 (1993) に簡潔にまとめられているので，ここでそれを引用する．

> 「D & P は「現在」を基準にして問題にしうる最初の区別は，現在から見て行為が以前に起こったか，これから起こるのかという区別である．即ち行為の先行性 / 後行性の区別である．これを D & P は temporanéité と呼ぶ．現在から見て前に起こった行為であれば je viens de savoir か j'ai su かを用いる．後に起こる行為であれば je vais savoir を用いる．ここで je viens de savoir を便宜上議論からはずしてしまうが，結果として「複過」（D & P の le avez-su）は現在から見て先に起こった行為を表す．それに対して je vais faire はこれから起こる行為を表す．[...]
> 　時の概念に関わる第二の区別は actualité である．actualité とは行為の生き生きと躍動する時間のことである．その基本が moi-ici-maintenant における actualité である．これを actualité noncale と呼ぶ．それに対して，moi-ici-maintenant 以外の時間（過去・未来）において喚起される actualité を actualité toncale と呼ぶ．actualité noncale を表す時制は je fais, je ferai,

j'ai fait, j'aurai fait であり，actualité toncale を表す時制は je faisais, je ferais, j'avais fait, j'aurais fait である．[...]
　時の概念に関する第三の区別は énarration と D & P が呼ぶところのものである．この概念は GUILLAUME の言う époque に近い．D & P によればこれは心理的に最も「抽象的」であり，主体の情意が介入しない，極めて理知的な時間区分である．énarration の概念において心理的時間は現在・過去・未来の三時限に分けられるのである．現在，過去，未来を表す時制はそれぞれ je fais, je fis, je ferai である．」(青木, 1993, pp.18-19)

　以上の DAMOURETTE & PICHON の主張の中で最も重要であると思われるのは，actualité, moi-ici-maintenant などの概念をもとに直説法・条件法の全時制を noncal / toncal に２分した点であるが，この点と彼らの分析方法の問題点については後述する．

1.2. KLUM (1961)
　KLUM (1961) の研究の目標は (1) 時制体系の記述，(2) 動詞と時の副詞との結びつき方の記述，(3) 時の副詞の用法・本質の記述の３つである (p.24)．新聞や 20 世紀の小説からとった例文の文脈も意識しながら研究をすすめ，BULL (1960) の影響や，DAMOURETTE & PICHON の moi-ici-maintenant の概念を借りた Point Allocentrique という考え方を用いて，やや複雑な体系図を示した (p.85)．だが，図の中に faisais や ferais が２つも登場したり，fis と faisais が同位置にあるなど，いくつかの問題点を含んでいる．

1.3. VET (1980)
　VET (1980) は発話時点と同時の基点がある現在形を中心とする体系軸と，発話時点より前に基点がある半過去形を中心とする体系軸の２つを用いて時制体系を記述しようとした．前者には，複複合過去形・複合過去形・近接過去形・現在形・近接未来形・前未来形・単純未来形が位置し，後者には，複大過去形・大過去形・近接過去の過去形（venir の半過去形＋不定詞）・半過去形・近接未来の過去形（aller の半過去形＋不定詞）・条件法過去形・条件法現在形が位置する (VET, 1980, p.35)．このような VET の考え方は DAMOURETTE & PICHON の noncal / toncal の影響を明らかに受けているものの，REICHENBACH 流の基準点という概念を導入するなど違いも見られる．なお，REICHENBACH の基準点という考え方は次章で論じる．

1.4. LE GOFFIC (1986)

詳細は 2.1.2 章で述べるが，LE GOFFIC は半過去形に関する論文の中で，半過去形を単純過去形，現在形，条件法と比較しながら，(1) 座標への位置づけ，(2) アスペクト，(3) モダリティという 3 つの基準を用いて半過去形の本質的機能を説明する (LE GOFFIC, 1986, p.55).

(1) については非現在，(2) は未完了，(3) については条件法がそれ自体で incertain を表すのに対し，半過去形は certain を表すとする.

この 3 つの基準から半過去形は，(1) [non présent / présent] という違いで現在形と，(2) アスペクト [inaccompli / accompli] で単純過去形と，(3) モダリティ [certain / incertain] で条件法と対立するとする (pp.58-68). この対比の仕方は，DAMOURETTE-PICHON による noncal / toncal の対比方法とほぼ同じことであろう.

1.5. TOURATIER (1996)

TOURATIER (1996) は，阿部 (1999) らが「現代では珍しく DAMOURETTE & PICHON, BURGER 流の "non actuel" のみで半過去の用法全体を解釈しようとしている (阿部 & alii 1999, p.60)」というように，DAMOURETTE & PICHON の考えに最も近い主張を展開している.

「動詞体系」とは言うものの形態素を中心にした時制の分析であり，各時制の意味の対立関係を十分に説明するものではない. 確かに第 III 章の現在形の多様な意味に対する統一的説明の試み (TOURATIER, 1996, pp.71-100), 第 IV 章の単純過去形・半過去形の解釈 (pp.101-142), 第 V 章の複合時の解釈などは (pp.143-162), 従来の研究を批判しながら柔軟な見方を提示して示唆するところが大きいが，最終的にまとめられた結論部分の図示 (p.204) には，そうした考察を必然的に導き出す体系としての説明力がない.

2. 基準点を用いた研究

2.1. REICHENBACH (1980)

基準点を用いた研究は，SCHOGT (1968) にもその試みが見られるが，後の REICHENBACH (1980) らに比べれば曖昧なものである. SCHOGT は例えば，le moment connu le plus central と呼ばれる基準点をあげているが (SCHOGT, 1968, p.32), その明確な定義はない. この曖昧な基準を用いてそれぞれの時制の特徴をあげ，文脈に応じて現れる応用的な用法を説明しているが，時制間の関係については，複合過去形と単純過去形の間など一部を除いて説明はない.

動詞時制体系研究史の 1 つの転換点を刻むものとなったのは，REICHENBACH (1980) である. 主たる研究対象は英語であるが，その動詞時制の記述方法では，

第 1 章　時制体系に関する先行研究

基準点（R），発話時（S），事行の時間軸上の位置（E）という3つの点とカンマ及びハイフンの2つの記号を使う．例えば，「S，R」であれば発話時と基準点が同時，「E－S」であれば事行の時間軸上の位置が発話時に先行しているという意味である．このようにして，「現在」であれば「S，R，E」，「未来」であれば「S－E，R」というように示される (REICHENBACH, 1980, p.290)．この記述方法に対し，いくつかの批判が出された．まず，基準点Rの定義が非常に曖昧であるという点である．REICHENBACHは，基準点を次のように定義する．

　「事行の時間軸上での位置と発話時との間のある点で，どの時点が基準点
　　となるかは発話の文脈によって決定される」*¹ (ibid., p.288)

つまり，基準点はそれぞれの発話において設定のされ方が異なるということになる．さらに，DECLERCK (1986) は posterior future など自然言語に見いだしがたい構造まで生成してしまうと批判した (DECLERK cité par 市川, 1993, p.69)．しかしDECLERCK の指摘よりも問題視すべき点は，第一に，フランス語の半過去形と単純過去形がこの方法ではいずれも「R，E－S」となってしまうということ．第二に，各時制についてその本質を記述したにとどまっており，相互の関係については説明がなく，時制体系そのものについては全く考えられていない点である．

2.2. MOLENDIJK (1990)

　REICHENBACH の研究に続き，曖昧とされた基準点の定義をより厳密なものにして，それぞれの時制を記述しようとしたのが，MOLENDIJK (1990) であった．MOLENDIJK はまず基準点を2つに分類した．un fait indépendant を述べている文により与えられる R principal と，un fait dépendant を述べている文により与えられる R auxiliaire である (MOLENDIJK, 1990, p.149)．しかし，un fait dépendant か indépendant かを判断する基準がないため，結局この2つのRの定義は曖昧なものとなる．さらに，動詞が単純時制か複合時制か，また，DAMOURETTE-PICHON の研究をふまえて R が初出の tunc 文の後に現れるかどうかなども考えながら記述を試みているが (ibid. pp.175-183)，R の定義が複雑，曖昧であり，法的な半過去形の用法についても記述できないなど (市川, 1993, p.71) 未解決の問題が多い．

---

*¹ [...] the point of reference is a time between this point (= the point of the event) and the point of speech. (REICHENBACH, 1980, p.288)

2.3. GOSSELIN (1996)

GOSSELIN (1996) は REICHENBACH が提唱した3つの点をそれぞれ2つの点によって挟まれた「時間の幅」と考えた点で REICHENBACH らの研究の精密化とも言える. すなわち, REICHENBACH の発話時 S を 01, 02, 基準点 R を I, II, 事行の時間軸上での位置 E を B_1, B_2 とし, 各時制の本質についてこの3つの「時間の幅」を用いて記述した. つまり, 01 の時点で発話が始まり, 02 で終了. 同じように, B_1 が行為またはその状態の開始, B_2 がその終了, I が基準となる時間の幅の始点, II が終点を表し, それぞれの2つの点の間に時間の幅を認めた. 直説法現在形であれば [I, II] SIMUL [01, 02] (GOSSELIN, 1996, p.193) つまり, 基準となる時間の幅と事行の時間の幅が一致ということである. REICHENBACH では, 半過去形と単純過去形の区別ができないという問題が残ったが, GOSSELIN は, 後者では B_1, B_2 がそれぞれ I, II に一致するが, 前者では I, II が B_1, B_2 の間隔に含まれると表示してこれを解消することができた. 時制の本質から出た派生的な用法についてもその原因を説明しようとしたが (ibid., pp.164-185), 例えば未来の事行を表す現在形の説明の段階で [01, 02] のほかに [01' 02'] を設定したり (ibid., p.103), 最初に述べた3つの時間の幅以外の基準を設けるなど (ibid., pp.25, 88, 103), 非常に複雑な説明となっており, 各時制がどのように関係して時制体系を成しているかという点についても触れられていない. 確かに, REICHENBACH らのように時間軸上の3つ「点」だけでは説明の付かない部分を解決できたという点は評価できるが, フランス語の各時制を時制体系の中で分析するには至らなかった.

3. Benveniste (1966)

BENVENISTE (1966) は動詞の時制は一つの体系に全てが組み込まれるのではなく, histoire と discours という, 発話行為の二つの面を表す互いに異なる相補的な2つの体系に配分される (BENVENISTE, 1966, p.238), と考えた. つまり, 過去の事実を話し手の介入なしに提示する histoire の面の体系と, 話し手と聞き手の両方を想定する discours の面の体系である. ただし, この2つの体系の対立はいわゆる書き言葉と話し言葉という対立とは異なる (p.242). discours の面の体系に属する時制は, 書き言葉にも話し言葉にも使われるからである. discours の方には無限定過去(単純形と複合形, つまり, 単純過去と前過去)を除いた全ての時制が含まれ, histoire の発話行為には, 無限定過去, 未完了過去(半過去形), 大過去形と予見時制(aller + 不定詞)が含まれ, 現在, 完了, 未来(単純形と複合形)は除外されるとした (ibid., p.245). 間接話法については, histoire の発話行為と discours の発話行為とが接合した第三の型の発話行為と呼び, discours が出来事として伝えられ, histoire の面に置き換えられると定義している (ibid., p.242). しか

しながら，それ以上のことは述べず，いわゆる時制の一致等の規則については触れていない．また，各時制を2つの体系に分けたものの，その体系内での各時制の位置や相互の関係等についての説明がないなど，いくつかの課題が残っている．

第2章

研究の方法と手順

1. actuel, non actuel という概念

　本論では，DAMOURETTE & PICHON (1911-1933)，LE GOFFIC (1986, 1995) らの考え方をふまえ，TOURATIER (1996, 1998) が用いた actuel, non actuel という用語を使って，直説法・条件法の全単純時制・複合時制を二つに区別する．actuel, non actuel という対立は，DAMOURETTE-PICHON (1911-1933) の [noncal], [toncal] という対立に，LE GOFFIC (1986, 1995) の[présent], [non-présent] という対立に，川本 (1954) の [現実性][非現実性] にほぼ対応する．ただし，後述するように，いくつかの時制の捉え方については先行するこれらの考察に疑問を感じるが，全時制を2つに分けることについては，先行研究の考え方に依りたい．

　このように時制を2つのグループに分類する理由は，例えば直説法現在形と半過去形の対比，複合過去形と大過去形の対比を行う際に以上のような時制の区別が不可欠であるためであるが，この点については次章で詳述する．

　個々の時制の特徴を記述するだけならばともかく，時制間の比較をしたり，時制体系を考えるには，actuel, non actuel という区別，客観的基準が有効であると思われる．また，このような考察をすることにより，いわゆる時制の一致と呼ばれる規則も一目瞭然となる．

　(1a) [...] un gardien est entré et m'a dit que j'*avais* une visite.
　　　　　　　　　　　　　　　　　　　　　　(CAMUS, *L'étranger*, p.114)
　(1b) [...] un gardien est entré et m'a dit : "Vous *avez* une visite."

　一方，形態論的に actuel, non actuel の2つに分類することも可能であろう．non actuel 時制である直説法半過去形には「i」という特徴があり，この特徴は同じく non actuel 時制である条件法の活用形にも見られるが，他の時制にはない．

17

第2章　研究の方法と手順

2. actuel, non actuel に区分する意義

　フランス語の直説法半過去形の用法は多岐に亘り，未だにその本質については定説がない．また，その用法の中で，これまであまり説明されることのなかったものもある．次のような半過去形もその1つである．

> (2) Sans la présence d'esprit du mécanicien, le train *déraillait*.
>
> (WILMET, 1998, p.389)

　この WILMET があげている例の解釈はいくつか可能であるとされているが，ここでは，le train aurait déraillé.（もう少しで脱線するところだった）という反実仮想の解釈を中心に考えることとする．

　私見では，このような半過去形，構文のみを扱った文献はない．また，半過去形の用法の中には，imparfait de rupture のように独自の名前を持ったものがあるが，このような用法に特別な名前はない．そこで，他の半過去の用法と区別するためにも，今後このような半過去形を imparfait de dramatisation と呼ぶことにする．imparfait de dramatisation について多くの場合，次のような説明がなされてきた．

> 「（このような）半過去形は条件法過去形と同じ価値を持ち，過去における非現実を表す：事行は過去において実現されていない．[...] しかし，条件法の場合と異なり，半過去形を使うことで，事行がすでに進行中のものであると空想させることが可能になり，このことで，語りがよりドラマチックなものとなる．」[*2] (RIEGEL, PELLAT & RIOUL, 1994, p.309)

　半過去形，条件法過去形ともに反実仮想的な記述をすることが可能であるが，先ほどの WILMET の列車の例で，実際には列車は脱線しなかったという意味を失わずに déraillait という半過去形を複合過去形や単純過去形で置換することはできない[*3]．

　このように，置換できる時制に制約があることを考えれば，半過去形と条件法過去形には何らかの共通点があり，半過去形と複合過去形・単純過去形には相違

[*2] L'imparfait équivaut à un conditionnel passé [...] marquant l'irréel du passé : le procès ne s'est pas réalisé dans le passé [...] ． Mais, à la différence du conditionnel, l'imparfait permet d'envisager fictivement le procès comme déjà en cours de développement, ce qui augmente la dramatisation du récit. (RIEGEL, PELLAT & RIOUL, 1994, p.309)

[*3] 複合過去形や単純過去形で置き換えた場合，実際に列車が脱線してしまったことになり，反実仮想の意味は損なわれる．

点があると思われる．より一般化して言うならば，Si で始まる非現実の仮定文を作る場合，半過去形，条件法過去形を使うことは可能であるが，複合過去形，単純過去形では不可能である．

　以上の事実から，動詞の時制には非現実の事行を述べるのに適した時制（すなわち non actuel グループの時制）と，それができない時制（actuel グループの時制）とがあり，この性質の違いを1つの客観的基準として各時制を2つに分類することは，複数の時制を比較する上で有効な手段ではないかと思われる．

3. actuel / non actuel という基準に基づく時制の分類

　前述の基準により，直説法と条件法の全単純時制，複合時制を分類すると次のようになる．

actuel グループ	non actuel グループ
直説法現在形 (je sais)	直説法半過去形 (je savais)
直説法複合過去形 (j'ai su)	直説法大過去形 (j'avais su)
直説法単純未来形 (je saurai)	直説法前未来形 (j'aurai su)
条件法現在形 (je saurais)	条件法過去形 (j'aurais su)
直説法単純過去形 (je sus)	
直説法前過去形 (j'eus su)	

接続法や不定法の各時制がこの基準でどのように分類されるかについては後述する．

4. certain, non certain の区別

　Le Goffic らがすでに述べているように，まずは「時間」を3つに，すなわち「過去」「現在」「未来」に区分する．このうち，「過去」「現在」は実現されている，あるいは実現されつつある時間であるから，modalité は [certain] となり，「未来」は [non certain] となる．現在形と単純未来形の対立だけを考えれば，現在形

は，事行を真であるとして記述するが（ [certain] ），単純未来形は事行を真とは言えない，真とは断定できないという立場（ [non certain] ）で記述する．

なお，この certain / non certain の違いについては，単純未来形の章で詳述する．

5. 分析対象とする時制と分析方法

本論で分析を行う時制は，全ての単純時制・複合時制，すなわち，直説法現在形・複合過去形・半過去形・大過去形・単純過去形・前過去形・単純未来形・前未来形，条件法現在形・過去形，接続法現在形・過去形・半過去形・大過去形，不定法現在（単純）形・過去（複合）形，命令法現在形・過去形，現在分詞単純形・複合形を中心とし，いわゆる近接未来形 (aller + infinitif)・近接過去形 (venir de + infinitif)・ devoir + infinitif などは除外する．また，複複合時制については，「一般に時制の表からは除外されるが，命令法以外の全ての複合時制はそれに対応する複複合形を持ち得る (朝倉, 2002, p.527)」ものの，現代フランス語でも使用頻度の比較的高い複複合過去形のみを扱い，複大過去形をはじめとする残りの複複合時制については対象外とする．

分析に用いる実例には，Discotext をはじめとする近現代の文学作品，および雑誌・新聞記事を主に用いるが，必要があれば作例も使用する．

また，各時制の分析を行う際には，Furukawa (1996)，Wada (2001) の考察をふまえ，それぞれの時制が本質的に持っている価値は1つであり，発話状況，文脈や動詞の語彙的意味などがその価値に加わることで，派生的な意味，あるいは意味効果が生じるという立場で分析していく．

第3章

各時制の分析

1. 直説法の各時制
1.1. 現在形
1.1.1. Serbat の考察

　直説法現在形に関する研究は，半過去形に関する先行研究に比べれば数少ない．しかし，そもそも現在形が積極的に現在時を表しているのかという大きな問題がある．Serbat (1980) は，この点について否定的である．

> 「現在形は，それ自身では，いかなる時間的価値も担っていない．3つの時間的区分 *4 の1つを占め，他を排除することはない．様々な理由により文の中で，現在形は現在，過去，未来，あるいはそれを区別することなくあらゆる時間での事行を表すのに適した性質を持っている．」*5
>
> (Serbat, 1980, p.38)

このように主張する根拠の1つを，Serbat はその形態に求める．
　例えば，現在形，半過去形，単純未来形の形態を比較する．

(3) nous aimons

(4) nous aimions

(5) nous aimerons

半過去形の場合には，-i- という形態的特徴，未来形の場合には -r- といった固有

---

*4 3つの時間的区分＝過去，現在，未来のこと．
*5 [...] le présent ne détient en lui-même aucune valeur temporelle. Il ne réfère le procès à aucune des trois époques temporelles à l'exclusion des autres. Il est apte à figurer dans des phrases qui, pour diverses raisons, sont rapportées, soit à l'actuel, soit au passé, soit au futur, soit à toutes les époques indistinctement. (Serbat, 1980, p.38)

の形態的特徴が見られるが，現在形の場合，aim- という語幹と，nous の活用形の印である-ons という活用語尾しかなく，現在形独自の特徴は見られないとする (SERBAT, 1980, p.36).

当然，意味の面からの考察も行われ，その1例としてスポーツの実況で用いられる現在形を分析し，そのアスペクト価について述べる.

(6) Dubois *intercepte* la balle, *feinte* le troisième ligne gallois Smith, mais l'arrière Baker *surgit* et l'*accroche*... Dubois *passe* à Dupont qui *marque* entre les poteaux. (SERBAT, 1980, p.36)

このような実況に現れている現在形が示す事行が未完了であると疑う者はいないとする (ibid.).

また，単純過去形と半過去形との差も，歴史的現在を用いればなくなってしまうと言う.

(7) Fabrice *arriva* en Sicile ; il *faisait* froid... (SERBAT, 1980, p.37)
(8) Fabrice *arrive* en Sicile ; il *fait* froid... (ibid.)

(7) では，arriva, faisait という2つの時制を用いて記述されていた事行も，歴史的現在を用いて書き換えた (8) ではいずれも現在形になってしまっている．以上のような事実から現在形は，過去・現在・未来といった時間的価値だけでなく，アスペクト的価値も持たないとする (SERBAT, 1980, pp.37-38)．これらの点で，現在形は最も無標な時制であり，積極的に現在時を表しているわけではないことになる.

SERBAT の考えとは逆に，積極的に現在時を表すのが現在形の本質であると主張する研究もある.

「直説法現在形：この時制は文字通り，表された事行とその事行を表す発話との同時性を示す．」[6] (WARTBURG & ZUMTHOR, 1973, p.208)

「現在形とは，それを用いて話し手あるいは語り手が，その現実性を構成するあらゆるもの，現実性に関わりのある全てのものを表現する形であ

---

[6] Le présent de l'indicatif : ce temps marque proprement la concomitance du procès exprimé, et de la parole qui l'exprime [...] (WARTBURG & ZUMTHOR, 1973, p.208)

る．この現実性は，時間の幅として狭いもの，一瞬のもの，すなわち，話し手が語っている瞬間と一致するようなものであってもよい．しかしそれだけでなく，記憶や想像の力を借りて，過去の出来事やまだ起こっていない出来事を現在形を使って現実化する．」*7

(WAGNER & PINCHON, 1962, p.344)

一方で，CONFAIS (1990) は，SERBAT のように現在形を捉えた研究として，GLINZ (1965), LUDWING (1971), OTTO (1972), DITTMANN (1976), BÄUERIE (1977), BARTSH (1980), GRUNDZÜGE (1981), MAINGUENEAU (1981), BALLWEG (1983), EISENBERG (1986), LE GUERN (1986), VENNEMANN (1987), FOURQUET (1989), FUCHS (1992), RIEGEL et alii (1994) らの研究をあげている (CONFAIS, 1990, p.172)．特に，RIEGEL et alii は SERBAT の説を引用しながら現在形の無標性を次のように述べる．

「現在形は，動詞のパラダイムの中で，特別な場所を占めている：他の言語の現在形と同じように，フランス語の現在形の形態は，時間を示す屈折語尾の欠如によって，特別な印を持つ未来時制と過去時制と対立する．il part においては，語幹の par- と人称の印である -t- を見いだすだけである．」*8 (RIEGEL, PELLAT & RIOUL, 1994, p.298)

「しかし，現在形におかれている動詞を含む発話は，事行をあらゆる時限の中，過去，現在，さらにはあらゆる時限にわたって置くことができる．この時間的価値の複数性という矛盾は，直説法現在形が意味的に無価値であることによって説明される．」*9 (ibid.)

---

*7 Le présent est la forme au moyen de laquelle le locuteur ou le narrateur exprime tout ce qui constitue son actualité, tout ce qui s'y rattache. Cette actualité peut être étroite, momentanée, c'est-à-dire coïncider avec l'instant où le locuteur parle. Mais on actualise aussi par la force de la mémoire ou de l'imagination des choses passées ou à venir qui s'expriment alors au présent.
(WAGNER & PINCHON, 1962, p.344)
*8 Il (= présent de l'indicatif) occupe une place à part dans le paradigme verbal : comme dans d'autres langues, la forme du présent en français se caractérise par l'absence de désinence proprement temporelle, par opposition aux temps du futur et du passé, qui possèdent chacun une marque temporelle spécifique. Dans *il part*, on distingue seulement le radical *par-* et la marque de personne *-t*. (RIEGEL, PELLAT & RIOUL, 1994, p.298)
*9 Mais un énoncé comportant un verbe au présent peut aussi situer le procès dans n'importe quelle époque, passée ou future, voire dans toutes les époques (valeur omnitemporelle). Cette pluralité de valeurs temporelles contradictoires s'explique en fait par la vacuité sémantique du présent de l'indicatif. (RIEGEL, PELLAT & RIOUL, 1994, p.298)

第3章　各時制の分析

　現在形が現在時という時間的価値を持つかどうかは難しい問題ではあるが，これまでにもあらゆるところで指摘されているように，現在形に多岐に亘る用法があることを考慮すれば，本質的には現在時という価値を持っていない，あるいは時間的価値は中立であると考える方が多くの実例を説明できるように思われる．以下では実際に，Serbat 流に現在形の本質を捉え，朝倉 (2002) の分類に倣い，一般に指摘されている現在形の用例を分析していく．

1.1.2. 瞬間的現在，継続的現在の用法

　朝倉 (2002) はこの用法の現在形として，次の 2 例をあげる：

　(9) Je vous *remercie*. (朝倉, 2002, p.421)

　(10) Il *ferme* la porte. (ibid.)

　まさに目の前で展開されている事行を表していると考えられるこれらの例であるが，[actuel] [certain] という現在形の性質を考えれば，特に問題なく説明が付くと言えよう．

　次に，継続的現在の用法については，以下のような例をあげる：

　(11) Ils *se ressemblent* comme deux gouttes d'eau.

　　　　　　　　　　　　　　　　　　　　　　　(Frei. cité par 朝倉, 2002, p.421)

　(12) Attendez un instant, il *déjeune*. (朝倉, 2002, p.421)

　瞬間的現在との違いは動詞の語彙的意味の違い等によって生じる差異であり，現在形という時制の価値そのものに変化が生じている訳ではない．例えば次例においては，動詞の意味と文脈によって，2 つの現在形が表す事行の時間的長さが異なる：

　(13) Vous *savez* pourquoi je *suis* ici ? (Simenon, *Maigret hésite,* p.41)

この例において，savez によって表されている事行よりも，suis によって示されている事行の方が時間的には短いと考えられる．

　また，次の 2 例においては，habite によって示される事行は，副詞句によって決定されている．

　(14) J'*habite* ici depuis dix ans. (作例)

　(15) J'*habite* ici depuis cinq ans. (作例)

24

このように，動詞によって示される事行の時間的な幅は解釈レベルで決定されることであり，現在形の価値自体はこの２つの現在形において同一であると考えられる．

1.1.3. 反復・習慣的動作
朝倉 (2002) は次例をあげる：

(16) Il *vient* quelquefois le dimanche. (朝倉, 2002, P.421)

このような反復を表す例においても現在形の価値が変わることはなく，「反復・習慣」といった解釈は，現在形そのものからではなく，文脈など動詞以外の要素から生じると考えられる．

(17) Deux fois par jour, à onze heures et à six heures, le vieux *mène* son chien promener. (CAMUS, *L'étranger*, p.46)

この例において，犬を散歩に連れていくという行為が繰り返し行われていると解釈できるのは，Deux fois par jour, à onze heures et à six heures という副詞句による．この一節を削除し以下のようにすると，

(18) Le vieux *mène* son chien promener.

今現在，老人が犬を散歩させているという解釈が優勢になる．朝倉 (2002) があげていた例について言うならば，反復・習慣といった解釈は，quelquefois le dimanche によって生じると言える．

1.1.4. 超時的現在
この用法に関しては，次例があげられている．

(19) L'eau *bout* à cent degrés. (朝倉, 2002, p.421)

この例が表すような，「科学的真理・諺など，過去・現在・未来を包括する「時」の関係を超越した普遍的事実 (ibid.)」は，SERBAT が無標であるとした現在形にしか示すことのできない事行である．

第3章 各時制の分析

(20) La Terre *tourne* autour du soleil.
(21) ?La Terre *tournait* autour du soleil.
(22) ?La Terre *tourna* autour du soleil.
(23) ?La Terre *tournera* autour du soleil.

フランス語話者によれば，上記4例のうち，現在形のものは全く問題ないが，半過去形，単純過去形，単純未来形を用いたものは，このままでは極めて不自然であると言う．

辞書に見られるような定義文も，固有名詞に関するものでなければ多くは現在形を用いて記述される．

(24) Soleil, n.m. : Astre situé au centre du monde que nous *habitons* et autour duquel *gravitent* les planètes [...]
　　　　　　　　　(*Dictionnaire du français contemporain Larousse*, p.1081, "soleil")
(25) Chat, n.m. : Petit animal domestique, dont il *existe* aussi plusieurs espèces sauvages [...] (ibid., p.224)
(26) Mer, n.f. : Vaste étendue d'eau salée qui *couvre* une partie de la surface du globe. (ibid., p.726)

これらの定義文でも，現在形以外を用いることはできない．定義文により定義されている内容は，特定の時期においてのみ有効な事行ではないためである．このように，現在形以外の時制を用いることにより定義文全体の解釈が不自然なものとなるのは，現在形以外の時制が何らかの理由によって定義文の内容をある特定の一時期においてのみ有効であると解釈させる力が働くためであると考えられるが，逆に言えば，現在形にはそのような力がない．このことからも，現在形が無標であると言えよう．

1.1.5. 叙述的現在

この用法について，朝倉(2002)は次のように説明し，

「普遍的時制（temps universel）として，物語全体を基調として語る．」(朝倉, 2002, p.422)

次例を引用する：

(27) Mme Massot *se lève*, *tire* de sa jupe un trousseau de clefs, *trottine* jusqu'au

secrétaire et l'*ouvre*. Elle y *prend* une petite fiole qu'elle *débouche* avec précaution, et y *trempe* une plume rouillée.

(M. DU GARD, France, 83 in 朝倉, 2002, p.422)

この例に続けて，BUFFIN (1925) の説明をあげる．しかしここでは，BUFFIN の考察をより明らかにするために，朝倉 (2002) がひいている箇所よりも前から引用する．

> 「できるだけ親しみやすい例をあげるために，『赤ずきんちゃん』を語るために，B 章で述べた複合過去形の継起的用法を用いて次のように言えるであろうか： « *L'enfant est arrivée à la porte de la chaumière, elle a frappé, le loup a crié : « entrez. » L'enfant en entrant a dit ... puis le loup lui a dit de se dévêtir... alors le Chaperon Rouge a regardé grand-mère et a dit ... et le loup s'est jeté sur elle et l'a mangée ... ?* » おそらく言えないであろう．そして，客観的ではない語りであるがために表現力を失った事行を列挙するこのような文体を，どんなに文章を読んだ経験のない子供であっても，受け入れることはないであろう．」*[10] (BUFFIN, 1925, pp.50-51)

朝倉 (2002) は BUFFIN の考察を「語り手の体験を含まない童話などは単過か直・現によるほかはなく，複過は用いられない」(朝倉, 2002, p.422) と要約するが，自らがこの考察についてどのような立場をとるのかは示されていない．

どのような文章を「童話」と定義するかは難しい問題であるが，BRUNHOFF の物語を例にとって BUFFIN の主張を分析してみよう．この本は，各ページに大きな絵があり，文字も大きいことから子供向けであることが予想される．以下，冒頭の数ページ分をそのまま引用する．つまり，各ページには，以下に引用した以外のテキストはない．

(28) Dans la grande forêt un petit éléphant *est né*. Il *s'appelle* Babar. Sa maman l'*aime* beaucoup. Pour l'endormir, elle le *berce* avec sa trompe en chantant tout doucement. (BRUNHOFF, *Histoire de Babar*, p.3)

---

*[10] Pour prendre un exemple aussi familier que possible, demandons-nous si pour raconter le « Petit Chaperon Rouge » on pourra suivre le mode indiqué sous B, l'emploi continu du passé indéfini, et dire : *L'enfant est arrivée à la porte de la chaumière, elle a frappé, le loup a crié : « entrez. » L'enfant en entrant a dit ... puis le loup lui a dit de se dévêtir... alors le Chaperon Rouge a regardé grand-mère et a dit ... et le loup s'est jeté sur elle et l'a mangée ... ?* » Je crois que non, et un enfant, si inexpérimenté qu'il soit, ne se résignera pas à ce style énumératif de faits, perdant sa valeur expressive dès qu'il ne s'agit pas d'un récit subjectif. (BUFFIN, 1925 pp.50-51)

第3章 各時制の分析

(29) Babar *a grandi*. Il *joue* maintenant avec les autres enfants éléphants.

(ibid., p.4)

(30) C'*est* un des plus gentils. C'*est* lui qui *creuse* le sable avec un coquillage.

(ibid., p.5)

(31) Mais un jour un vilain chasseur caché derrière un buisson *tire* sur Babar qui *se promenait* avec sa maman ; le chasseur *a tué* la maman. Babar *a* si peur qu'il *se sauve* et *court* et *court* sans s'arrêter ... (ibid., p.6)

(32) Babar *est sorti* de la grande forêt et *arrive* près d'une ville. Il *est* très étonné parce que c'*est* la première fois qu'il *voit* tant de maisons. (ibid., p.7)

ここにあげた箇所だけでも，naître, grandir, tuer, sortir の複合過去形が見られ，BUFFIN の主張通りではないことが予想される．

SERBAT 流の考え方をした場合，BRUNHOFF の小説に表れている現在形の解釈は，挿し絵や文脈などによってはじめて可能になると考えられる．換言すれば，文脈などの支えがあってはじめて解釈が可能になるということである．

1.1.6. 過去を表す現在形

朝倉 (2002) は過去を表わす現在形を，(1) 近い過去，(2) 歴史的現在形の2つに区別する (朝倉, 2002, p.422).

そして，(1) の用法の制約について以下のように指摘する．

> 「動詞は partir, arriver, sortir, rentrer, quitter など少数の完了動詞，まれに副詞を伴う．」(ibid.)

例えば，この (1) の実例としては次のようなものをあげることができよう：

(33)

— Tiens ! voilà un explorateur ! s'écria-t-il, quand il aperçut le petit prince. Le petit prince s'assit sur la table et souffla un peu. Il avait déjà tant voyagé !
— D'où *viens*-tu ? lui dit le vieux Monsieur.

(SAINT-EXUPÉRY, *Le Petit Prince*, p.53) *[11]

---

*[11] 内藤 濯氏はこの最後の台詞を「あんた，どこからきたのかい？」と訳している．(内藤 濯訳『星の王子さま』, p.75)

ここでは，le vieux Monsieur が "tu" と呼ぶ le petit prince が目の前にいるという事実が重要となる．もし，まだ le petit prince が到着しておらず，単にそこへやってくるということだけが分かっているという状況であれば，venir は完了の意味には解釈されないはずである．つまり，この会話に現れている venir の現在形が「完了」した事行を表しているように見えるのは，現在形そのもののせいではなく，"tu" = le petit prince がすでに le vieux Monsieur の眼前にいるという状況によるものである．

次に，(2) 歴史的現在形に関する朝倉 (2002) の主張は以下の通りである．

> 「歴史的現在（présent historique）または説話的現在形（présent narratif）(1)*¹² とは異なり，話者が過去の物語のさなかに身を投じ，継起する事実を眼前に展開しているように描いて臨場感を与える修辞的用法．過去時制で述べられた物語の途中で劇的な動作を特に直・現で描く．この直・現は単過，複過に相当し，付帯的事実は過去時制で述べられる．」
> (朝倉, 2002, p.422)

歴史的現在の実例を分析してみよう．

(34) C'est dans les océans primitifs que la vie *apparaît*, il y a 3,5 milliards d'années, sous la forme de bactéries. (DORAND, *Histoire de la Suisse*, p.8)

ここで描写されている事行は，明らかに現在時に関するものではない．ただし，そう解釈させるものは現在形そのものではなく，il y a 3,5 milliards d'années といった時の表現や，océans primitifs といった状況補語であろう．これらを削除してしまうと，この文の自然な解釈は難しくなる．

(35) C'est en 1843 qu'on *édifie*, pour remplacer l'ancienne machine hydraulique du XVIIIe siècle, une nouvelle machine qui donnera son nom au pont. (GALLAND, *Dictionnaire des rues de Genève*, p.88)

この例においても，新しい水利施設が作られたのが現在時ではないということは，文頭の en 1843 という時間表示によってしか分からない．

このように，歴史的現在といわれる現在形が現在時から切り離された過去時を

---

*¹² (1)は「近い過去」の用法．

第3章 各時制の分析

表すことができるのは，あくまでも状況補語などによるが，この点については，以下のような指摘がすでにある：

> 「歴史的あるいは説話的現在は，その時間的価値を文脈，時の副詞，特に日付を表す時の状況補語から得る.」*¹³
>
> (RIEGEL, PELLAT & RIOUL, 1994, p.301)

ところで，朝倉 (2002) が，「過去時制で述べられた物語の途中で劇的な動作を特に直・現で描く．この直・現は単過，複過に相当し，付帯的事実は過去時制で述べられる．(朝倉, 2002, p.422)」と述べている点に注目したい．ほぼ同様の指摘はたとえば，IMBS によってなされている．

> 「歴史学者達は，歴史的現在形を主として単純過去形を用いて書かれている語りの中に組み込む．それは，動作が速さを増すことや行為の劇的な性質をより感じさせるためである；際だたないような事行は過去形で表される．」*¹⁴ (IMBS, 1960, pp.32-33)

両者の主張に共通するのは，現在形も単純過去形も過去の事行を表すことができるが，現在形を用いた方が劇的な記述が可能となる，劇的な印象を受けると述べている点である．なぜそのような印象を読み手は抱くのであろうか．この点については，現在形の本質を分析した上で，述べることとする．

1.1.7. 未来を表す現在形

朝倉 (2002) は，(1) 近い未来，意図，計画，(2) si + 現在形，(3) 命令の3つに下位区分する (朝倉, 2002, pp.422-423).

(1) の用法に関して，朝倉 (2002) は興味深い指摘をしている：

> 「未来の事実を現在の事実として述べるから，実現の確実性を帯び，話者の意志が表される.」(朝倉, 2002, pp.422-423)

---

*¹³ Il (= le présent historique ou de narration) tire sa valeur temporelle du contexte, d'un adverbe ou d'un complément circonstanciel de temps indiquant notamment une date.
(RIEGEL, PELLAT & RIOUL, 1994, p.301)

*¹⁴ Les historiens l' (= le présent historique ou de narration) introduisent dans un récit écrit principalement au *passé simple*, pour faire sentir une accélération du mouvement ou le caractère dramatique de l'action ; les faits de moindre relief sont exprimés au passé [...]
(IMBS, 1960, pp.32-33)

「未来の事実を現在の事実として述べる」とはどういうことであろうか．例えば，次の例をみてみよう．

> (36) J'avais bien envie de lui taper sur le nez, à Louisette, mais je n'ai pas osé, parce que la fenêtre du salon donne sur le jardin, et dans le salon il y avait les mamans. « Je n'ai pas de jouets, ici, sauf le ballon de football, dans le garage. » Louisette m'a dit que ça, c'était une bonne idée. On est allés chercher le ballon et moi j'étais très embêté, j'avais peur que les copains me voient jouer avec une fille. « *Tu te mets* entre les arbres, m'a dit Louisette, et *tu essaies* d'arrêter le ballon. » (SEMPÉ-GOSCINNY, *Le petit Nicolas*, p.86)

ここで，Louisette が me (= Nicolas) に対して言っている最後の言葉を見ると，木の間に立ち，Louisette が蹴るボールを止めるように命じている．しかし，このような解釈が可能になるのは，まだ Nicolas が木の間にいないこと，まだ Louisette がボールを蹴っていないなどの状況のおかげである．また，命令は通常，2人称に対して行うものであるから，発話の主語によるところもあろう．

> (37) Vous *imaginez* combien j'avais pu être intrigué par cette demi-confidence sur « les autres planètes ». (SAINT-EXUPÉRY, *Le Petit Prince*, p.16)

この例でも，読者を指すと思われる Vous の存在により，話者が読者に想像を促していることが分かる．
　次に，命令の意味が含まれないような例を見てみよう．

> (38) Tu *viens* ce soir ? (作例)

発話が行われた時間と ce soir という時の副詞句が，事行が行われる時間を決める役割を果たしている．次の2例ではどうであろうか．

> (39) Il *vient* jeudi. (作例)
> (40) Il *vient* le jeudi. (作例)

上記2例のように，時の状況補語を変えることにより，vient という動詞が表す事行も変わってくる．また，発話時点が何曜日であるかということによっても変化が生じる．このことから，現在形そのものが何らかの時間的な価値を持っているのではなく，動詞から見て外的な要因によって，それぞれの文脈における現在形

31

の時間的な価値が決定されると考える方が自然であろう．

　朝倉 (2002) が未来の用法の 1 つとする Si + 現在形 型については後述する．

1.1.8. 小熊 (2001) の現在形論

　小熊 (2001) は，SERBAT (1980) の考察をふまえて，現在形は時間的価値を持たず，この意味で無標の形であると考えているようである (小熊, 2001, p.53)．そして，英語の現在形と比較しながら，フランス語の現在形の特徴をこう述べる．

> 「[...] 英現と仏現は使い方に細かな差異はあるものの，共通項として＜境界＞がないという点が確認できる．少なくとも他のマーカーや文脈の助けを借りなければ，時間的な自立性の根底にある＜非連続性＞を構築する力は現在形それ自身の中にはない．」(ibid., p.61)

ここで，小熊 (2001) が＜境界＞と呼ぶものがどのような概念であるかを検討する必要があろう．これは次のように定義されている．

> 「[...] ＜境界＞とは，パラメータとしての＜場＞ domaine に置かれる ＜事例＞ occurences と ＜事例＞ occurences の間に引かれる．換言すれば，＜事例＞の間に ＜区別＞ がつけば，そこに＜境界＞があるということになる．＜事例＞ は様々な ＜場＞（時間軸，主体間 [誰にとって]，概念 [質的区別]）を通して認識できるので，ある発話には複数の ＜場＞ を持つ ＜事例＞ が認められる．本稿で提示した強い仮説は，「現在形」には ＜境界＞ を消去する何らかの ＜場＞ が必ずあるというものである．」
>
> (ibid., p.77)

＜境界＞がないとはどういったことであろうか．例えば，

　　(41) L'eau *bout* à 100 degrés. (ibid., p.52)

という普遍的真理を表すような文においては，連続の流れの中に非連続を作るような＜境界＞は存在しない．このような例では，時間軸上での変化がないということである (小熊, 2001 p.54)．ただし，実際には二次的には＜境界＞を設定することは可能であるとする (ibid.)．例えば現在の習慣を述べるような文では，以前の習慣との対比が行われる．

　つまり，現在形自身では，＜境界＞を設定することができない．これは，SERBAT が「無標」としたことにも通ずる．しかし，小熊 (2001) の主張は，現在

形から見て何らかの外的な要因があれば，＜境界＞を設定することが可能になるということをも示唆する．この主張は，言い換えれば，現在形そのものは常に無標であるが，個々の文の解釈レベルで様々な解釈が生じるという我々の主張と対立しないものであると考えられる．

1.1.9. 現在形試論

以上，朝倉 (2002) にならって多岐に亘る現在形の用法を分析した．いわゆる現在時を含む現在形の実例については問題がないが，過去時や未来時の事行を現在形が表す場合の解釈が鍵となろう．

しかしすでに見たとおり，現在時以外の時間を表す場合には，過去時や未来時を指向する副詞（句）や発話状況が必要となる．言い換えれば，そういった要素がなければ，普通は，現在形は眼前描写をするのに用いられる．

また，SERBAT の指摘にもあるように，現在形という時制そのものが「未完了」という価値を持っていると考えると説明の付かない例が存在する．従って，アスペクト価において現在形はいわば中立であり，様々な外的要因によってそれが決定されると考える方がやはり自然であろう．

いわゆる過去時制を用いるよりも，現在形を使った方が劇的な描写が可能になるとの主張については，それはあくまでも解釈の段階で生じる意味効果であると考えたい．

(42) Pourtant, Babar n'est pas tout à fait heureux : il ne peut plus jouer avec ses petits cousins et ses amis les singes. Souvent, à la fenêtre, il *rêve* en pensant à son enfance et *pleure* en se rappelant sa maman. (BRUNHOFF, *Histoire de Babar*, p.24)

例えばこの例における rêve, pleure を半過去形に変えることができるが*[15]，フランス語話者によればこの文章を読んで受ける印象も変わると言う．

現在形はすでに述べてきたとおり，無標の時制である．実際に文中に表れる各々の現在形の意味は文脈等の外的要因によって決定するが，その際，時の副詞句などがなければ，時間的価値は発話時と同時と解釈されることが多い．このような傾向から現在形は現在時の事行を表すのが本質であると考えられがちであるが，これはあくまでも頻度の問題である．語りの現在形や歴史的現在形によって劇的な記述が可能になるという主張は，以上のようにあたかも現在形が現在時を表すのが当然であるというような誤解や，現在形が持つ [+ actuel][+ certain] といった性質によって生まれる副次的な意味効果なのである．

---

*[15] 無論，この例に現れている他の時制も変えるべきである．

第3章　各時制の分析

1.2. 複合過去形

青木 (1993) によれば，複合過去形の捉え方は大別すれば過去説，完了説，過去・完了一義説の3つに分けることができるという (青木, 1993, p.1). 青木 (1993) も指摘している通り，このように3つにきれいに分けることは実際には難しいが，まずは，この3つに分けて先行研究を概観することとする．

1.2.1. 過去説による研究

GOUGENHEIM (1939) は，I. Oppositions à l'intérieur de l'indicatif という章の 1° Présent ~ imparfait, passé simple, passé composé という章の中で，現在形と複合過去形を対比させているが，この章のタイトル，及び次の一節を見れば分かるとおり，複合過去形を過去時制として扱っている．

> 「直説法現在形は現行の事行を表現するという点で，過去の事行を表す様々な過去時制と対立する.」*[16] (GOUGENHEIM, 1939, p.207)

なお，ここでの GOUGENHEIM の主たる関心は単純過去形と複合過去形との違いであり，現在形との対比については形態論的に論じられている箇所があるのみである．単純過去形との違いについてはこう述べる．

> 「複合過去形は，近い過去を表す過去形であり，単純過去形は遠い過去を表す過去形である．[...] また，複合過去形は，その継続中の期間において起こった行為を表すが [...]，単純過去形は，完全に完了した期間に行われた行為を表す.」*[17] (ibid., p.209).

ここで GOUGENHEIM のいう「継続中の期間」とは例えば「今週」(cette semaine) な

---

*[16] Le présent de l'indicatif s'oppose aux divers temps du passé en ce qu'il exprime un processus verbal actuel, tandis que les temps du passé expriment un processus verbal passé [...] (GOUGENHEIM, 1939, p.207).

*[17] [...] le passé composé est un passé récent, le passé simple un passé lointain. [...] Le passé composé s'emploie si l'action s'est passée en une période de temps qui dure encore. [...] le passé simple si l'action s'est passée en une période de temps définitivement accompli

(GOUGENHEIM, 1939, p.209).

*[18] Ce temps (= le passé indéfini (passé composé)), formé à l'aide du présent de l'un des auxiliaires *avoir* ou *être* [...] marque essentiellement le passé dans la mesure où il comporte pour le présent une conséquence quelconque relativement au sujet de l'action, ou un intérêt encore actuel. Cette notion peut être comprise de façon très diverse, d'où l'usage fréquent du passé indéfini [...]

(WARTBURG & ZUMTHOR , 1947, p.214)

どで,「完全に完了した期間」とは「過ぎ去った週」(la semaine passée) などである．しかし，この GOUGENHEIM の主張の冒頭部分については，客観性に欠ける説明であると言わざるをえない．

青木 (1993) が「「過去説」による「複過」の用法の説明がはじめて明示的に，そして有機的に行われえたと言える (青木，1993, p.6)」とする，WARTBURG & ZUMTHOR (1947) は複合過去形を過去時制であるとした上で(WARTBURG & ZUMTHOR, 1947, p.211)，こう主張する．

> 「助動詞 avoir もしくは être を用いて作られるこの時制（＝複合過去形）は，本質的には，行為の主体が現在において今なお何らかの関係か，関心を持っている過去の出来事を示す．ここには様々な捉え方が含まれ，そのために複合過去形の様々な用法が生じるのである．」[18] (ibid., p.214)

そして，3つの用法をとりあげている．

> 「(a) 発話時にはまだ終わっていない期間に行われた過去の行為を表す：行為自体は終了しているが，その行為が行われた期間はまだ継続中である場合： *il est venu déjà deux fois aujourd'hui.*
> (b) 現在の事態が生じた論理的な原因として，過去の事行を何らかの形で捉えている場合： *je suis obligé de lui téléphoner : il n'est pas encore venu.*
> (c) この意味において複合過去形は完了のアスペクトを示すのである：行為は現在時から見て先行する期間，完全に過去に過ぎ去ってしまった期間に属する瞬間に行われたとは限らない．しかし，現在時と照らし合わせて完了したと判断された事行を完全に達成したとみなされるのである．」[19][20] (ibid., p.214)

---

[19] (a) On peut envisager le passé comme appartenant à une durée qui n'est pas encore terminée au moment où l'on parle : l'action elle-même est accomplie, mais la portion du temps où elle s'est produite poursuit encore actuellement son cours : *il est venu déjà deux fois aujourd'hui.*
(b) L'action passée peut être pensée comme étant dans une mesure quelconque la cause logique d'un fait présent : *je suis obligé de lui téléphoner : il n'est pas encore venu.* [...]
(c) C'est en ce sens que le passé indéfini marque l'aspect de l'accompli : l'action n'est pas seulement donnée comme se situant à un certain moment de la durée antérieure, complètement et définitivement enfoui dans le passé ; mais comme s'y étant achevée, c'est-à-dire y ayant parcouru entièrement un processus qui, par rapport à l'instant présent, est jugé accompli.
(WARTBURG & ZUMTHOR, 1947, p.214-215)
[20] (c) の用法に当てはまる実例は示されていない．

第3章　各時制の分析

彼らが「過去説」の立場をとりながら，「完了アスペクト」の意味が出てくる理由を述べようと試みたことは評価に値するが，「過去」の意味が感じられない以下のような例について説明が付くかは疑問である．

(43) *J'en ai bientôt fini* avec mes lectures sur le magnétisme, la philosophie et la religion. Quel tas de bêtises ! Ouf ! Et quel aplomb ! Quel toupet !

(FLAUBERT, *Correspondance 1879 à 1880*, in Discotext)

あるいは，前未来形の代わりに複合過去形が使われているとされる次例のようなタイプについても，複合過去形が本質的に「過去」の意味を持っていると考えると説明が困難になると思われる．

(44) Je viendrai vous voir quelle résolution *vous avez prise*.

(MARTINON, 1927, p.348)

過去説の立場をとりながら，複合過去形の多岐に亘る用法を WARTBURG & ZUMTHOR 以上に整合的に説明しようとしたのは STEN (1952) である．

「複合過去形は確かに過去時制をみなすことができる．過去の行為が問題となる．[...] しかし，この時制が現在形を用いて形成されているのであるから，現在性という性質も帯びていなければならないであろう．」[21]

(STEN, 1952, pp.184-185)

ここで STEN が言っている「現在性」とは次のようなことを意味する．

「Il a chanté という文は，「彼が歌い終えたという状況に今いる」ことを意味する．」[22] (STEN, 1952, p.185)

つまり，STEN は「過去説」の立場をとりながら，複合過去形に現在時とのつながりがあると考えている点で，WARTBURG & ZUMTHOR らとは異なることになる．

研究史の上で STEN に続くものは IMBS (1960) であろう．複合過去形に関する記述の中で，自らの立場をこう表明している．

---

[21] Le passé composé peut bien se considérer comme un temps du passé. Il s'agit d'actions passées. [...] Mais puisque ce temps est formé à l'aide d'un présent (d'*avoir* ou d'*être*) il devrait participer de l'actualité aussi. (STEN, 1952, pp.184-185)

[22] *Il a chanté* veut dire « il se trouve dans la situation d'avoir chanté ». (STEN, 1952, p.185)

「現在形におかれた助動詞と完了を示す過去分詞によって構成される複合過去形は微妙な立場をとっている.」*²³ (IMBS, 1960, p.100)
「複合過去形は，いくつかのその用法を念頭に置けば単純時制の体系の中に，またその形態と最も日常的に使われる用法を念頭に置けば過去時制の体系の中に位置づけられる.」*²⁴ (ibid., p.107)

IMBS によると，現代において複合過去形が完了の意味のみを持つことは稀なことであり，事実上，dire, vivre, mourir の場合，前未来形の価値を持つ場合，格言を表すような場合のみであるとし，次の2例をあげている (ibid., pp.100-101).

(45) J'*ai fini* dans un instant. (ibid., p.101)
(46) Un malheur *est* vite *arrivé*. (ibid.)

そして多くの場合には完了アスペクトに別な意味が加わるとするし，次のように述べている.

「多くの場合，完了のアスペクトに，意味が加わり，特にそれは，現在においてとらえられた結果・現状といった意味で，後続する事行が描かれる.」*²⁵ (ibid., p.101)

1.2.2. 完了説による研究
1.2.2.1. GUILLAUME の考察

GUILLAUME (1929) の理論ではまず，3つの時間の概念と「張力 (tension)」という概念を理解しなければならない．3つの時間の概念とは，Temps in posse, Temps in fieri, Temps in esse である.

時間の概念については以下のように述べられている.

「初期時点 *²⁶ では，時称形成 *²⁷ はまだ行われておらず，形成可能な状態

---

*²³ Le *passé composé*, en tant que composé d'un auxiliaire au présent et d'un participe marquant l'accompli, a une position ambiguë. (IMBS, 1960, p.100)
*²⁴ Par certains de ses emplois, celui-ci (= le passé composé) appartient au système des formes simples ; par sa morphologie et ses emplois les plus usuels il appartient au système des formes du passé. (IMBS, 1960, p.107)
*²⁵ Le plus souvent l'aspect de l'accompli s'accompagne d'une nuance supplémentaire, notamment de celle de *résultat ou de situation* acquis dans le présent, et ayant une suite. (IMBS, 1960, p.101)
*²⁶ l'instant initial 初期時点、l'instant médian 中間時点、l'instant final 最終時点、l'image-temps 時間像という4つの訳語は，青木 (1993, p.12) による.
*²⁷ la chronogénèse 時称形成 という訳語は，川本 (1985, p.207) による.

にあるだけである：時称形成のこの時点で捉えられた時間像は，*in posse* *28 と呼ばれる時間である（すなわち，思考は全く実現されていないが，少なくとも，実現できる状態にある）．中間時点では，[...] 時称形成は多かれ少なかれ行われており，時間像はそこで，精神の中で形成されつつある．これが，*in fieri* と呼ばれる時間である．最終時点では，[...] 時称形成は完了し，ここで我々がもつ視線は，最初の段階で描写された時間像の完成に対応し，今後，他の２つの時間とはっきりと区別するために，この時間を *in esse* の時間と呼ぶ．」*29 (GUILLAUME, 1929, pp.9-10)

次に，アスペクトに関する GUILLAUME 理論の検討を行う．GUILLAUME の理論では，動詞の内部における時間の分析が問題となる．

「動詞 marcher を例にとってみよう．ただし，marcher を marcher が持つ内部の時間内のみで考慮し，それを A, B という２つの限界点によって描き，それぞれの点を超えるものがないとしよう．」*30 (ibid., p.15)

この主張を図式化したものが次の図である．

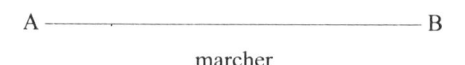

A———————————————B
marcher

この図に対し，GUILLAUME は以下のような説明を加える．

---

*28 temps *in posse*, temps *in fieri*, temps *in esse* は GUILLAUME 独特の用語であり，適当な日本語訳がないため，そのまま用いることとする．
*29 A l'instant initial [...], la chronogénèse n'a pas encore opéré, elle est seulement en pouvoir d'opérer: l'image-temps saisie sur cet instant de la chronogénèse est le temps *in posse* (C'est-à-dire que la pensée n'a aucunement réalisée, mais qu'elle est néanmoins, en puissance de réaliser). A l'instant médian [...] la chronogénèse a plus ou moins opéré et l'image-temps saisie en telle position se présente en cours de formation dans l'esprit. C'est le temps *in fieri*. A l'instant final, [...] la chronogénèse a fini d'opérer et la vue qu'on en prend sur cet instant correspond à l'image-temps achevée décrite au début et que nous nommerons désormais pour bien l'opposer aux deux autres : le temps *in esse*. (GUILLAUME, 1929, pp.9-10)
*30 Prenons, [...] , le verbe *marcher*, et dans la vue de ne le considérer que pour le temps qu'il contient intérieurement, inscrivons-le entre deux limites A et B qui ne seront pas franchies.
(GUILLAUME, 1929, p.15)

「初期時点： t_0 ― 動詞はその前に，その全張力 *³¹ がある．この張力は全く用いられておらず，精神の中には弛緩の印象は全くなく，動詞が与えるイメージには張力だけが存在する．」*³² (ibid., p.16)

「中間時点： t_1+t_2 ..... $t_{n-2}+t_{n-1}$． ― A, B の間のどこにおいてでも，すなわち初期時点でも最終時点でもないあらゆる地点において，動詞はその前に，まだ用いていない張力を有し，その後ろには，用いられた張力に対応するだけの弛緩を有する．こうして，張力と弛緩が同時に動詞のイメージに含まれる．」*³³ (ibid.)

「最終時点： t_n ― もはや動詞はこの時点ではその前に張力は持たず，動詞のイメージには弛緩だけが含まれる．」*³⁴ (ibid., p.17)

ここで GUILLAUME が「張力」と呼んでいるものは，次のようなことであろう．marcher を例にとれば，A 地点において「歩く」という運動が始められ，B 地点において運動は完了される．この運動を「張力」と例えているのである．t_0，すなわち A 地点から見た動詞は，A から B に向かう「張力」しか持っておらず，「弛緩」は持たない．しかし，A 地点を出発すると，前方である B 方向には「張力」があり，後方である A 方向には「弛緩」がある．そして最終的に B 地点，すなわち t_n に到達すると，もはや「張力」は残っておらず，「弛緩」だけが残る．

このように見ると，運動には３つの段階があり，それぞれの段階はフランス語では以下の形に対応する．

1. 「張力」のみの段階：不定法
2. 「張力」と「弛緩」の併存段階：現在分詞 -ant
3. 「弛緩」のみの段階：過去分詞」*³⁵ (GUILLAUME, 1929, p.17)

---

*³¹ tension 張力，détension 弛緩，image イメージ，という訳語は，青木 (1993, pp.14-15) による．
*³² POSITION INITIALE : t_0． ― Le verbe a devant lui sa tension entière. Rien de cette tension n'ayant encore été dépensé, il n'existe dans l'esprit aucune image de détension et la tension entre seule dans la composition de l'image verbale. (GUILLAUME, 1929, p.16)
*³³ POSITIONS MÉDIANES : t_1+t_2 ..... $t_{n-2}+t_{n-1}$． ― En toutes ces positions, c'est-à-dire en toute position non-limite, le verbe a devant lui la partie non encore dépensée de sa tension et derrière lui la détension correspondante à la tension déjà dépensée. (GUILLAUME, 1929, p.16)
*³⁴ POSITION FINALE : t_n． ― Le verbe n'a plus devant lui aucune possibilité de tension et la détension est seule à entrer dans la composition de l'image verbale [...]. (GUILLAUME, 1929, p.17)
*³⁵ 1. Tension seulement = infinitif. 2. Tension et détension juxtaposées = participe en -ant. 3. Détension seulement = participe passé. (GUILLAUME, 1929, p.17)

ところが，青木 (1993) によると，GUILLAUME 理論はここでやっかいな問題に遭遇するという．

> 「Guillaume はここに至って，理論上やっかいな問題に遭遇する．つまり，最終の位置にある t_n の扱いについてである．t_n は運動を完了させる位置であるから動詞の一部として考えられる．しかし同時に t_n は完全に「張力」が切れ，「弛緩」した状態を表すのであるから，もはや動詞ということはできない．まさに過去分詞は動詞というよりもはるかに形容詞的なのである．従って t_n は位置 position において動詞であり，語の形成 composition において形容詞という二律背反のステータスを有しているといえる．フランス語はこの二律背反の事態を解決するために，完全に弛緩しきった運動に再び「張力」を与える．これが助動詞 avoir の役目である．こうして過去分詞は再び動詞として機能するようになる．avoir はそれ自体に marcher と同様の「張力」を有するので，その運動の位置によって avoir marché / ayant marché / eu marché が形成される．そして最後の eu marché は再び avoir によって「張力」を与えられ，avoir eu marché となる．」(青木, 1993, pp.14-15)

そして，これをふまえて，フランス語には次の3つのアスペクトがあるとする．

> 「1. 不定法単純形（*marcher*）によって示される単純形アスペクト：これを aspect tensif *[36] と呼ぼう（張力を持った動詞を表しているため）
> 2. 助動詞＋過去分詞（*avoir marché*）によって示される複合形アスペクト，これを aspect extensif と呼ぼう．一度「弛緩」した動詞に新たな「張力」を与えるため．
> 3. 助動詞＋助動詞の過去分詞＋動詞の過去分詞（*avoir eu marché*）により示される複複合形アスペクト．これを aspect bi-extensif と呼ぼう．」*[37]
> (GUILLAUME, 1929, p.20)

---

*[36] aspect tensif, aspect extensif, aspect bi-extensif には適当な訳語がないので，そのまま用いることとする．

*[37] 1. Un aspect simple représenté par l'infinitif non composé : *marcher*, que nous nommerons *l'aspect tensif*, vu qu'il représente le verbe en tension.
2. Un aspect composé représenté par auxiliaire + participe passé = *avoir marché*, que nous nommerons l'aspect extensif, vu qu'il sert à renouveler la tension du verbe au moment où elle expire et à la prolonger au-delà d'elle-même, en extension.
3. Un aspect surcomposé représenté par auxiliaire + participe passé d'auxiliaire + participe passé de verbe = *avoir eu marché*, et que nous nommerons l'aspect *bi-extensif* en considération de ce qu'il reprend en tension, au moment où elle expire, l'extension précédemment obtenue par le même moyen. (GUILLAUME, 1929, p.20)

以上の説明は極めて抽象的であり難解なものであるが，これに引き続き，それぞれのアスペクトがどのような用法・意味を有するかが説明されていく．まずは，aspect tensif に関してである．

> 「L'aspect tensif：[...] 精神の中に，動詞の持つイメージそのものを，それが展開中であるように示す．Mettre son chapeau という例であれば，これは，手によって頭へ導かれる帽子を示す．」*38 (ibid., p.21)

次は aspect extensif である．

> 「L'aspect extensif：[...] 精神の中に，動詞のイメージを展開中のものとして喚起するのではなく，そのイメージの"余波"が展開中であるとして喚起する．ここでの「余波」という語は，前もって存在したある行為や状態の時間的にはその結果として定義できるあらゆる結果的な状況を指す．例えば，Avoir mis son chapeau であれば，mettre という動詞に含まれる手が頭に導いている帽子という考えを表すのではなく，すでに頭の上におかれた帽子という結果的な考えを表す．」*39 (ibid., p.21)

GUILLAUME 理論によれば，複合過去形は aspect extensif を持つことになろう．しかし，多くの文法家は複合過去形に2つの機能・価値を認めており，GUILLAUME 自身も，その点について次のように触れている．

> 「しかし，aspect extensif によって示される動詞の余波があまりにもほとんど描かれることなく，また全く描かれないとさえ言える動詞や用法がある．例えば，marcher という動詞で，複合形 avoir marché は精神にはっきりとした余波を全く示すことなく，単に marcher という行為が存在し終えたということしか示さない．そのような場合には，動詞の余波は「単

---

*38 L'aspect tensif, [...] éveille dans l'esprit l'image même du verbe dans son déroulement. *Mettre son chapeau*, par exemple, montre le chapeau qui, conduit par la main, va à la tête.
(GUILLAUME, 1929, p.21)

*39 L'aspect extensif, [...] éveille dans l'esprit non plus le déroulement même de l'image verbale, mais le déroulement d'une « séquelle » de cette image, — le mot séquelle étant pris ici comme terme général pour désigner n'importe quelle situation résultante susceptible de se déterminer dans la pensée comme suite dans le temps d'une action ou d'un état qui a existé antérieurement. *Avoir mis son chapeau*, par exemple, n'exprime pas l'idée du chapeau que la main conduit à la tête, contenue dans le verbe *mettre*, mais l'idée consécutive (idée-séquelle) du chapeau déjà placé sur la tête.
(GUILLAUME, 1929, p.21)

第3章 各時制の分析

なる観察点 *⁴⁰」に縮小され，それは動詞の外に存在しその余波は特に意味を持たない．」*⁴¹ (ibid., pp.21-22)

この観察点というのは，動詞の運動が終わった後に存在するものであるから，動詞のイメージは時間的には前にあることになる．ここから，「先行性」が出てくるのである．

> 「l'aspect extensif は，その余波から，意味論的な要素を受け取る変わりに，テンス的な価値しか受け取らない．そしてこのテンス的な価値は，観察を行う余波の時点と比較しての動詞イメージの先行性を際だたせる．」
> *⁴² (Guillaume, 1929, p.22)

要するに，観察点から見ることで，運動は先行するものとしてイメージされるのである．その結果，複合過去形は単純過去形と競合することになるとする (ibid.)．

以上のように Guillaume は，本質的には複合過去形を l'aspect extensif を持つものとして捉えているため，完了相を表すのが本質的な機能であると考えていることが予想されるが，そこからどのような操作によって先行性を表しうるかという点まで考えているのである．

なお，Guillaume が想定する3つ目のアスペクトは次のようなものである：

> 「L'aspect bi-extensif は体系を閉じるものである．これには複複合形： avoir eu marché, ayant eu marché が含まれる．この複複合形は第三の分析的区分で，この区分は前述のような理由により，終わることがない．」*⁴³
> (Guillaume, 1929, p.22)

---

*⁴⁰ un simple point d'observation 単なる観察点 という訳語は，青木 (1993, p.16) に基づく．

*⁴¹ Mais il est des verbes et des emplois où la séquelle verbale exprimée par l'aspect extensif s'image à peine, si peu même qu'on pourrait dire qu'elle ne s'image pas du tout. Dans le verbe *marcher*, par exemple, la forme composée *avoir marché* n'offre à l'esprit aucune image nette de séquelle et montre seulement que l'action *marcher* a cessé d'être. La séquelle verbale, en ce cas, se réduit *à un simple point d'observation* situé au-delà du verbe, mais ne portant pas de signification individuelle appréciable. [...] (Guillaume,1929, pp.21-22)

*⁴² [...] l'aspect extensif, au lieu de recevoir de cette séquelle un contenu sémantique propre, n'en reçoit qu'une valeur temporelle faisant ressortir l'antériorité de l'image verbale proprement dite par rapport au point-séquelle d'où on la considère. (Guillaume, 1929, p.22)

*⁴³ L'aspect bi-extensif clôt le système. Il comprend les formes surcomposées : avoir eu marché, ayant eu marché de la troisième série analytique, inachevable pour les raisons qui ont été dites.
(Guillaume, 1929, p.22)

この「終わることがない」というのは，青木 (1993) が「やっかいな問題」と称していたものであると思われる．しかし，この bi-extensif と呼ばれるアスペクト，換言すれば，複複合形は何の役に立つのかという疑問が湧く．この点について，GUILLAUME 自身はこう答える．

> 「一見すると，aspect bi-extensif と aspect extensif はどう違うのか，区別することができない．なぜなら要するに，avoir eu fini は avoir fini 以上のことを表現できないからである．[...] aspect bi-extensif の存在理由は，時限を変えることなくあらゆる形の先行性の表現を可能にすることにあるようである．[...] ここで，複複合過去形が用いられた文 Dès qu'il a eu déjeuné, il s'en est allé. という文を見てみよう．[...] 一方で，« s'en est allé » という過去の行為．これは過去であるにも関わらず，そのアスペクトのおかげで現在時で示される．他方，« avoir déjeuné » という過去の行為で，これは « s'en est allé » よりも時間的には前である．時限を変えることなく，すなわち現在時を離れることなく，先行性を表すことが重要なのである．」
> *44 (GUILLAUME, 1929, pp.22-24)

GUILLAUME は複合過去形を過去時制ではなく，いわば現在完了形として捉えている．l'aspect bi-extensif について，「時限を変えることなく」と述べていることから，複複合過去形も過去時制ではないと考えていることが推測される．しかし後述するように，また，朝倉 (2002) らの指摘にもあるように，複複合過去形にはその使用に制約があり，あらゆる動詞で用いることができるわけではない．従って，GUILLAUME が述べているような aspect bi-extensif の存在理由は，説得力に欠けると言えよう．

1.2.2.2. DAMOURETTE & PICHON の考察

DAMOURETTE & PICHON の複合過去形に関する主張も GUILLAUME 同様，過去説ではなく完了説に基づくものである．複合過去形に関して以下のような主張をしている．

---

*44 A première vue on a peine à distinguer en quoi l'aspect bi-extensif diffère de l'aspect simplement extensif, car somme toute, *avoir eu fini* ne dit pas grand'chose de plus que *avoir fini*. [...] Soit maintenant la phrase avec parfait surcomposé : *Dès qu'il a eu déjeuné, il s'en est allé.* [...] D'une par une action passée « s'en est allé » qui, quoique passée, s'exprime, grâce à l'aspect, au présent, et d'autre part une autre action passée « avoir déjeuné » qui est antérieure à la première. Il s'agit d'exprimer cette antériorité sans avoir à changer d'époque, c'est-à-dire sans quitter le présent. (GUILLAUME, 1929, pp.22-24)

第3章　各時制の分析

> 「l'antérieur *45 の真の性質は，priscal *46 を排除するために専ら用いられる非常に繊細な言い回しの研究により，その大部分は明らかになると思われる．この言い回しにおいて複合過去形は，展開を意識して観察することなく，過去として認める行為を表す：こうして我々は完了した事実に直面する．この言い回しは，言語が我々に供給した様々な文が明らかにするように，いくつもの種類を持つ．」*47

(Damourette & Pichon, 1911-1933, V, p.165)

このように，完了した事実を表す用法を述べ，続けて4種類の完了を区別する．

> 「最初の文のタイプは，普遍的な発話である：事実は繰り返されたり，少なくとも，繰り返されうるもの，そして毎回，ある程度の唐突さを伴うので，我々はその事実を一度だけ完了したものとして捉えやすい．」*48

(ibid., p.261)

この第一のタイプの例として次例があげられているが，

> (47) Et si la cité passe des paroles aux gestes, il *a* vite *fait* d'y ordonner le massacre des habitants. (C. Jullian, Histoire de la Gaule, t. VIII, I, 15, p.69 cité par Damourette & Pichon, 1911-1933, V, p.261)

ここでは，仮定が成立すればすぐに住民虐殺の命令が下り，それがすでに完了したと，過ぎ去った事行であると捉えられるからということであろう．

　第二のタイプは，語りの中に現れる複合過去形に関するもので，これは次のようなタイプである：

> (48)　On habille Toto : en cinq minutes, zeste !

---

*45 いわゆる複合過去形のことを Damourette & Pichon は l'antérieur pur と呼ぶ．
*46 いわゆる単純過去形のこと．Damourette & Pichon 独特の用語で特に決まった訳語もないため，このまま用いることとする．
*47 La nature réelle de l'antérieur semble devoir être grandement éclairée par l'étude d'un tour très fin qui lui est réservé à l'exclusion du priscal. Dans ce tour, l'antérieur exprime un fait que l'on constate passé sans en avoir consciemment observé le déroulement : on se trouve en présence du fait accompli. Ce tour comporte plusieurs variantes que nous révèlent les différentes phrases que la langue nous a fournies. (Damourette & Pichon, 1911-1933, V, pp.260-261)
*48 α) Dans un premier type de phrases, il s'agit d'un énoncé général : le fait se répète ou, du moins, pourrait se répéter, et chaque fois c'est avec une telle soudaineté qu'on est sujet à ne le constater qu'une fois accompli. (Damourette & Pichon, 1911-1933, V, p.261)

> Il *a mis* son gilet, son pantalon, sa veste,
> Et sa petite sœur TROUVE qu'il est très beau.
> (*Le bon Toto et le méchant Tom* in DAMOURETTE-PICHON, 1911-1933, V, p.262)

このタイプでは基本となるのは物語の現在形であり，複合過去形は語り（récit）を進行させる事行に対して完了を表す (ibid., p.262) とする．

第三のタイプは，複合過去形で表された事行が，現在時の事行が成立するきっかけ，原因となっているものである．

> (49) ... et dans l'ordre moral, qui risque le mal l'*a* déjà *fait*.
> (Barbey D'AUREVILLY, *Lacordaire*, cité par DAMOURETTE & PICHON, 1911-1933, V, p.263)

第四のタイプは，主節の事行に対する先行性を表す型で，次のような場合である．

> (50) Les rayons du soleil de mars étaient si doux, vers midi, qu'il *est sorti* sans autre vêtement que sa courte jaquette grise. Il sent tomber sur ses épaules la fraîcheur acide des premières heures de la nuit parisienne. (A. FLAMENT, *La vie de Manet*, p. 137 cité par DAMOURETTE & PICHON, 1911-1933, V, p. 263)

ここでは，il sent tomber よりも il est sorti が時間的に先行していることが問題となる．

以上，DAMOURETTE & PICHON は複合過去形の機能・意味を４つに分類しているが，その基本は先行性を表すことにあると見ている．

> 「最も自然な姿勢は，過去を moi-ici-maintenant の時点，すなわち現在との関係において過去を見ることであり，そこから，複合過去形の用法は出てくるのである．」[49] (DAMOURETTE & PICHON, 1911-1933, V, p.265)

1.2.3. WEINRICH の複合過去形論

WEINRICH は複合過去形に限らず，独自の時制論を展開しているが，複合過去形については，「回顧」という概念を用いて説明しようとしている．

---

[49] L'attitude la plus naturelle de l'esprit, est de voir le passé du point de vue du moi-ici-maintenant, c'est-à-dire en rapport avec le présent, d'où l'emploi de l'antérieur.
(DAMOURETTE & PICHON, 1911-1933, V, p.265)

第 3 章　各時制の分析

　　「être もしくは avoir の現在形と，回顧的分詞によって構成される複合過去
　　形が意味するものは，「注釈」「回顧性」という 2 つの特徴によって決定
　　される．それゆえ，複合過去形を「回顧的現在」と呼ぶこともできる．
　　多くの場合，この時制の回顧性は，過去の出来事を指示する．しかし，
　　まだ起こっていない出来事を，さらに先の未来時点から過去方向を振り
　　返って想像することができれば，その回顧性という見方の中に入れるこ
　　とができる：
　　　j'ai commencé mon travail il y a quinze jours.
　　　demain je l'ai (ou *je l'aurai*) *terminé.*」*[50] (WEINRICH, 1989, p.148)

　WEINRICH は以上のように回顧性という概念によって複合過去形を捉えようとしているよう．そのため，複合過去形が前未来形のような使われ方をされる場合でも，何らかの基準点を設け，その時点からの回顧ということによって説明しようとしている．

　WEINRICH の「回顧性」という概念であるが，これらは，例えば DAMOURETTE & PICHON らの「先行性」という考え方に通ずる部分があるとも言える．すなわち，いずれもある基準点から過去方向を捉えるという点で共通していると考えられる．このいわば後方向の展望とでも言うべき行為を WEINRICH は「回顧」と呼んでいると思われる．

1.2.4. 前未来形的な複合過去形
1.2.4.1. VUILLAUME (2000)

　ところで，複合過去形を前未来形の代わりに用いる際には，その使用に制限があるという．VUILLAUME (2000) は，複合過去形にそのような使い方があることを記したものはあっても，挙げられている例の動詞は finir, terminer などに限られ，また，その使用条件について説明したものはほとんどないと言う (VUILLAUME, 2000, p.107)．

　しかし，文法書や論文に表れている，このような用法で複合過去形におかれている動詞の例の大部分が finir, terminer であることは偶然ではない．VUILLAUME が

---

*[50] La signification du passé composé, formé par le présent de *être* ou *avoir* associé au rétro-participe, est déterminée par les deux traits <COMMENTAIRE> et <RETROSPECTIVE>. C'est pourquoi on pourrait aussi l'appeler "rétro-présent". Dans la plupart des cas la rétrospective de ce temps renvoie à des événements passés ; mais on peut aussi placer des événements à venir dans cette perspective lorsqu'on peut imaginer un retour en arrière à partir d'un avenir encore plus lointain. :
　j'ai commencé mon travail il y a quinze jours.
　demain je l'ai (ou je l'aurai) *terminé.* (WEINRICH, 1989, p.148)

データベース Frantext を使って調べたところ，3 例しか見つからなかったという．以下がその例である．

> (51) J'entamerai probalement Carthage dans un mois. Je laboure la Bible de Cahen, les Origines d'Isidore, Selden et Braunius. Voilà ! *J'ai bientôt lu tout ce qui se rapporte à mon sujet de près ou de loin* [...] . (Flaubert, Correspondance 1854 à 1857, — 1857, p.199 cité par Vuillaume, 2000, p.108)
> (52) Moi, dès le commencement d'août, je me mets à Carthage; *j'ai bientôt tout lu*. On ne pourra, je crois, me prouver que j'ai dit, en fait d'archéologie, des sottises. (Flaubert, Correspondance 1854 à 1857, — 1857, p.202 cité par Vuillaume, 2000, p.108)
> (53) Mon vieux brrrrûlant, si je ne t'ai pas écrit, c'est que je n'avais absolument rien à te dire. Je travaille comme quinze bœufs. *J'ai bientôt, depuis que je ne t'ai vu, fait un chapitre*, ce qui est énorme pour moi. (Flaubert, Correspondance 1858 à 1860, — 1860, p.274 cité par Vuillaume, 2000, p.108)

しかし，この 3 例における bientôt の「未来の価値」がはっきりとは表れていないため，決定的な例ではないとする (ibid., p.108)．また，Vuillaume 自身は触れていないが，3 例がいずれも Flaubert の *Correspondance* という作品中で見つかった例であるということにも注目したい．つまり，Flaubert 独自の文体的特徴であるという可能性は排除しきれないと思われる．

ところで，Vuillaume は他の研究書には見られないいくつかの重要な指摘をしている．

> 「（複合過去形と未来の意味を持つ副詞との）この組み合わせは，どうやらアテリックな動詞を用いると明らかに不可能である [...] ．」 [51]
>
> (Vuillaume, 2000, p.108)

この指摘に続けて実例を並べテリック動詞・アテリック動詞の違いによる容認度を比較する．

> (54) Hier, *j'ai travaillé* à ma thèse. (Vuillaume, 2000, p.108)

---

[51] [...] cette combinaison est apparemment exclue avec les verbes atéliques. (Vuillaume, 2000, p.108). アテリックについては「語彙的アスペクトは動詞が意味的に目標（ゴール）を有しているか否かにより，telic / atelic に分類されるのである．例えば se noyer, arriver は telic であり，jouer, nager などは atelic と解される．」(青木,1993, p.23)

47

(55) ? Demain / Dans deux jours, j'*ai travaillé* à ma thèse. (ibid.)
(56) Hier, j'*ai réfléchi* à votre problème. (ibid.)
(57) ? Demain / Dans deux jours, j'*ai réfléchi* à votre problème. (ibid.)
(58) Hier, je *me suis occupé* des enfants. (ibid.)
(59) ? Demain / Dans deux jours, je *me suis occupé* des enfants. (ibid.)

これらの例に表れている動詞，より正確に言うならば述部はすべてアテリックであるため，demain といった未来時を示す副詞（句）と複合過去形の組み合わせは容認されないということである．

(60) Dans cinq minutes, j'*ai* tout *remis* en ordre, et on peut partir. (ibid.)
(61) Dans deux ans, j'*ai fait* fortune et je me retire aux Seychelles. (ibid.)
(62) Demain (au plus tard), j'*ai réglé* ce problème. (ibid.)

この3例では述部がテリックなので容認される．しかし，テリック動詞であるからと言って常に可能というわけではないとの指摘もある(ibid.)．以上のような語彙的アスペクト以外にも興味深い2つの指摘がなされている．

「条件を表す従属節において可能なことが，必然的に独立節で可能なわけではない：
Si demain les douleurs *ont cessé*, vous pourrez être rassuré.
? Demain, les douleurs *ont cessé*. 」 *[52] (VUILLAUME, 2000, p.109)

「独立節においては，この組み合わせは否定とはほとんど相容れないようである．
? Ce soir, je n'*ai* pas tout *remis* en ordre.」 *[53] (ibid.)

ここで VUILLAUME は複合過去形の否定形について触れているが，この点については他の複合時制が否定形におかれる場合とあわせて後述する．
　ところで否定形であっても，挿入節になると状況は変わってくる．VUILLAUME は以下の例をあげる．

---

*[52] [...] ce qui est possible dans les subordonnées conditionnelles ne l'est pas nécessairement en proposition indépendante (VUILLAUME, 2000, p.109)
*[53] [...] en proposition indépendante, ces combinaisons ne semblent guère compatibles avec la négation. ? Ce soir, je n'*ai* pas tout *remis* en ordre. (VUILLAUME, 2000, p.109)

(63) Heureusement que tu *ne* lui *as pas annoncé* cette nouvelle dans dix jours !

(VUILLAUME, 2000, p.109)

(64) Heureusement que tu *n'as pas voyagé* demain ! (ibid.)

(65) Heureusement que Pierre *n'est pas venu* demain ! (ibid.)

この場合，アテリック動詞であっても問題はないが，否定でなければならないようである (ibid.). 以下の文は容認されないという.

(66) * Heureusement que tu lui *as annoncé* cette nouvelle dans dix jours ! (ibid.)

(67) * Heureusement que tu *as voyagé* demain ! (ibid.)

(68) * Heureusement que Pierre *est venu* demain ! (ibid.)

(64)の例について，VUILLAUME は次のような状況を想定する.

「次のような状況を想定しよう．私が話しかけている人物は，私のところでバカンスを数日過ごしに来た人物で，彼は，(64) の文 (= *Heureusement que tu n'as pas voyagé demain.*) が発話された次の日まで私の家にとどまっているはずだった．しかし何らかの理由により出発を 24 時間早める．友人が車を運転している時，ニュースを聞きながらバカンスのUターンラッシュがその晩から翌日いっぱい続くことを私は知る．彼が私に無事着いたことを知らせるべく電話をかけてきた時，私は彼に予定よりも１日に出発を早めたことは良かったことだと言うために，こう言うことができる：

Heureusement que tu *n'as pas voyagé* demain ! Tu aurais eu de sérieuses difficultés sur la route. 」*[54] (ibid., pp.109-110)

しかし，未来形を用いて tu ne voyageras pas demain とすると不自然になるとする．それは未来形を用いることで，この状況において話し相手，すなわち友人は

---

*[54] [...] imaginons la situation suivante. La personne à laquelle je m'adresse est un ami qui vient de passer quelques jours de vacances chez moi, où il devait rester jusqu'au lendemain du jour où est énoncée la phrase (64), mais, pour une raison quelconque, a avancé son départ de vingt-quatre heures. Pendant qu'il est au volant de sa voiture, j'apprends, en écoutant les informations, que les retours de vacances vont rendre la circulation très difficile dès la nuit prochaine et pendant toute la journée du lendemain. Lorsqu'il me téléphone pour m'annoncer qu'il est arrivé à bon port, je peux, pour lui signifier qu'il a été bien inspiré de partir un jour plus tôt que prévu, lui dire : Heureusement que tu n'as pas voyagé demain ! Tu aurais eu de sérieuses difficultés sur la route.

(VUILLAUME, 2000, pp.109-110)

第3章　各時制の分析

まだ旅行をしなければならないことを前提としてしまうからである *⁵⁵ という．次の例では，未来形を使った場合，悪天候などにもかかわらず明日試合が行われなければならないことを示してしまうため，不適切であるとする．(ibid.)

> (69) Heureusement que le match *n'aura pas* lieu demain ! (ibid.)

無論，Heureusement que の後に未来形が来ないわけではない．

> (70) Heureusement que bientôt je *serai réabli* et que je *pourrai* partir.
> (DU CAMP, *Le Nil, Egypte et Nubie* in Discotext)
> (71) Cette histoire me donne des remords. Heureusement que bientôt je ne *me souviendrai* plus. (DU CAMP, *Mémoires d'un suicidé* in Discotext)

しかし，これらの未来形の例と VUILLAUME が挙げている例には決定的な違いがあり，それは，前者のタイプでは記述されている事行はまだ行われていないが，後者のタイプでは，否定の複合過去形で表れている事行はすでに行われたという違いである．(69) の試合の例では，試合はもう行われたが，明日でなくて良かったという意味である．そして VUILLAUME はこれらの例に表れている複合過去形の性質についてこう述べる．

> 「ここでは複合過去形は，現在完了の価値を保持している（そして複合過去形は，発話時を基準にして構築された基準点から見て，完了されたものとして事行をとらえる）」*⁵⁶ (VUILLAUME, 2000, p.110)

VUILLAUME の観察によれば，Heureusement que という一節を付加することで，文の容認度に変化が見られた．ということは，Heureusement que には何らかの機能・意味があるはずであり，VUILLAUME 自身は (65) の Heureusement que には，次の3つの情報が含まれるとする．

> 「第一に，この文の発話時点では，すでに Pierre は来ている．[...] この情報を p1 と呼ぼう．」(VUILLAUME, 2000, p.111)

---

*⁵⁵ car il (= l'emploi du futur) présupposerait que, au cours de la période prise implicitement en considération, mon interlocuteur doit encore entreprendre un voyage. (VUILLAUME, 2000, p.110)
*⁵⁶ [...] qui (= le passé composé) conserve ici sa valeur d'accompli présent (il vise un procès qui, considéré à partir du repère constitué par le moment de l'énonciation, est vu comme achevé).
(VUILLAUME, 2000, p.110)

> 「第二に，この文が発話された次の日には Pierre は来ない．この情報を p2 と呼ぼう．」(ibid.)

> 「第三に，過去において Pierre がもうすでに来たという事実は，また Pierre が来るということを排除する．」(ibid.)

この第三の理由は，p1 が p2 を予想させることから生じ，このような予想により容認度が低くなる，あるいは容認されない文があるということである．

> (72) ?? Heureusement qu'il *n'a pas plu* demain ! *[57] (ibid.)

この文が容認されないのは，p1（今日，あるいは昨日雨が降ったこと）は，p2（明日雨が降らないこと）を必然的に保証するわけではないからとする (ibid.)．この説明原理を用いて，VUILLAUME は次の文が容認されないことをも説明する．

> (73) * Heureusement que Pierre *est venu* demain ! [=(68)] (ibid., p.112)

p1：Pierre は来た，p2：Pierre は明日来るとした場合，p1 → p2，すなわち，Pierre が昨日来たのなら，明日（も）来る，という予想は立たないため，発話全体の解釈が不自然となり，同様に，この構文において否定が不可欠である理由も同じものであるとする (ibid, p.112)．

複合過去形と未来時を表す副詞句との共存は，一見すれば奇妙な現象であるが，これを説明するのは次の２つの要素によると述べている．

> 「話者の意図にあわせて，話者が発話する文は，p1 と p2 に含まれている情報の痕を残さなければならない．」*[58] (ibid., p.114)

> 「しかし，過去を指向する p1 と未来を指向する p2 の間には時間的な不一致があること．この不一致は，Pierre n'est pas venu hier, Pierre ne viendra pas demain. の文には見られない．」*[59] (ibid., p.114)

---

*[57] 原文では，文頭に「??」印は付いていないが，VUILLAUME は la phrase est incongrue (VUILLAUME, 2000, p.111)としている．
*[58] pour être adéquate à l'intention du locuteur, la phrase qu'il énonce doit garder trace des informations contenues dans p1 et dans p2. (ibid., p.114)
*[59] mais il existe une discordance temporelle entre p1, qui réfère au passé, et p2, qui réfère au futur — discordance qui n'existe ni dans *Pierre n'est pas venu hier*, ni dans *Pierre ne viendra pas demain*. (ibid., p.114)

つまり，p1 と p2 により伝えられる情報を維持することが重要であり，その際，節は 1 つの動詞しか持つことが出来ないという制約を守る必要もある *⁶⁰ (ibid., p.114) というのである．本来，p1，p2 それぞれには活用された動詞が必要であるが，それを文法的な制約に違反しないために，1 つにしたものが，この構文であるというのが Vuillaume の主張である．

以上のような主張は，この構文の成立過程を述べているにすぎない．例えば，Heureusement que という一節がこれらの構文において果たしている役割を考える必要があろう．なぜこの一節が，前述のように容認度を変える力を持っているのか．Vuillaume は Pierre n'est pas venu demain. という文の性質を考えることでこの疑問に答えている．

> 「Heureusement que Pierre n'est pas venu demain. という文を言う目的は，Pierre が明日来ないことを知らせるためではなく，明日ではなくて今日で良かったということを意味する点にある．つまり，Pierre n'est pas venu demain はここでは前提であり，主張されていない．」*⁶¹ (ibid., p.114)

以上の Vuillaume の主張については，特に，p1 → p2 という推論が成立するという点については議論の余地があると思われるが，少なくとも，未来時を指向する副詞（句）と複合過去形を併用する場合には動詞に制約がある（アテリック動詞は不可）こと，そしてある特殊な場合においては，否定の意味が不可欠であるという点は注目に値すると思われる．また，Vuillaume 自身も間接的に触れているように，複合過去形と単純未来形の本質を比較する必要もあろう．我々の考え方であれば，この 2 つの時制を区別する最も大きな要素は [+ certain] / [- certain] という対立である．

1.2.4.2. その他の先行研究

Arrivé, Gadet & Galmiche (1986) は前未来形に代わる複合過去形についてこう述べる：

> 「完了形として，複合過去形は未完了を表す現在形に対立する： *quand on*

---

*⁶⁰ Il s'agit donc de conserver l'information véhiculée par p1 et p2, tout en respectant la contrainte selon laquelle une proposition grammaticale ne peut contenir qu'un seul verbe.
(Vuillaume, 2000, p.114)

*⁶¹ Aussi l'objet de la phrase Heureusement que Pierre n'est pas venu demain ! n'est-il pas de faire savoir que Pierre ne viendra pas demain, mais de signifier qu'on s'en réjouit. La proposition *Pierre n'est pas venu demain* est donc ici présupposée, et non pas assertée, [...] .
(Vuillaume, 2000, p.114)

> *est seul, on a bien vite mangé / on mange bien vite*. (この種の文脈では単純過去形 * *on mangea bien vite* が不可能であることに注目). 以上のことから，複合過去形は完了を示すものとして，未完了を示す現在形が持ついくつかの価値を持つことが出来る：普遍的真実（*un malheur est vite arrivé*），近い未来，あるいは不可避な未来（*j'ai fini dans cinq minutes; dans six mois j'ai pris ma retraite*）.」*62 (ARRIVÉ, GADET & GALMICHE, 1986, p.484)

ARRIVÉ らの主張は，現在形と複合過去形の違いは未完了か完了かという点だけであり，この点を除けば両者に共通の用法も見られるということである．そのため，現在形が未来時の事行を表せるため，複合過去形も同じように未来時の事行を問題なく表すことができるのである．

SCHOGT (1968) はごく簡単にこう触れている．

> 「特殊な文脈は，m という時点を未来の中に複合過去形の終了点として位置づけることができる：*J'ai fini dans cinq minutes.*」*63
>
> (SCHOGT, 1968, p.37)

しかし，特殊な文脈というのが何であるのかの説明はない．

BONNARD (2000) の複合過去形論は次のようなものである．まず，複合過去形が2つの価値を持ちうることを指摘する．

> 「テンス的な価値（思考は過去を見る）：この意味で用いられた時には，単純過去形で置き換えることができる．」*64 (BONNARD, 2000, p.225)

> 「アスペクト的と呼ばれる価値，あるいは"完了"の価値（この価値が複合過去形の基本的な価値である）：思考は現在を見ており，そこでは事行は，その事行の完了から生ずる結果状態（事行の余波）としてしか存

---

*62 comme accompli, le passé composé s'oppose au présent, non accompli : quand on est seul, *on a bien vite mangé / on mange bien vite* (remarquer l'impossibilité du passé simple * *on mangea bien vite* dans un contexte de ce type). A ce titre, le passé composé peut prendre, pour l'accompli, certaines des valeurs que le présent a pour le non accompli : vérité générale (*un malheur est vite arrivé*), futur proche ou inéluctable (*j'ai fini dans cinq minutes; dans six mois j'ai pris ma retraite*).
(ARRIVÉ, GADET & GALMICHE, 1986, p.484)

*63 [...] un contexte spécial peut placer le moment m comme terme final du PASSÉ COMPOSÉ dans le futur : *J'ai fini dans cinq minutes.* (SCHOGT, 1968, p.37)

*64 Une valeur dite temporelle (où la pensée regarde le passé [...]) : dans ce sens, il est substituable au Passé simple [...] (BONNARD, 2000, p.225)

在しない．[...] この意味で複合過去形が用いられる時には，単純過去形で置き換えることはできない．現在のアスペクトを持つこの複合過去形は，現在時にかかわる文脈でごく普通に現れる：*Quand on est seul, on* **a** *vite* **mangé**．（しかし，* *on mangea vite* とは言えない）」*⁶⁵

(BONNARD, 2000, p.225)

この指摘は，従来の指摘とあまり変わるところがない．BONNARD (2000) は，基本的な価値を完了としながらも，なぜそこから，テンス的な価値・用法が生じるのか触れていない．

1.2.5. 日本における複合過去研究

朝倉 (1958) の複合過去形に対する考え方は，次の一節によく現れている．

「複合過去形は，単純過去形との nuance の違いは別としても，まったくの過去時称となったわけではない．＜助動詞の現在形＋過去分詞＞というその形態は，現在形が現在を，過去分詞が完了を表わし，全体として現在完了を表すという本来の機能を少しも失ってはいない．Je veux tous vous remercier : parce que *maintenant* j'ai compris. (Beauvoir, *Mandarins*, 418) では，maintenant という副詞が j'ai compris の表す時が現在であることを明らかに示している．行為の行われたときは現在ではすでに過去になっているが，その結果は現在まで続き，今問題になっているのは「理解している」(être dans la situation d'avoir compris)という現在の状態なのである．」(朝倉, 1958, p.33)

朝倉 (1958) は，DAMOURETTE-PICHON の例を引用しながら，複合過去形の実例は antériorité だけでは説明がつかず，基本は「完了相」であると主張する．その結果，朝倉 (1958) の主張は，DAMOURETTE-PICHON の主張と対立するように思われるが，DAMOURETTE-PICHON の考えでは「完了」というアスペクトと「先行性」は矛盾しない概念であり，青木 (1993) も述べている通り，「結局朝倉の「完了相」と DAMOURETTE-PICHON の antériorité という考え方は，事実の解釈において同じ (青

---

*⁶⁵ Une valeur dite aspectuelle ou valeur d' "accompli" (qui est primitive, [...]) ; la pensée regarde le présent, où le procès n'existe que par l'état résultat de son accomplissement (séquelle du procès). [...] Dans ce sens, le Passé simple ne peut lui être substitué. Aspect du présent, ce Passé composé apparaît très normalement dans un contexte présent : *Quand on est seul, on* **a** *vite* **mangé** (et non : * *on mangea vite*). (BONNARD, 2000, p.225)

木, 1993, p.24)」ということになろう．ただ，ここで明らかになったように，「完了」とは何か，研究者によって定義が異なるという問題がある．

本論における「完了」とは特に断りがない限り，ある動詞（句）によって表される事行が，その終点に達することを指す．

川本 (1954) は，複合過去形は時間的には「過去」であるが，アスペクト的には「完了」を表すと主張し，その上で，この２つの性質のうちどちらがより根元的なものか問いかけている (p.156)．川本 (1954) は最終的には，複合過去形の本質を「現在完了」としてとらえているため，STEN をはじめとする「過去説」を批判，GUILLAUME, DAMOURETTE-PICHON を擁護する．そして，DAMOURETTE-PICHON の antériorité が客観的な，絶対的な「過去」ではないことに注目する．

> 「文法上の「現在」とは客観的な，理論的な今という瞬間ではなく，自己が現に直観している等質性の持続だと解釈したい．そして，その等質性の一方の向こうに異質性が意識されるとき，すなわち直観に与えられず記憶に存在するものが意識にのぼるとき，それが「現在」とは別のもの，「過去」として捉えられるとみたいのである．」(川本, 1954, p.160)

このように川本 (1954) は，文法上の「現在」「過去」という概念には，主観的な要素が入っていることを述べているが，この立場は本論の立場と対立するものではない．

古石 (1987) はまず，複合過去形に２つの基本的価値を認める．それは次の２例に代表されるようなもので，

(74) (2a) La lettre *est arrivée* maintenant. (古石, 1987, p.44)
(75) (2b) La lettre *est arrivée* hier. (ibid.)

前者を「結果の状態」という価値，後者を「以前の出来事」という価値を持つ複合過去形とする．この２つの基本的価値から，様々な用法が派生するというのが古石 (1987) の主張である．

古石 (1987) は，複合過去形の形態，すなわち，<être あるいは avoir> + <動詞の過去分詞 *[66] > という構造と，この形態と様々な事行とのぶつかり合いから複合過去形の多価値性が生まれると説く (古石, 1987, p.46)．複合過去形に限らず全て

---

*[66] 古石 (1987) は「p.p.」と略す．

の複合形は共通して完了相 *[67] を持つが，それは GUILLAUME らの考察をふまえ，過去分詞に起因すると考える (ibid., p.47)．一方，être あるいは avoir の現在形は，2つの役割を果たすとし，次のように述べる．

> 「まずひとつは，p.p.の表す成立済みの事行を，文の主語に関わるものとして，その主語の表すところのものに付与すること[…]．」(ibid., p.47)

> 「他のひとつは，その事行の成立時をある基準点に対し位置づけることである．そしてその基準点は多くの場合，発話時点（t_0）に一致する（「PR*[68]」の役割）」(ibid.)．

第一の点については，(2b) の例をもとにこう説明する．

> 「[arriver] (到着する)という事行は p.p.で示されているから，既に成立済みの姿で提出されている．一方，この [arrivé] (到着済みである)ということは，(助)動詞 être により一種の属性として主語 la lettre に付与されている．そしてその être が PR であることから，「手紙が着く」という成立済みの事行は多くの場合，発話時点に対して位置づけられることになるのである．このように，言わば「過ぎ去ってしまったこと」を表す p.p.と，「現在展開中である」ことを表す PR との同居が PC の特性を成しており，それが「謎」のひとつの原因となっている．」(ibid., p.47)

第二の点において，古石 (1987) は基準点について「多くの場合」と留保をつけているが，これは，複合過去形の単純形である現在形が，「未来」「超時的」なことがらに対しても用いられるため，そのような特性を持つ現在形を複合過去形が形態の中に含んでいる以上，複合過去形にも「未来」「超時的」なことがらをあらわす可能性があるからである (ibid., p.47)．この実例として IMBS (1960) をひく．

(76) J'ai bientôt fini. (IMBS 1960, p.103 cité par 古石, 1987, p.44)
(77) Un malheur est vite arrivé. (IMBS 1960, p.101 cité par 古石, 1987, p.44)

次に，古石 (1987) は，事行を３つのタイプに分類するが，それに先だって，２

---

*[67] 古石 (1987) は完了相を，「事行がある時点からみて成立済みであることの表現」(古石, 1987, p.47)としている．
*[68] 現在形のこと．

組の概念を導入している．[transitionnel] / [non-transitionnel]と，KLUM (1961) の用語を借用した [procès "à terme fixe"] / [procès "sans terme fixe"] である．

[transitionnel] / [non-transitionnel] は古石 (1987) の例をひくならば，前者は「手紙が着く」，後者は「あなたの友だちである」といった事行のことで，乱暴な言い方をすれば何らかの変化があるかないかという区別である (古石, 1987, p.48).

[procès "à terme fixe"] / [procès "sans terme fixe"] は，前者は「りんごを1個食べる」，後者については例が挙げていないが例えば「歩く」などが該当すると思われる．

この2組の概念，特に，[procès transitionnel] と [procès à terme fixe] は似たような概念であるが，古石 (1987) はこれを区別する必要性があるとする．その根拠を，例えば「ジャンをたたく」といった事行には，明らかに「終点」が含まれるので [procès à terme fixe] であるが，その終点を境目にして事行の成立以前とは異なる状況が含意されているとは考えられないためと主張する (ibid.)．従って，[procès à terme fixe] には [transitionnel] なものと [non-transitionnel] なものの2種類があることになるが，[procès sans terme fixe] は必ず [non-transitionnel] であるという (ibid., p.49)．以上のことから，事行には以下の3種類が存在することになる．

    procès sans terme fixe
    — non-transitionnel   (I)
    procès à terme fixe
     non-transitionnel   (II)
     transitionnel   (III)   (ibid.)

次に，複合過去形の基本的価値が生成される条件が分析される．まず最初に「以前の出来事」の価値を持つ複合過去形であるが，この価値生成には，発話時点 (t_0) から切れた (t_0) 以前の時点，あるいは期間を表す要素が必要で，それは言語表現であろうと，前後の文脈・状況でも良いと述べる (ibid.)．

もう1つの基本的価値，「結果の状態」の価値が生成される条件については，transitionnel な事行とそうでないものとに区別して分析を進めていく．

transitionnel な事行の場合，事行が成立すればある状態 E_1 から別な状態 E_2 への変化するということが含意されているとする (ibid., p.52)．sortir, partir, arriver, entrer, disparaître, quitter などといった動詞はこのような事行を表しやすく，それは，"depuis" や "en ce moment" との共起からも確認できると主張する (ibid.)．

一方，non-transitionnel な事行の場合，non-transitionnel という概念の定義そのものから，transitionnel な事行で見られるような別な状態 E2 への変化を含意しない

第3章　各時制の分析

(ibid., p.52)．ただし，事行の成立点（終点）の導入により，procès sans terme fixe であろうと一応の「終点」が設定されることとなる (ibid.)．このように考えると，transitionnel な事行の場合との区別が微妙になりそうであるが，これは次のように区別される．

> 「しかし transitionnel な事行と異なるのは，いくら t_0 が指向されている文脈・状況でも，事行は「成立」しても，なにかが「完成」したということは決して表されないし，ましてや，[...]「結果の状態」も，言語的には，事行によって程度の差こそあれ，アプリオリには何も示されない.」
>
> (ibid., p.53)

ここで古石 (1987) は，non-transitionnel な事行の場合には，「結果の状態」をアプリオリには示さないとしているわけであるが，この「アプリオリには」という留保はどういうことであろうか．この点についてはこう述べられている．

> 「例えば，J'ai mangé (déjeuné). (= Je me trouve dans l'état d'avoir mangé (déjeuné).) ということは，アプリオリには何も含意しない．文脈・状況が意味構成に参加する訳であって，場合によって「出かける準備ができている」，「もうおなかがいっぱいだ」，等の意になる．このように non-transitionnel な事行の場合には，「結果の状態」の解釈が文脈・状況に大きく左右される.」(ibid., p.54)

この主張を見る限り，古石 (1987)は，複合過去形の"基本的価値"と，様々な要素によって左右される"意味効果"を区別して考えている．この点に注目しておきたい．なお，ここまでで触れられている non-transitionnel の例は全て，基準点 (R) = t_0 の場合であるが，基準点が t_0 以降に位置する場合，つまり，複合過去形が前未来形に近い価値を持つ場合には，t_0 以降の時点が何らかの形で示されることが必要不可欠 (ibid., p.55)，R の位置が t_0 に対して定めがたい，習慣・反復，普遍的真理等の場合にも，そういった状況を示す表現が必要であるとする(ibid.)．

古石 (1987) の冒頭で，複合過去形の基本的価値は 2 つに分けられているが，「結果の状態」を表す用法で，non-transitionnel な事行の場合でも，アプリオリではないにせよ，文脈・状況等によって「結果の状態」が出ると主張している．

もう 1 つの価値である「以前の出来事」を表す場合には，その事行が過去であることを明示する何らかの要素が必要としており，その要素がなければ「以前の出来事」を表すことができないということになると思われる．

こう見てみると，古石(1987)が結局，複合過去形の本質として何を想定しているのか明確ではないように思われる．しかし，ここで主張されているような複合過去形の多価値性からすれば，古石(1987)が複合過去形の本質としてある1つの特性を記述するということがそもそも不可能であると考えているのかもしれない．

1.2.6. 複合過去形試論

青木(1993)は前述の通り，複合過去形の先行研究を3つに区分した．すなわち，過去説，完了説，過去完了一義説である．まず最初に，このいずれの立場をとるか，あるいはこの3つの説とは別の立場を選ぶかを決める必要がある．

すでに見てきた通り，複合過去形が表す事行は，過去時のものとは限らない．普遍的事実を述べる場合（Un malheur *est* vite *arrivé.* (ARRIVÉ, GADET & GALMICHE, 1986, p.484)）や，前未来形の代わりに用いられているとされるような場合，過去という時間的な価値はない．

もともと複合過去形が過去という時間的価値を持っていたとするならば，なぜ未来時の事行を表せるようになるか説明できなければならない．仮にそれが，未来時を指向するような副詞（句），例えばdemainによって可能になるとするならば，複合過去形自体の過去という時間的価値はどうなってしまうのか．消えてしまう，あるいは，過去時→未来時というように性質が変わるのであろうか．

このように考えてみると，複合過去形の時間的価値のいわば初期値はゼロであり，文脈その他により決定されると考える方が自然であろう．

次章では，[non actuel] グループの中心的時制と考えられる半過去形について考察する．

1.3. 半過去形

まず，半過去形の典型的な用例を見てみよう．

(78) Dell'Aversano *tenait* un magasin d'antiquités rue François-Miron, après l'Hôtel de ville. (MODIANO, *Un cirque passe*, p.29)
(79) S'il *faisait* plus chaud, soupira-t-elle, nous pourrions nous reposer un peu, avant de remonter la côte... (ZOLA, *La Fortune des Rougon* in Discotext)
(80) Chaque fois qu'il *abattait* atout, il *criait* très fort : Domino !
(GIDE, *Isabelle*, p.43)

(78)は過去における状態，(79)は非現実的仮定，(80)は過去における習慣，反

復された行為を表している．これらの用法の共通点は何か？

以下，『フランス語学研究』33 号に掲載されている半過去形に関する文献案内での 4 つの分類に基づいて，従来の研究を概観したい．4 つの分類とは，(a) 未完了を表す時制であるという立場：G<small>UILLAUME</small> (1929, 1951), S<small>TEN</small> (1952), I<small>MBS</small> (1960), M<small>ARTIN</small> (1971), W<small>ILMET</small> (1976, 1998²), (b) 非過去説：D<small>AMOURETTE</small> & P<small>ICHON</small> (1911-1936), L<small>E</small> G<small>OFFIC</small> (1986, 1995), T<small>OURATIER</small> (1996, 1998), (c) 基準点・照応説：D<small>UCROT</small> (1979), B<small>ERTHONNEAU</small> & K<small>LEIBER</small> (1993. 1997, 1998), M<small>OLENDIJK</small> (1990, 1996), V<small>ET</small> (1980), G<small>OSSELIN</small> (1996, 1999), (d) 後景説：W<small>EINRICH</small> (1973)である．

1.3.1. 未完了を表す時制であるという半過去論
1.3.1.1. G<small>UILLAUME</small> の研究

半過去の本質が未完了という概念によって説明されうると主張する者は多く，また，伝統的にそうされてきた．

例えば G<small>UILLAUME</small> (1929) は，独自の動詞意味論の立場から，それぞれの時制を α，ω という 2 つの特徴を用いて記述したが，彼の主張は川本 (1967) に詳しい．

> 「彼（= G<small>UILLAUME</small>）は動詞の示す動作・状態，すなわち Antoine M<small>EILLET</small> の名付けに従えば「過程」procès の，すでに実現されえいる部分を ω という chronotype，これから実現されてゆく部分を α という chronotype に区分する．現在時限（époque présente）の動詞形は，G<small>UILLAUME</small> によれば，必然的に $\omega + \alpha$ である．したがって，procès を人間が観るに当たって，ω の部分と α の部分とに分割しているのである．G<small>UILLAUME</small> はこの観方を vue (vision) sécante と称する．次に，G<small>UILLAUME</small> は現在を中心に一方に未来時限，他方に過去時限が存在し，ここでは chronotype は ω か α のいずれかとする．過去時限においては，ω は imparfait を生み，α は passé simple を生むというのが，G<small>UILLAUME</small> がここで主張するところである．」
> (川本, 1967, p.184)

しかし川本 (1967) も指摘している通り，G<small>UILLAUME</small> の主張には無理がある．

> 「ここで注目すべき点は，imparfait が présent と同様，$\omega + \alpha$ から成る vision sécante と規定されていることである．しかも過去時限においては，imparfait と passé simple とを対立させたいために，G<small>UILLAUME</small> は imparfait は ω に立ち，passé simple は α に立つものであるとして，imparfait に $\omega +$

αを認めていない．[...] それにしても，imparfait が本質的には vision sécante であり，そのことによって présent と等質であるにもかかわらず，たんに ω として規定されていることには，余りにも無理が感ぜられはしないか．」(川本, 1967, pp.184-185)

つまり，GUILLAUME はまず現在形と同様に半過去形を，ある事行の始点と終点を意識せず，その過程・中途のみを見る vision sécante（すなわち ω＋α）であると規定しているが，その一方で，半過去形は既に実現された部分を示す ω のみに立脚するというのである．

だが，この ω のみに立脚するという点はともかく，vision sécante であるという考え方は inaccompli といった概念により継承され，伝統的な考えとなっていく．

1.3.1.2. STEN の研究

STEN (1952) は，GUILLAUME の考え方を独自の図を用いて継承していく．

「単純過去の図は |—| である．一方で，半過去形の図は(|-) — (-|) となろう．単純過去の場合には途中段階（— の部分）はいわば存在しないようなものであるが，半過去形を用いる場合には，これが唯一重要視されるものとなる．」*[69] (STEN, 1952, p.125)

事行の継続を — という直線より表し，事行の始点と終点を | という縦の線で表しているのであるが，この縦の線が半過去形の図では括弧に入っており，半過去形が事行を未完了なものとして示すということを主張している．一方で，半過去形の本質が同時性を表すことであるとする主張を批判，いくつかの例をあげている．

(81) Hier, ils nous *faisaient* la causette, à présent ils *se cachent*.
(SARTRE, *Mort*, cité par STEN, 1952, p.126)

(82) [...] une douzaine de colonnes mobiles qui *ravagèrent* méthodiquement le pays dont Merlin *disait* déjà trois mois plus tôt qu' ...
(GAXOTTE, cité par STEN, 1952, p.126)

---

*[69] La figure du passé simple, c'est |——|. Celle de l'imparfait est (|-) — (-|). La phase médiane qui pour ainsi dire n'existe pas si on regarde l'action sous l'aspect du passé simple, est la seule qui compte pour celui qui se sert d'un imparfait. (STEN, 1952, p.125)

第 3 章　各時制の分析

Sartre の例においては hier, à présent といった時間表現から明らかなように，半過去形は同時性を表していないし，Gaxotte の例においては，半過去形 disait が表す事行は単純過去形 ravagèrent が示す事行よりも時間的に前のものであるという解釈が自然であろう.

Sten の半過去論の中心である半過去形が未完了を表しているか否かについては後述する.

1.3.1.3. Imbs の研究

Imbs もこの流れを継ぎ，次のように主張する.

> 「半過去形はその上，持続する時間（その期間は無限定）を表すことができるという点で，示唆的な大きな力を持っている．その持続する時間において，我々の知性は出来事が生じる断片的な時間を切り取る．この時間の持続性の本質的な性質は，文脈によって示されていなければ始点も終点もないという点である．実のところ，事行の始点も終点も，半過去形そのものに関わりを持たない．この本質から派生的な全ての用法は説明される.」*[70] (Imbs, 1960, p.90)

つまり，Imbs は「未完了の事行を示す」という点に半過去形の本質を見いだそうとした．一方，仮定を表す si の後に現れるような modal な用法については次のように述べている.

> 「現在時と過去時との時間的な隔たりは，現実と想像世界との隔たりを表現するために用いられる．このような性質的に大胆な構文を可能にするのは，統辞的あるいは語彙的文脈である.」*[71] (ibid., p.98)

---

*[70] [...] il (= imparfait) a en outre une grande force suggestive dans la mesure où il exprime le *temps continu* (la durée indéfinie) sur lequel notre intelligence découpe les moments discontinus où se produisent les événements. La caractéristique essentielle de ce continu est qu'il n'a *de soi* ni commencement ni fin, à moins que son terme ne soit indiqué par *le contexte*; à vrai dire, ni le début ni la fin du processus n'intéressent l'imparfait en tant que tel. Tous les emplois particuliers s'expliquent à partir de cette valeur fondamentale. (Imbs, 1960, p.90)

*[71] [...] l'écart temporel entre le présent et le passé est utilisé pour traduire un écart entre le réel et l'imaginaire. --- C'est le contexte syntaxique ou lexical qui permet ces constructions, de soi très audacieuses. (Imbs, 1960, p.98)

文脈により半過去形が仮定を表すようになると述べているものの，その根拠は不明瞭である．なぜ「現在と過去との隔たり」が「現実と想像との隔たり」を表すようになるのかという疑問に対する答えはない．

1.3.2. DAMOURETTE & PICHON の半過去論とその流れ
1.3.2.1. DAMOURETTE & PICHON の研究

DAMOURETTE & PICHON は1章ですでに述べたように，全ての時制を noncal / toncal の2つに分けた．DAMOURETTE & PICHON の半過去形の時制体系内での位置づけは次の通りである．

> 「le saviez 形（すなわち半過去形）は，toncal 世界の中心であり，他の活用形はそのまわりにある．」[*72] (DAMOURETTE & PICHON, 1911-1933, V, 224).

そして，toncal グループに属する時制について次のように述べる．

> 「第二の活用形グループ（toncal グループ）の役割を第一の活用形グループ（noncal グループ）と比較して理解するためには，過去の表現というのが第二活用形グループの特殊なケースの1つであるということを確認することが，本質的に重要である．」[*73] (ibid, p.166).

1.3.2.2. LE GOFFIC の研究

DAMOURETTE & PICHON の考察を受け，LE GOFFIC も半過去形は本質的には過去時制ではないと主張[*74] (LE GOFFIC, 1986, p.55)，1995年に発表された論文でもこの非過去説の立場をとる．

> 「半過去形を位置づけるには次の3つの次元で記述しなければならない．
> (1) 位置づけの次元（発話行為に依って構築される座標への事行の位置づけの次元）：文脈等により話者にとっての非現在の中への位置づけ
> (2) アスペクトの次元：未完了

[*72] le saviez constitue le centre de l'actualité toncale, les autres tiroirs toncaux se groupant autour de lui. (DAMOURETTE & PICHON, 1911-1933, V, p.224)
[*73] Pour comprendre le rôle de la seconde série de tiroirs (= les tiroirs toncaux) par rapport à la première (= les tiroirs noncaux), il importe essentiellement de constater que l'expression du passé n'est qu'un des cas particuliers de la signification de cette série de tiroirs.
(DAMOURETTE & PICHON, 1911-1933, V, p.166)
[*74] [...] l'imparfait n'est pas fondamentalement un «temps du passé» [...] (LE GOFFIC, 1986, p.55)

第3章 各時制の分析

(3) モダリティの次元 *[75]：確定 *[76]」 *[77] (ibid.)

「半過去形は"非現在 — 未完了 — 確定"であるが，半過去形は自らは辛うじて非現在としか規定できない指示空間に事行を位置づけ，そのあらゆる規定は文脈から導き出される．」*[78] (ibid.)

つまり，半過去形は事行を DAMOURETTE-PICHON の言葉を借りれば toncal な世界で記述し，その toncal な世界がいわゆる過去空間であるか，モダリティな価値を持つ空間であるかは文脈が決定するというのが LE GOFFIC の主張である．

そしてこの点について次のように述べる．

「*sans vous je m'ennuyais* という一節，あるいは *l'instant après le train déraillait* という一節のそれぞれで可能な「現実的解釈」と「非現実的解釈」*[79] との間で，指示しているものが異なるという矛盾はあるが，それぞれの文の解釈において退屈な気持ちの表れ，あるいは列車の脱線を同じように目の当たりにする（何らかの方法で我々の前に提示される）．我々は，それぞれの場合において，同じシーンを見ているという感覚を抱く．「現実的解釈」か「非現実的解釈」かの違いは，"キー"にある．音楽で例えるならば，同じ曲（同じ事行，同じアスペクト価）ではあるが，違うキーでの演奏ということである：現実の音域で演奏されたか，非現実の音域で演奏されたか．半過去形自身はそのどちらにも適応できる．」*[80] (LE GOFFIC, 1986, p.66)

結局 LE GOFFIC の主張は，半過去形の本質はただ1つのみであり，そこから解釈レベルにおいて様々な意味効果が生じるというものである．

---

*[75] この3つの次元に関する訳語は，市川 (1988, p.88)による．
*[76] 「確定」という訳語は，春木 (1999, p.144)による．
*[77] [...] pour le (= l'imparfait) décrire il faut le situer sur trois plans :
— plan des repérages (coordonnées référentielles du procès construites par le discours) : repérage dans le non-présent du locuteur, par rapport à des indications contextuelles,
— plan de l'aspect : inaccompli,
— plan de la modalité : certain. (LE GOFFIC, 1986, p.55)
*[78] Inaccompli certain non-présent, l'imparfait situe le procès verbal dans un cadre référentiel qu'il ne détermine par lui-même que faiblement (comme «non-présent»), et qui tire toutes ses déterminations du contexte. (LE GOFFIC, 1986, p.55)
*[79] *sans vous je m'ennuyais* では「（実際に）あなたがいなかったので，私は退屈していた」という解釈と「（仮に）あなたがいなかったら，私は退屈していただろう」という解釈．*l'instant après le train déraillait* では「次の瞬間，列車は脱線した」という解釈と，「次の瞬間，列車は脱線していたかもしれない」という解釈がそれぞれ可能とされる．

1.3.2.3. TOURATIER の研究

TOURATIER も non actuel という別な用語を用いているものの，DAMOURETTE-PICHON, LE GOFFIC らとほぼ同じ主張である．

「半過去形は，半過去形が使われる事行の「過去性」という性質よりもむしろ，「非現行」という性格を示す．この「非現行」という意味は，場合によって時間的な領域（すなわち過去）に適用されうる．半過去形が時間的な領域で用いられれば時間の概念において非現行，すなわち過去の事行を表すが，これが伝統的に認められ，語りの中で半過去形が示すテンス的な価値である．一方で，時間的な領域で用いられなければ半過去形は非現実を表すが，当該の現実というものが時間軸上で位置づけられることはない．」*[81] (TOURATIER, 1996, p.229)

これに続く 1998 年の論文ではこの主張をふまえ，後述する照応説を批判した．

「半過去形は，いかなるものにも結びつけられる必要は全くない．このため，半過去形は物語の冒頭で用いられることができる．」*[82]

(TOURATIER, 1998, pp.26-27).

物語の冒頭であれば，照応説が主張する半過去形の「先行詞」を設定し得ないという反論である．

---

*[80] En effet, quelle que soit la contradiction référentielle entre les interprétations « réelle » et « irréelle » de *sans vous je m'ennuyais*, ou *l'instant après le train déraillait*, nous « voyons » de la même façon dans les deux interprétations les manifestations de l'ennui ou le déraillement du train (rendus d'une certaine façon présents devant nous). Nous avons le sentiment que dans les deux cas nous assistons au déroulement de la même scène. La différence se situe en amont, « à clef » : c'est, pour filer la métaphore musicale, la même musique (le même contenu de représentation, avec les mêmes valeurs aspectuelles) mais dans des tonalités différentes : dans le registre du réel ou le registre de l'imaginaire. L'imparfait par lui-même est également propre à l'un et à l'autre.
(LE GOFFIC, 1986, p.66)

*[81] Il (= l'imparfait) signifie moins le caractère "passé" que le caractère "non actuel" du procès auquel il s'applique. Ce signifié "non actuel" peut, suivant les cas, être appliqué ou non au domaine temporel. Quand il est appliqué au domaine temporel, il prend alors la valeur de «non actuel (au point de vue du temps)», c'est-à-dire "non présent" ou passé. C'est la valeur temporelle qu'on lui reconnaît traditionnellement et qu'il présente notamment dans le récit. Quand il n'est pas appliqué au domaine temporel, il prend alors la valeur de "contraire à la réalité, non réel", sans que ladite réalité soit située dans le temps. (TOURATIER, 1996, p.229)

*[82] [...] l'imparfait n'a nul besoin d'être rattaché à quoi que ce soit, ce qui explique qu'il (= l'imparfait) puisse s'employer au début d'un récit [...](TOURATIER, 1998, p.27)

第3章 各時制の分析

RIEGEL らも基本的には，非過去説を主張する．

「半過去は話し手の現在の現実の外にある事行を示し，事行が過去にずれた時には，時間的な（＝過去）価値を持ち，事行が現実世界の外で可能である（＝真である）とみなされたとき，モダリティの価値を持つ．」[83]
(RIEGEL, PELLAT & RIOUL, 1994, p. 305)

しかしながら，単純過去形の章において彼らは，次のように述べている．

「単純過去形　この時制は半過去形のように事行を過去の中に位置づける．」[84] (ibid., p.303)

このように明らかに矛盾する主張が行われており，結局，どのように半過去形を捉えているのかはっきりしない．

1.3.3. 照応説

BERTHONNEAU & KLEIBER は，半過去形を temps anaphorique méronomique と呼び，名詞・代名詞の照応の類推から，半過去形はそれより前の文脈で示された内容を一種の先行詞と捉え，その一部について述定を行う機能があると主張している．

BERTHONNEAU & KLEIBER (1993) はまず，それまでの照応説について概説している．二人が照応説を説いているとする研究者には，DUCROT (1979), LABELLE (1987), ANSCOMBRE (1992), TASMOWSKI (1985), MOESCHLER (1992) らがいるが，彼らの研究に共通しているのは，半過去形はそれが導入する事行を自らの力では位置づけることができず，文脈や様々な状況によってある時間に結びつけられなければ半過去形は使えないという点である．このある時間こそ，先行詞といえるものであり，この先行詞になりうるものとしては，以下のようなものが指摘されているという (BERTHONNEAU & KLEIBER, 1993, pp.55-57)：

I. 明らかに先行詞が現れている場合：
(a) 先行文で導入された過去の事行．次例の(E1)：
(83) Paul entra (E1). Marie faisait la vaisselle (E2) (ibid., p.57).

---

[83] L'imparfait de l'indicatif dénote un procès situé hors de l'actualité présente du locuteur. Il prend une valeur temporelle quand le procès est décalé dans le passé et une valeur modale quand le procès est envisagé comme possible hors de l'univers réel. (RIEGEL, PELLAT & RIOUL, 1994, p.305)
[84] *Le passé simple* Ce temps du verbe situe le procès dans le passé, comme l'imparfait. (RIEGEL, PELLAT & RIOUL, 1994, p.303)

(b) 時間の従属節．次例の(E1)：
(84) Quand Paul entra (E1), Marie faisait la vaisselle (E2) (ibid.).

(c) 文頭におかれた時の副詞
(85) L'année dernière à Paris, il faisait chaud (ibid.).
(86) Ils se rencontrèrent en juin; trois mois plus tard, ils se mariaient (ibid.).

II. 先行詞が推論による場合
(87) Jean alluma une cigarette. La fièvre donnait au tabac un goût de miel (ibid.).
(88) Jean se mit en route dans sa nouvelle voiture Mercedes. Il attrapa une contravention. Il roulait trop vite (ibid.).

推論によって先行詞となる時間が特定できる場合について補足すると，「Jean がタバコに火をつけた」→「火がついた状態」，「車で走り出した」→「車で走っている」という推論が成り立ち，先行詞となる時間が特定できるということである．

このように，文脈の中にはっきりと先行詞となる時間が現れているか，推論によって時間が特定できなければ，半過去形は使用できないとし，以上の理由から，以下の例が不可能であることが説明できるとする．

(89) * Tu achetais ce pantalon quand ? (ibid., p.59)
　　　　　　　(TASMOWSKI, 1985 cité par BERTHONNEAU & KLEIBER, 1993, p.59)
(90) * Quand Jean épousait-il Marie ? (ibid.)

DUCROT (1979) にも，ほぼ同様の主張が見られる．

(91) * La France s'appelait la Gaule. (DUCROT, 1979, p.7)
(92) Autrefois, la France s'appelait la Gaule. (ibid.)

文頭に autrefois をつけることにより文の容認度が良くなるのは，半過去形の使用を許容する先行詞となる時間が表示されたからであると言えよう．

しかし BERTHONNEAU & KLEIBER は，BERTHONNEAU & KLEIBER 以前の照応説には以下のような問題点があるとする．

第一に，先行詞となる時間があるからと言って，半過去形が使えるとは限らないという主張．例えば，次例では，pendant deux ans などがついていても，半過去形は使えないとする：

第3章　各時制の分析

(93) * Pendant deux ans / durant deux ans / pendant toute l'année / toute l'année, Paul vivait à Paris. (BERTHONNEAU & KLEIBER, 1993, p.63)

本来，pendant deux ans のような時の副詞（句）は，半過去形との相性が良いはずであるが，上例のように不可能な場合がある *[85]，というのが BERTHONNEAU & KLEIBER の第一の主張である．

次に，DUCROT の分析に反し，時の副詞（句）があらわす時間の一部しか事行が占めない場合にも，半過去形の使用は不自然であるとする *[86]．

(94) *(18)* *[87] ? L'année dernière, j'achetais un appareil de photo.
(95) *(23)* a. ? L'année dernière, je déménageais.
　　　　　b. ? L'année dernière, Paul se mariait. (ibid.)

さらに，発話状況の中で何らかの引き金が過去のある時点を特定化することによって半過去形が可能になるという TASMOWSKI らの主張に対して，反論をしている．玄関の呼び鈴が鳴り，Jules がドアを開けに行き，居間へ戻ってきた彼に，Marie が次のように質問することはありえず，

(96) *(47)* Qu'est-ce qu'il voulait / disait ? (ibid.)

同じ状況で Marie がするであろう質問は

(97) *(48)* C'était qui / quoi ? (ibid.)

であるとする．しかし，この議論は，すでに春木 (1999) が「この (47)(48) を用いた BK の議論の部分は，(47) で複合過去にしてもやはりこの状況では不適切であることを考えるならば，時制の選択の問題というよりも単純な意味的整合性の問

---

*[85] On observera, en premier lieu, que la présence d'un adverbe temporel «antécédent» de «totalité», qui, parce qu'il exige précisément que le procès soit vrai en tout point de l'intervalle, constitue a *priori* un site privilégié, se révèle incompatible avec l'imparfait.

(BERTHONNEAU & KLEIBER, 1993, p.63)

*[86] [...] contrairement aux analyses de Ducrot, lorsque le procès, pour des raisons factuelles, n'occupe qu'une petite portion de l'intervalle temporel délimité par l'adverbe temporel, comme dans (18) ou (23), [...] l'imparfait reste mal analysé [...] .(BERTHONNEAU & KLEIBER, 1993, p.63)

*[87] *(18)* は(BERTHONNEAU & KLEIBER, 1993, p.63) における例文番号である．以下同様に，原文中での例文番号をイタリックで示すこととする．

題であり，以下の結論を導く議論としては不適切である (春木, 1999, p.157)」と指摘しているように，単に時制の問題だけでなく，il / ce といった代名詞の問題も含まれていることが予想され，ここでの議論に説得力があるかは疑問である．

ついで，推論によって先行詞となる時間が決定される場合についてであるが，先の車の例の後半を次のように変えると不自然になると指摘する．

> (98) Jean se mit en route dans sa nouvelle Mercedes (E1). Il attrapa une contravention (E2). ? Il roulait avec plaisir (E3).
> (BERTHONNEAU & KLEIBER, 1993, p.65)

Jean が車で走っていたことが推測されるものの，(E3) に現れる半過去形は不自然であるという．以上のことから，BERTHONNEAU & KLEIBER は，次の2点を結論として導き出している：

> (1)「半過去形は照応的な時制である．なぜなら，その解釈には，つねに過去の状況，つまり，明示的なものであれ非明示的なものであれ先行詞を考慮に入れなければならないからである．」*[88] (ibid., p.66)

> (2)「過去の先行状況と，半過去によって示されている状況との照応関係は，部分（半過去）—全体（先行詞）という関係である．」*[89]
> (ibid., p.68)

この2番目の結論から，次例が不自然である理由を説明できる．

> (99) [=(98)] Jean se mit en route dans sa nouvelle Mercedes (E1). Il attrapa une contravention (E2). ? Il roulait avec plaisir (E3). (ibid., p.65)

すなわち，「楽しくドライブをしていた」ことは，「罰金をとられた」ことに対する，部分的な照応関係を成していないためである，と説明される．だが，この例の (E3) において Il roulait trop vite. とすることは可能であり，両者の違いは trop

---

*[88] L'imparfait est un temps anaphorique, parce que son interprétation exige toujours la prise en compte d'une situation temporelle du passé, donc d'un antécédent, explicite ou implicite.
(BERTHONNEAU & KLEIBER, 1993, p.66)
*[89] La relation anaphorique entre la situation antécédent du passé et la situation présentée à l'imparfait est une relation de type partie (imparfait) — tout (antécédent).
(BERTHONNEAU & KLEIBER, 1993, p.68)

vite か avec plaisir であるかだけである．従って，半過去形という時制の問題ではなく，むしろ単純に，前文脈とのつながりを考えると自然な解釈が難しくなる avec plaisir という状況補語句が (E3) の容認度を左右している可能性がある．

このような照応説に対して，春木 (1999) が次の2点を問題点としてあげている．

「(1) 半過去が非自立的時制で先行詞を必要としていると言いながら，それではどうして半過去が非自立的なのかという点についての説明が全く無い．(2) 終始一貫して先行詞という言葉を使っていることからも分かるように，半過去ともう一つの状況との関係をあくまでも照応関係として捉えている．」(春木, 1999, p.160).

「第2の点に関しては，反実仮想やその他のモダリティーを表す場合，何を先行詞と考えるのかという疑問が出てくる．」(ibid.)

春木 (1999) が指摘している点以外に，以下のような問題点をあげることができよう．(1) 根本的に，照応説の中心概念である先行詞が何であるのかが曖昧であること．(2) TOURATIER (1998, pp.26-27) が指摘する通り，次例のように物語の冒頭に表れるような半過去形の場合，先行詞は何であるのか．(3) 半過去形の複合形である大過去形に同じような特性があるのかという疑問である．

(100) Haletante, Mrs McGaillicuddy *s'efforçait* de suivre l'homme d'équipe qui dans le hall de la gare de Paddington *portait* sa valise : la digne dame *était* petite et sujette à l'embonpoint, tandis que, de haute taille, le préposé aux bagages *marchait* à pas de géant. (CHRISTIE, *Le train de 16 heures 50*, p.5)

この例は物語の冒頭であり，s'efforçait という半過去形が"先行詞"として認識できるものはない．

1.3.4. 川本 (1954)

川本 (1954) は，GUILLAUME，DAMOURETTE-PICHON らの研究について再考した後，自らの時制体系試論を展開している．

まず各時制を temps simple と temps composé の2つの横軸にあてはめ，さらに，「未来時」「現在時」「過去時」という3つの縦軸上に配置した上で，DAMOURETTE-PICHON の考察をもとに半過去形 saviez と大過去形 aviez su をそれ以外の時制とは

別の次元におくことで全体を三次元の図に描く (川本, 1954, p.161). この図は一見すれば非常に単純で, 直説法の全ての時制がきれいに対称形をなしているが, いくつかの問題点を残している.

　第一に, 近接未来・近接過去および条件法をどう配置するのかが考察されていない. 近接未来・近接過去形については本論でも対象外になっているので除外したとしても, 条件法について言えばすでに述べたように, 時制体系を考える場合には体系内に含めるべきであると考える. 後に川本 (1967) で初めてこの3時制を取り上げることになるが, そこではいずれも Aux の中で処理されているため (川本, 1967, p.192), 時制体系全体の中での位置づけは不透明である. 第二に, 各時制をそのように配置した理由は説明されているが, それぞれの時制の本質を記述し分類する際の客観的基準が示されていない. 最後に, この整然たる体系図のほかに, 複雑なフランス語動詞の各時制の具体的用法を説明するためには, それぞれの多様な派生的意味の生じる必然性が辿れなければならない.

　しかしながら, 川本 (1954) の時制体系図は, 我々の考察と矛盾するものではないと思われる.

1.3.5. 朝倉 (1956, 2002)

　朝倉 (1956) は, 半過去形を明確に過去時制として捉えている.

> 「過去における動作の継続のアスペクトを表す時称として, 半過去形（imparfait）とその完了形である大過去形（plus-que-parfait）がある. [...] 半過去形は直説法過去時称のうちで最も表現的で, 感情の陰影を表わす力に富み, 主節・従属節, 文語・口語の別なく広く用いられる. 多彩な時称であるだけに, その本質的機能については定説がないが, 継続のアスペクトを表すのがその主要な働きと考えられよう.」(朝倉, 1956, p.104)

　半過去形は過去時制であること, 継続のアスペクトを表すことが本質的な働きであるという主張は, 後の朝倉 (2002) においても変わることがない. この継続のアスペクトを表すということから, 反復的・習慣的動作, 進行的動作, 未完了の動作を表すといった派生的な用法が出るとする上で (pp.105-106), 同時性に基づく半過去形の定義を批判する.

> 「多くの文法家は半過去形が過去における他の動作との同時性を表すことに着目し, 同時性に基づいて半過去形を定義している. [...] しかしながら, 同時性をもって半過去形の本質的な機能と考え難い理由として, 次の二

つを挙げることができる．(1) 他の時称を並置しても，同時性の接続詞なしで，同時性を表わし得る：Je voyageais, mon frère s'occupa de mes affaires. 半過去形以外の時称の位置が継起的動作のみを表わすと思ってはならない．単純過去形でも同時性を表わし得るのである．(2) 半過去形が他の過去時称と共に用いられても，常に同時性が表されるとは限らない：Elle me tendit un paquet de lettres ; je reconnus celles que je lui écrivais d'Italie. [...] ．」(朝倉, 1956, pp.106-107)

1.3.6. 佐藤 (1990)

佐藤 (1990) は，半過去形についてこう述べている．

「この時制の，時制としての特権の第一は，それが，一般には「過去時制」として分類され，現象的には，大半の用法において，過去の行為を指しているとしても，本質的には，「現在」と，言わば，同族の異形であることにある．それは，「現在」が，＜現在＞の第一の位相，即ち，実時間の，―あるいは，それとして捉えられた（たとえば，« présent scénique » ―＜現在＞の文法化であるように，＜現在＞の第二の位相，即ち，想像された時間帯のなかの＜現在＞の文法的反映としての「現在」なのである．）(佐藤, 1990, p.48)

佐藤 (1990) の主張は，Damourette-Pichon, Le Goffic らと同様に，非過去説の立場をとっていることが分かる．この点について例をあげての説明が続く．

(101)　　— Quelles sont les conclusions de votre enquête ?
　　　　　— J'ai constaté qu'on se mariait très tôt aujourd'hui : au début du siècle, peu de Français se mariaient avant 24 ans ; aujourd'hui, un sur quatre. — Gérin, Mauger. (ibid.)

「状況は，若い世代を対象に，結婚年齢についてのアンケートを行ってきた記者の，部長への報告である．
　そして，第二の位相で捉えられた＜現在＞とは，これを，上の例の統辞的関係のなかで捉えれば，従属節の動詞を現に話している話者自身の時間の外へ出して，それを，その＜現在＞が，主節の動詞によって示されている時間のなかにおくこと，さらに単純化して言えば，＜私＞の時間の観念を，主節に示されている行為が行われている際の当事者の時間の

観念と入れ替えた時の＜現在＞に他ならない．事実，第一の「半過去」
(se mariait) は，アンケート実施の時点で，「当事者」であった「私」の時
間の観念を，今，ここにいる「私」の時間の観念と入れ替えたことを示
しており，そこでの＜現在＞は，実時間の＜現在＞の上に重ねて設定さ
れた(aujourd'hui)のそれである．そして，第二の「半過去」(se mariaient)
は，「今世紀初頭」という過去の時間のなかへわが身を運んで再現した＜
現在＞であって，実時間の＜過去＞の上に重ねて設定された時間帯のな
かの＜現在＞を示している．」(ibid.)

そして,「過去における行為の継続」に関する用法 (pp.49-50),「過去における
行為の反復」を示す用法 (pp.50-51),「描写の半過去」(pp.51-55),「絵画的半過去」
(pp.55-56) といった半過去形の用法は，現在形の用法と「シンメトリックな関係」
にあるとする (p.49)．

1.3.7. 阿部 (1987, 1989)
阿部 (1987) において，半過去形は過去時制であることをはっきりと次のように
述べている．

> 「半過去は過去の一時制として単純過去と対立するのみならず，現在とも
> 対立する．この後者の対立に注目すると，半過去の価値について新たな
> 仮定が可能であるように思われる．」(阿部, 1987, p.31)

阿部 (1987) は BENVENISTE (1966), LE GUERN (1986) で示唆されている histoire /
discours の対立をふまえ，特に discours における半過去形に注目している．

> 「この discours の半過去に注目しておきたい．この半過去は récit に現れる
> 半過去とは全く別物で，その特徴は現在に対立し，すでに終了した行
> 為・状態を示すことにあるとされた．」(ibid., p.32)

しかし，従来は「すでに終了した行為・状態を示す」とされた discours の半過去
形の説明に対し，反例をあげる．

> (102) Hatue fit bruire exprès les feuilles de fougère avec la pointe de son pied.
> — Ah ! vous *étiez* là ! Ne voulez-vous pas descendre ? je ne vous ferai plus rien.
> (MISHIMA 1969. pp.124-125 cité par 阿部, 1987, p.33)

第3章　各時制の分析

　この三島の例においては，初江という人物はいまだに葉の陰に隠れたままであるにもかかわらず，半過去形になっているとし (p.33)，従来の考察を批判する．

> 「これらの例を見ると，discours の半過去を現在すでに終了した行為・状態を示すと規定するのは無理であることがわかる．むしろ終了したのはその行為・状態を包む場のようなものである．前の[...]例では「探していた場面」が終わった [...] のである．したがって，discours の半過去に関与的なのは，場面転換，つまりある場面がすでに終了し新たな場面が始まっているということであるように思われる．この新たな場面に立って前の場面を眺めた場合に半過去がでてくるのである．」(ibid.)

　以上から，discours の半過去形が行為・状態の終了を意味せず，むしろ場面の転換を示し，その結果，Le Guern らの主張を批判し discours の半過去形と récit の半過去形は本質的には同じものであると論じている (p.38)．ただ，この論文においては，半過去形の一部の用法についてしか論じられていないため，残る他の用法についても同じ論法で説明が付くかは疑問であろう．
　阿部 (1989) においては，次のような半過去形の用法が論じられている．

　　(103)　（人が来て）Je t'*attendais* (阿部, 1989, p.55).
　　(104)　（人に会って）Je te *cherchais* (ibid.).
　　(105)　（見つけて）Ah ! vous *étiez là* (ibid.).

このようなタイプの用例に共通する点として，次の2点をあげる．

> 「Je t'attendais 型の半過去における事行は「時間幅」をもち，かつ「終点」をもたないという意味で「均質」である．」(阿部, 1989, p.57)

> 「出現条件は「異質なファクター」による「関心の対象となる期間の終点限定」である．」(ibid.)

　ここで阿部 (1989) の言う「異質なファクター」とは，「均質的事行」から見て「外的な事件」のことで (p.56)，「均質的事行」と「異質なファクター」との関係は，(103) においては「待つ行為 — 到着」，(104)「捜す行為 — 出会い」，(105)「いる状態 — 発見」となる．

阿部 (1989) は Je t'attendais 型の半過去形の「異質なファクター」が終点限定という操作により，DUCROT (1979) の主張する thème temporel 的なものを成立させる働きをしていると考えることで，Je t'attendais 型の半過去形と「同時性」の半過去は本質的には変わらないものであると結ぶ (ibid., p.58).

　阿部 (1987, 1989) において主張されていることは，半過去形は過去時制であり，場面を転換させる機能を持つということであると思われるが，後述する過去時を表さない半過去形（例えば imparfait préludique）で，なぜ「過去時制」であるこの時制にそれが可能であるのかは説明が付かないと思われる．

1.3.8. 春木 (1999)

　春木 (1999) の半過去形に関する主張は次のようなものである．少し長いがそのまま引用する．

> 「半過去で何らかの事態を述べる場合，発話者の視点は過去空間へと移動している．これは取りも直さず，半過去の使用時には発話空間とは別の認識空間としての過去空間が構成されているということである．つまり，発話者の視点が過去に移動することによって自ずと過去空間が現出するということである．ここで重要なのは，この二つの操作，過去への視点の移動と過去空間の構成が不可分の関係にあるという点である．発話者の視点が過去空間へ移動するということは，発話者が「観察者としての自分」(春木 1993) を過去空間に置いて語るということである．しかし，発話者は現実には発話空間に居るわけだから，発話者はいわば発話空間に自分の影を残しつつ観察者としての自分を過去空間に移動させて語っていることになる．つまり，半過去使用時に構成されている過去空間は発話空間とは別の認識空間としてはっきりと区別されつつも，同時に発話空間と密接に繋がっているのである．半過去の機能を考える場合，この過去空間が発話空間と密接に繋がっているという点が何よりも重要である．但し，その際の発話空間の持つ重みというのは，半過去の用いられている環境に応じていろいろに変化する．」(春木, 1999, p.16)

以上の主張において注目すべき点は，発話空間とは別の認識空間である過去空間が構成されるという点である．これに続く論文では，さらに踏み込んだ考察がなされている：

> 「実際にはこのような操作が行なわれて用いられた半過去が，文脈に応じ

て様々な意味効果を生み出すと考えられるが，それらの意味効果は恐らく総ての用法に共通して半過去が持つと考えられる属性付与という機能から出て来ると考えられる．」(春木, 2000, p.84)

ここで1つの疑問が湧く．それは半過去形という時制が属性付与という機能を持ち得るかという点である．こう続ける．

「[...] ある対象の過去における属性を表す場合には，フランス語では複合過去や単純過去ではなく，当然，半過去が用いられる．例えば，A cette époque-là, il *était* étudiant. のような属詞構文がそれである．しかし，このような状態を表す動詞が用いられた発話や，情景・背景描写という典型的に属性付与機能が見られる場合だけでなく，動詞の性格に拘わらず，半過去が用いられている発話は基本的には属性付与機能を担っているというのが本稿の主張である．逆に，単純過去は動詞の性格に拘わらず，出来事を述べる発話である．」(ibid., pp.84-85)

具体的に，何に対して属性を付与するのかという点についてはこう述べる．

「[...] 半過去は過去空間の中の要素，あるいは過去空間の状況に対して属性付与を行なうというのが第一の機能である [...]．(ibid., p.93)

以上の春木 (2000) の主張に対する疑問点をまとめれば次のようになろう．(1) なぜ半過去形には属性付与機能があって単純過去形（あるいは他の時制）にはないのか．(2) 属性を付与しているのは属詞，あるいは属詞構文そのものではないのか．

(1) の点についてであるが，次例のように être が単純過去形におかれた文において，主語 il に対して maussade という属性付与は行われていないのであろうか．

(106) Ce soir-là encore, il *fut* assez maussade, sur le soir une idée ridicule lui vint et il la communiqua à madame de Rênal, avec une rare intrépidé.

(STENDHAL, *Le rouge et le noir*, p.144)

過去分詞が être に後続しているような構文ではともかく，この例では，maussade という品質形容詞がついており，通常，品質形容詞は「属性・様態などを表す

(朝倉 2002, p.22)」と考えられている以上，ここで属性付与が行われていないと考えるのは難しい．

同様に，半過去形を用いて年齢を表す下例のような表現において，je に「10歳」という属性を付与するとしても，現在形や複合過去形を用いた場合には付与されないのであろうか．

   (107) J'*avais* dix ans, quand [...]. (作例)
   (108) J'*ai* dix ans, [...]. (作例)
   (109) J'*ai eu* dix ans hier. (作例)

また，疑問文ではどうなるのであろうか．

   (110) *Aviez*-vous dix ans, quand [...] ? (作例)

疑問を発する段階では答えは分かっていないので，半過去形に属性付与機能があったとしても，疑問文においては，属性付与が行われているとは限らないはずである．

春木 (2000) の半過去形に属性付与機能があるとする主張は換言すれば，半過去形が未完了の事行を表すということになるのではなかろうか．春木 (2000) の主張に次のような一節がある．

「発話をその機能から分けると，属性付与機能を持つ発話（énoncé attributif）と行為を含み出来事を述べる発話（énoncé événementiel）の二つに大きく分けることが出来る．[...] このような発話の分類と述部の形態との関係を見ると，アスペクト的に持続・継続を表す述語が汎言語的に属性付与機能を持っていることはよく知られている．」(春木, 2000, p.84)

この一節を踏まえると，春木 (2000) は少なくとも現在形にも属性付与機能があると考えていることが窺える．しかしすでに述べたように，属性付与は時制のみがそれを行うことができるとは考えにくく，多くの場合には時制以外の要素がなければ実現しないはずであるから，属性付与を半過去形という時制の本質的機能と捉えることはできないと思われる．

1.3.9. 市川 (1993)

基本的に市川 (1993) は，DAMOURETTE-PICHON, LE GOFFIC らの考え方同様，非過

去説の立場をとっている．

市川 (1993) では，Reichenbach, Molendijk らによる基準点説を次のように批判する．

> 「時制記述の仕方として Reichenbach の枠組みはよく知られているが，その問題点として，(i) 例えば半過去の法的用法等は，この枠組のままでは記述できない．(ii) この枠組（S, E, R）（S：発話時，E：事行の時間軸上の位置，R：基点）の中，基点 R（point référentiel）は直感的に与えられ定義されていないため，そのステイタスが必ずしも明確でなく混乱を招いている．」(市川, 1993, p.68)

さらに，市川 (1999) においては，Berthonneau & Kleiber による照応説の問題点，特に，照応説の中心概念である先行詞の定義に関する問題点を指摘する．

> 「半過去形が真の過去時制であるとの立場から本来出発した temps anaphorique méronomique 説を，法的な用法をも説明しうるようにいわば拡張解釈したため，半過去形と partie-tout の関係にある先行詞の同定に関して，先行詞の定義が余りにも漠然としており，これでは他の時制についても同様に先行詞を同定できることになってしまうであろう．」
> (市川, 1999, p.68)

半過去形に関する主張は，市川 (1993) が最も詳しく，それ以降の論文ではあまり述べられていないが，他説を批判しているところから見るとやはり，自らは，Damourette & Pichon, Le Goffic らと同じ立場をとっていることが分かる．

1.3.10. 半過去形試論

本質的機能の考え方としてはまず，半過去が本質的に「過去の事行」を表すのかという問題がある．つまり，本質的に「過去の事行」を表すとすれば，非現実の仮定文の中で用いられる半過去形において時間的な隔たり（現在…過去）がなくなるのはなぜか，という疑問が湧く．時間的隔たりがモダリティー面での隔たりに移行するという考えもあるが，それにしても，なぜそのような操作が可能であるかを説明する必要がある．また，本質的に「過去の事行」を表す時制であるにもかかわらず，過去の事行を無条件に表せないというのは奇妙なことである．半過去が非自立的であるからとする考え方もあるが，それならばなぜ，半過去が非自立的な時制であるのか，そしてまた，なぜ他の時制はそうでないのか説明す

る必要があろう．

　すでに述べた通り，DAMOURETTE & PICHON，LE GOFFIC，TOURATIER 流に，本質的に「過去の事行」を表すわけではなく，単に「non actuel な空間での事行」と考えれば，それが irréel な事行であっても（すなわち，emploi modal），passé の事行（emploi temporel）であっても問題がない．しかし，半過去形自体は，non actuel な事行を表すだけであり，その事行が irréel であるか，passé であるかは決定できない．これを決定するものを point d'ancrage と呼ぼう．この Point d'ancrage という概念は FURUKAWA (1996) の次のような主張によるものである．

> 「[...] 発話は常に，その内部あるいはその外部に，point d'ancrage を必要とする．この point d'ancrage のおかげで発話は談話の中で安定するのである．」*[90] (FURUKAWA, 1996, p.143)

ただし，この point d'ancrage が常に言語内に表れるとは限らない．
　point d'ancrage には2種類あると考えられる．irréel な事行を表す場合には point d'ancrage modal，passé の事行を表す場合には，point d'ancrage temporel が働く．すでに論じた DUCROT があげている次の (111) には point d'ancrage がないため容認されないが，(112) では Autrefois という point d'ancrage temporel が付き，過去の事行であることが明示されるので容認されている．

　　(111) * La France s'appelait la Gaule. (DUCROT, 1979, p.7) [=(91)]
　　(112) *Autrefois*, la France s'appelait la Gaule (ibid.).[=(92)(斜体は本論筆者).

　point d'ancrage modal の例としては，次の2例：
　　(113)（快晴の日に）?? S'il *faisait* beau aujourd'hui...
　　(114)（大雨の日に）S'il *faisait* beau aujourd'hui...

下線部＝発話状況と Si が point d'ancrage modal の役割を果たしている．より正確に言うならば，文頭の Si によって1つの空間が開かれ，発話状況との対比によりその開かれた空間が非現実空間と特徴づけられる．つまり，Si だけでは「非現実性」は示されないが，ここに発話状況が加わることにより，非現実の解釈が生まれる．このように，何らかの point d'ancrage がない限り，どのような non actuel

---

*[90] [...] les énoncés nécessitent toujours, soit à leur intérieur, soit à l'extérieur, un point d'ancrage grâce auquel ils s'installent dans le discours. (FURUKAWA, 1996, p.143)

な事行であるか定義・特定できないため，passé の事行であっても無条件に半過去形を使用できず，また，これが半過去形が非自立的時制と呼ばれる所以なのである．

ただし，この 2 種類の point d'ancrage の区別は非常に微妙なものであると思われる．このことは Le Goffic の非現実の読みであろうと過去の読みであろうと，結局は同じような場面が見えるとする主張 (Le Goffic, 1986, p.66) からも予想がつく．

半過去形の本質的機能をまとめると次のようになろう：半過去形は monde actuel とは別な monde non actuel での事行を表す．この際，読み手の視点は monde non actuel へと移行するが，現実の世界にも視点は残り，この 2 つの視点の対比により様々な意味効果，すなわち，irréel, passé などが得られる．

このように半過去形の本質を捉え，以下では実際にいくつかの半過去形の用法を分析していく．

1.3.11. 愛称の半過去 *[91]

半過去形の特殊な用法の一つに「愛称の半過去 (imparfait hypocoristique)」と呼ばれるものがある．この用法は，「主として母親が幼い自分の子供に向かって，あるいは子供について話す時に「現在」に代わって用いられる (佐藤，1990, p.67)」というもので，使われる場面は限られているものの，半過去形の本質的な用法，そして actuel / non actuel という考え方を証明する 1 つの材料になりうるので，ここで詳しく扱うことにする．以下のような実例をあげることができよう．

> (115) Oui ! c'*était* fini ; on *allait* le remettre dans son dodo, le petit Nano.
> (Mme HF, le 11 février 1925, cité par Damourette-Pichon, 1911-1933, V, p.241)

Imbs は次例をあげながら，こう説明する．

> (116) Ah ! qu'il *était* joli, mon petit Maurice. (Imbs, 1960, p.97)

> 「過去への後退は，大人の世界と話しかけている子供の世界との隔たりを示している．子供の世界へ入り込みながら，半過去形を使うことで過去として現実の世界と，大人の世界から離れた世界を示唆する．」*[92] (ibid.)

---

*[91] この訳語は佐藤(1990, p.67)による．
*[92] Le recul dans le passé symbolise l'*écart* qui sépare le monde de la personne adulte du monde de l'enfant auquel elle s'adresse : en pénétrant dans l'univers des enfants, l'adulte suggère, par l'imparfait, à la fois un univers *réel* comme le passé, et un univers *éloigné du présent des adultes*.
(Imbs, p.97)

確かに，大人の世界と話しかけている子供の世界との隔たりがあると思われるが，なぜその隔たりを示すのに半過去形でなければならないのかという点が不明確である．
　WILMET (1976) ではいくつかの点が指摘されているが，その中で重要なものは次の4点である．

> 「この半過去形を用いた人の地理的社会的範囲は，この半過去形の用法が制約無くフランス語で用いられていることを示しているようである．」
> [...] *[93] (WILMET, 1976, p.86)

> 「この半過去形を用いた人の多くは女性であるが，DAMOURETTE-PICHON は男性による発話例を3つ，JACQUES POHL はさらに7歳の女の子が言った例を示している．」[...] *[94] (ibid.)

> 「いくつかの例外があるものの，通常，この半過去形を用いた発話は子供か，愛玩動物に対して向けられたものである．」 *[95] (ibid.)

> 「我々の例の中では話し相手が2人称で表れているものが6例，3人称で表れているものが6例あった．しかし，1人称では表れていない．」 *[96]
> (ibid.)

　このように，現象を記述した上で先行研究を批判する．例えば，DAMOURETTE-PICHON については彼らの主張を概観した後，彼らの方法では意味効果のメカニズムをほとんど説明できていないとして批判する (WILMET, 1976, pp.90-91).

　まず言えることは，この用法の半過去形は全く過去時を表していないということである．目の前にいる子供に対してその時点でのことを言う訳であるから，過去の事行ではない．従って，半過去形が本質的に過去時制であるとすれば，なぜ

---

*[93] L'éventail géographique et social des témoins tend à prouver que le saviez hypocoristique appartient sans restriction à l'usage français. (WILMET, 1976, p.86)
*[94] Les témoins sont en majorité des femmes, mais Damourette et Pichon mentionnaient déjà trois phrases prononcées par des hommes [...]. Jacques Pohl a noté au surplus un emploi dans la bouche d'une fillette de sept ans. [...] (WILMET, 1976, p.86)
*[95] L'imparfait hypocoristique est ordinairement adressé à un jeune enfant ou à un animal familier. Quelques exemples feraient pourtant exception. (ibid.)
*[96] Dans nos exemples, l'interlocuteur est désigné six fois à la deuxième personne [...] et six fois à la troisième personne. [...] L'absence de la première personne [...] (WILMET, 1976, pp.87-88)

第3章 各時制の分析

このような用法では「過去」という意味が消滅するのかを説明しなければならない．しかし，DAMOURETTE-PICHON 流に非過去説に基づいてこのような半過去形の用法を説明しようとすれば，これは十分可能である．

また，「殊に母親がわが子に 3 人称で呼びかけて言う (朝倉, 2002, p.258)」という点に注目したい．なぜ目の前にいる人物を本来用いるべき 2 人称ではなく 3 人称を使って呼ぶのか．あるいは，愛情の表現であれば tu ではなく vous にした方が良いのではないのか．

ここで実例を検討してみよう．

   (117) Il *faisait* de grosses misères à sa maman, le vilain garçon.　(Une maman à
      son garçonnet)　(IMBS, 1960, p.97)

この例を見る限り，普段は言わないようなことを言っているという場面が多いようである．この，普段とは異なるという性質から，3 人称という本来その場にいない人物を表す人称代名詞を用い，さらに，non actuel な性格を持つ半過去形を使うのではないかと推測されよう．

佐藤 (1990) は，（捜していた鍵がなかなか見つからなかったのに，目の前の本を取りのけてみると，その下にあったというような場合に言うことができる）Vous voyez, elle se trouvait là !　*[97] に表れるような半過去形と基本的には同質であるとする (佐藤, 1990, p.69)．その根拠として次の 2 点をあげる．

「第一は，いずれも実時間の＜現在＞，すなわち＜今 ─ ここにいる ─ 私 *[98] ＞の＜現在＞にかかわる明白な現実の行為 ─ ここでは一個の状態 ─ を指している [...]．」

「第二は，そのような状態は，話者がそれと気がづく以前からそうあり続けてきた，そして現在もそうである状態である [...]．」(佐藤, 1990, p.69)

前述の通り，佐藤 (1990) は半過去形の本質的機能については DAMOURETTE & PICHON に近い立場をとっている．しかし，ここで中断の半過去と同質であるとする根拠として moi-ici-maintenant の現在にかかわる行為，そして現在もそうである

---

*[97] 阿部(1987)の Je t'attendais 型の半過去形を指していると思われる．
*[98] 特に原文には注がないが，これは DAMOURETTE-PICHON らが用いている moi-ici-maintenant のことを指していると思われる．

状態という2点をあげているが，この2点は，DAMOURETTE-PICHON 流の考えをするならば，半過去形ではなく現在形に関する記述方法のはずであり，自己矛盾に陥っているように思われる．

1.3.12. 遊びの半過去形

特にベルギーで見られる用法であるが，子供の遊びの中で，演じる役割を決めるときに用いられ，「遊びの半過去形」imparfait préludique と呼ばれる半過去形の用法がある．WILMET (1997) は次のように指摘している．

> 「第二次世界大戦以降，ベルギーの何人かの専門家が，遊ぶときに演じる役を割り振っている子供達が半過去形を用いていることに気が付いた．例えば，「君は憲兵で僕は泥棒ね．」」*[99] (WILMET, 1997, p.181)

ところが，この用法は現在ではベルギーに限らないようである．

> 「遊びの半過去形は今日，フランスへ広がっている．この用法は，リール郊外やリヨン周辺で報告されている．」*[100] (ibid., p.182)

このような用法も，用いられる主語代名詞こそ異なるものの，半過去形が使われる理由は，愛称の半過去形の場合と同じではなかろうか．この用法においても，半過去形が過去の意味を持つ必要性はないと思われる．遊びの中での役を決める際に用いられるということは，tu étais le gendarme と言った場合「être le gendarme」という事行は過去のことではないし，これから演じる訳であるからむしろ未来の事行と言える．つまり，過去時制であると捉えてしまうとなぜ全く違う時間帯を表すことができるのかという疑問が生じてしまうのである．

1.3.13. Si の後に表れる半過去形

Si + 半過去形により非現実の仮定が表されるが，Si + 半過去形を用いれば必ず非現実の仮定を表すというわけではない．

---

*[99] Depuis la fin de la seconde guerre mondiale, différents spécialistes belges (Henry, 1954; Warnant, 1966; Pohl, 1972) ont noté dans la bouche des enfants qui jouent et se distribuent les rôles un imparfait *ludique* ou *préludique*, par exemple Toi tu ETAIS le gendarme et moi le voleur.
(WILMET, 1997, p.181)
*[100] L'imparfait « (pré) ludique » gagne aujourd'hui la France. Il a été signalé dans la banlieue lilloise et aux environs de Lyon. (WILMET, 1997, p.182)

第3章　各時制の分析

(118) [...] vers dix heures, leur travail fait, ils partaient à la promenade, mangeaient dehors, rentraient le soir avec quelques provisions que Mme Sembat cuisait, s'enfermaient et dormaient. Ainsi, tous les jours de beau temps. *S'il pleuvait*, ils *lisaient*. (BARRES, *Mes Cahiers* in Discotext)

この例においては，晴れたら外へでかけていたが，雨が降れば家で読書をしていたということであって，「(実際には降っていないが) もし雨が降っていたら」という非現実の仮定は行われていない．次の2例でも，「もしテーブルが金属製だったら」「もし夫が何か指摘したら」という反実仮想ではない．

(119) Le bureau ne ressemblait pas à un bureau commercial. Si la table de machine à écrire était en métal, elle était flanquée d'une fort belle table Louis XIII. (SIMENON, *Maigret hésite*, p.43)

(120) "Prenons l'exemple de votre tante Ulla... C'était vraiment une belle femme ! Mais elle ne savait rien faire ! Incapable de faire bouillir de l'eau, incapable de changer un enfant... rien ! Et si son mari lui *faisait* une remarque, elle *s'évanouissait* !" "C'est épouvantable !"

(BROWNE, *Hägar Dünor, Viking, ménage-toi !*, p.35)

以上の例からも，Si + 半過去形の連鎖だけでは非現実の仮定を表す十分な力を得られず，他の何らかの要素が必要であるということが分かる．この要素こそ，先に述べた ancrage modal である．

なお，仮定文の意味構造については，条件法など他時制との関連もあるため，後述することとする．

1.14. imparfait de rupture

TASMOWSKI-DE RYCK (1985) は，それまでの半過去形に関する諸説を概観した後，次のような例をあげて問題提起を行っている．

(121) Quinze jours plus tard, lady Burbury qui résidait en compagnie de son époux dans leur domaine de Burbury, s'éprenait d'un jeune pasteur des environs, venu déjeuner au château.

(M. AYME, *Le passe-muraille*, cité par TASMOWSKI-DE RYCK, 1985, p.60)

そして，TASMOWSKI-DE RYCK の問題提起は次のようなものである．

「中断の半過去を用いることで事行は総体的に，そして完全に実現されたものとして捉えられる．他方，中断の半過去と共に語りは進む．つまり，中断の半過去は一般的な半過去形と全く逆の効果を持つ．」*[101]　(ibid., p.61)

　この問題提起を見る限り，TASMOWSKI-DE RYCK は「一般的な半過去形」を「未完了」という特性を持つものとして捉えているようであるが，我々が現在形を無標の時制として捉えたように，半過去形は本質的にはアスペクトに関する情報を持っていないと考えれば，中断の半過去と「一般的な半過去形」を区別する必要はない．

　また，TASMOWSKI-DE RYCK をはじめとして中断の半過去形は時の表現が不可欠であるという指摘が見られるが，すでに述べたように，これは特に中断の半過去形に限ったことではない．大久保 (2002) は，中断の半過去形は以下のような特性を持つとする．

(i) 文学テキストに限られ，先行文脈の結論，話の結末，まとめの役割を果たす．
(ii) 前の文脈との隔たりを表す時の状況補語が不可欠である．
(iii) 多くの場合，動詞は partir, mourir などの完了動詞（verbe perfectif）である．(大久保, 2002, p.15)

　大久保 (2002) の指摘する第一の点についてであるが，先に見た我々が imparfait de dramatisation と呼ぶ半過去形も，その意味効果により新聞等には表れにくく文学テキストに限られる．違う角度から捉えれば，文学テキストが求める意味効果と，ジャーナリズムが求めるそれとでは当然異なるものであるから，特定の用法が特定の文体にしか表れないことは当然予測されることである．

　次に時の状況補語が不可欠であるという第二の点であるが，これは我々の考え方でいうところの ancrage temporel にあたるものである．半過去形が「中断」を表していようがいなかろうが，その解釈を安定させるには支えにあたるものが必要である．その支えが前文脈との隔たりを表すことがあるというだけのことであって，特に，中断の半過去形だけに見られる現象ではない．また，前の文脈との隔たりを表す時の状況補語の直後で，「中断」を表さない半過去形が来ることは珍しくない．

---

*[101] [...] d'une part, avec l'IR (= imparfait de rupture) la situation décrite est saisie globalement, comme tout à fait réalisée, d'autre part, avec l'IR, la narration progresse. L'IR a donc des effets opposés à ceux de l'IMP (= imparfait) ordinaire [...]. (TASMOWSKI-DE RYCK, 1985, p.61)

(122)
— Encore cette histoire, dit l'aîné.
— C'est la mienne, signorino, reprit le signor Geronimo. Il y a huit ans, j'*étais* comme vous un jeune élève du conservatoire de Naples [...]

(STENDHAL, Le Rouge et le Noir in Discotext)

この例の中にある il y a huit ans は，それ以前の文脈との隔たりを表していると思われるが，それに後続する j'étais という半過去形は「中断」を表していない．これは動詞の語彙的アスペクト，そして大久保 (2002) の指摘する第3の点とも関連のあるところではあるが，中断の半過去形に完了動詞が多いということは，単に完了動詞と「中断」という意味効果との相性が良いことを示すに過ぎず，完了のような意味効果をもたらす imparfait de dramatisation と共通する点である．従って，中断の半過去は特殊な用法ではなく，前述のような半過去形の本質から説明可能な意味効果の一つであると言えよう．

1.4. 大過去形
1.4.1. 大過去形が表す事行

直説法大過去形は，過去における過去を表す時制であると説明されることが多い．

> 「大過去形は，その時間的な隔たりがどの程度のものであっても，ある過去の出来事よりも前に完了した出来事を表わす．」[102]

(GREVISSE, 1993, p.1255)

> 「大過去形は，過去に行われた行為がやはり過去に行われたもう1つの行為よりも前であることを示すために用いられる．」[103]

(MARTINON, 1927, p.352)

> 「大過去形もまた過去時制であり，過去の別な時間よりも前であることを示す．[...] まず，大過去形が示す先行性は一般に，前過去形が示す先行性よりも前である．より正確には，大過去形は，それ自身が示す行為と，別な動詞が示す行為との間にいくらかの時間が流れたことを想起させる．」[104] (LE BIDOIS, 1971, I, p.447)

---

[102] Le plus-que-parfait exprime un fait accompli qui a eu lieu avant un autre fait passé, quel que soit le délai écoulé entre les deux faits. (GREVISSE, 1993, p.1255)

[103] Le plus-que-parfait s'emploie pour marquer une action passée antérieure à une autre également passée. (MARTINON, 1927, p.352)

さらにはこのような説明も見られる.

「大過去形は2つの場合に用いられる：
1° ある過去の行為が，別の過去の行為よりも前に行われたことを示すため．しかし，2つの行為の間には時間的な間隔がある（文字通りの前過去形の場合とは異なり，直前ではない）．この場合には一般に，単純過去形か複合過去形になっている動詞と共に用いられる．
2° ある行為が別の行為の直前に行われたことを示すため．ただし，習慣の意味を伴って．この場合には，半過去形と共に用いられる．」 *[105]
(SENSINE, 1951, p.41)

つまり，SENSINE は，単純過去形や複合過去形と用いられる場合には，大過去形が表す事行は直前ではないのに，過去における習慣を表す場合にはそれが直前になる，と説くが，一体なぜ直前でない場合と直前になる場合があるのか疑問である．この点に関する説明は見られない．また，半過去形と共に用いられて，文全体としては過去における習慣を表しているような場合でも，SENSINE の指摘するように，直前ではない場合もある.

(123) Il prétendait que, si je lui avais fait son déjeuner en hiver, s'il avait trouvé son feu allumé, il se serait levé beaucoup plus matin et qu'il aurait travaillé au moins quatre heures. Tous les jours, cet hiver, je me jetais courageusement en bas du lit, j'allumais le feu, j'allais préparer le déjeuner : Gérard finissait par se lever. Eh bien ! Quand il *avait déjeuné*, il ne *manquait* pas de se sauver et ne *reparaissait* plus qu'à dîner. (CHAMPFLEURY, *Les Aventures de Mademoiselle Mariette* in Discotext)

---

*[104] Plus-que-parfait. C'est aussi un passé qui marque l'antériorité par rapport à un autre temps au passé. [...] D'abord, l'antériorité qu'il énonce est, généralement, un peu plus reculée que celle du passé antérieur; ou, pour être plus exact, le plus-que-parfait éveille l'idée de quelque intervalle de temps écoulé entre l'action qu'il exprime et celle de l'autre verbe (celle du temps en correspondance) [...] . (LE BIDOIS, 1971, I, p.447)

*[105] Le plus-que-parfait s'emploie dans deux cas :
1° Pour indiquer qu'une action passée a eu lieu avant une autre, mais avec un intervalle de temps (pas immédiatement avant, comme avec le passé antérieur proprement dit). Dans ce cas, il s'emploie généralement avec un premier verbe au passé simple ou au passé composé.
2° Pour exprimer une action qui a eu lieu immédiatement avant une autre, mais avec l'idée d'habitude. Il s'emploie alors avec un second verbe à l'imparfait. (SENSINE, 1951, p.41)

第3章　各時制の分析

　しかし，すでに多くの指摘があるように，実例を探してみると必ずしも過去における過去を表している用例ばかりではないことに気づく．

> (124) Mais, pendant ce temps, sans perdre une minute, M. Gerbois *avait sauté* dans la première voiture qui *passait*.
> 　　　　　　　　　　　(LEBLANC, *Arsène Lupin contre Herlock Sholmes*, p.26)

　この例の中の時間の流れを考えると，先に voiture が passer し，次に Gerbois 氏が sauter したとみるのが自然であろう．しかし，時間的には後にくると考えられる sauter が大過去形に，逆に，まず起こらなければならない車の登場が半過去形によって表されている．

> (125) A Reichenau il *avait donné* des leçons de mathématiques pendant que sa sœur Adélaïde *faisait* de la broderie et cousait.
> 　　　　　　　　　　　(HUGO, *Les Misérables* in Discotext)

　この HUGO の例では pendant que が使われており，数学の授業が行われた時間と，Adélaïde が刺繍や縫い物をしていた時間とは，全面的ではないにせよ，重なっている部分があるはずである．
　GREVISSE らの説明のように，大過去形の本質が過去の過去を表すということであれば，大過去形の使用条件として過去の事行の記述が何らかの形で行われるはずであるが，実際には，それがなくとも大過去形を用いることが可能である．
　このような大過去形の用法については，すでに以下のような指摘がある．

> 「時に大過去形は，不定過去の代わりに用いられ，現在時との関連を持った過去の事行を表すために用いられる．それは，現在時との関連がある過去の事行の現実性を遠慮や謙遜の気持ちから弱めたい時である：*j'étais venu pour vous rappeler ma pension* (Becque) （発話者は着いたばかりである），*de nouveau tu fais erreur : on t'avait pourtant averti !*」 *[106]
> 　　　　　　　　　　　(WARTBURG & ZUMTHOR, 1973, p.216)

---

*[106] Parfois le plus-que-parfait s'emploie avec la valeur du passé indéfini pour exprimer un fait passé par rapport au moment présent lorsque l'on veut par discrétion ou modestie affaiblir la réalité du fait passé par rapport au présent : *j'étais venu pour vous rappeler ma pension* (Becque) (le personnage qui parle est arrivé il y a un instant); — *de nouveau tu fais erreur : on t'avait pourtant averti !* (WARTBURG & ZUMTHOR, 1973, p.216)

しかし WARTBURG & ZUMTHOR は大過去形のこのような用法があることを指摘するにとどまっている．

「現在と関係して用いられる大過去　現在との隔たりを強調し，直・大の行為が現在の現実と対立する．」(朝倉，2002, p.403)

「現在との関連で用いられる複合過去と大過去の対立は，すなわち《連続》vs《不連続》の対立と考えることができるだろう．」(西村，2001, p.61)

西村 (2001) は，《連続》と《不連続》という概念を用いて，複合過去形と大過去形の違いの説明をしているが，この点については，後述する．
　独自の時制論を組み立てた WEINRICH も大過去形のこのような用法について，説明を試みている．

「注釈のような文脈において大過去形は時に，肯定：否定という対立を強調するために用いられる．その結果，半過去形を用いた場合よりも強い対照が生じる．大過去形によって作られた回顧的背景がそこで本質的には誤った考え，そして後に修正される考えの領域として表れる．」*[107]

(WEINRICH, 1989, pp.150-151)

(126) je lui avais toujours fait confiance : (mais) il m'a tellement déçu.

(ibid., p.151)

(127) je n'avais pas cru qu'il était le fripon qu'on me disait toujours, mais il l'est !

(ibid.)

ここで WEINRICH のいう「誤った考え，そして後に修正される考え」とは，「彼を信用していた」→「彼は私を失望させた」，「彼をいたずらっ子だとは思っていなかった」→「彼はいたずらっ子だった」という考え方の変化のことであろう．

---

*[107] Dans le contexte d'un commentaire, le plus-que-parfait a parfois pour tâche de renforcer une opposition entre une affirmation et une négation ou l'inverse. Il en résulte un contraste qui est encore plus marqué s'il était formé au moyen de l'imparfait. L'arrière-plan rétrospectif créé par le plus-que-parfait apparaît alors fondamentalement comme le domaine de l'opinion fausse qui a été corrigé entre-temps :
je lui avais toujours fait confiance : (mais) il m'a tellement déçu.
je n'avais pas cru qu'il était le fripon qu'on me disait toujours, mais il l'est.

(WEINRICH, 1989, pp.150-151)

これは，西村 (2001) の「不連続」という概念に相当すると思われる．しかし，なぜ半過去形を用いる場合よりも大過去形の方が強い対照，すなわち考え方の変化が表されるのかを論じる必要はあると思われる．無論，その理由を探ることも重要であるが，角度を変えて見れば WEINRICH は，その力に強弱はあるものの半過去形・大過去形のいずれにもこのような対照を表す力があると主張していることになる．この点には注目しておきたい．

現在時とのつながりがあるものの，「謙遜の大過去形」(MAUGER, 1968, p.247)，「礼儀上の大過去形」(WILMET, 1998, p.408) などと呼ばれる若干性質の異なる用法がある．

> 「謙遜の大過去形： J'étais venu vous demander ...
> （venir がおそらく唯一この用法で用いられることができる動詞である．この意味においては，J'avais voulu とは言わず，je voulais... と言う）」*108
> (MAUGER, 1968, p.247)

大過去形を使うことで語気緩和が行われ，その結果丁寧な表現になるというもので，MAUGER は venir 以外の動詞ではこの用法では用いられないとするも，実際には他の動詞でも可能である．

> (128) j'*avais pensé* que vous feriez peut-être bien de ... (MARTINON, 1927, p.354)
> (129) Je m'en *étais* toujours *douté*. (FLAUBERT cité par IMBS, 1960, p.129)
> (130) Mais Emma, se tournant vers Madame Homais : — On m'*avait fait* venir ...
> (id. cité par IMBS, 1960, p.129)

これらの例に表れている大過去形は，過去時というよりはむしろ，現在時へのつながりが強いと思われる．

> (131) « Et l'autre ? s'exclama Marie-France. Tu *oublies* l'autre valise ! »
> « Tu as raison, je l'*avais* complètement *oubliée*. Je vais la chercher. »
> (BAYARD, *Michel aux Antilles,* p.17)

---

*108 Plus-que-parfait de <u>discrétion</u> : J'étais venu vous demander... (Venir est peut-être le seul verbe susceptible de cet emploi. On ne dit pas, dans ce sens, *j'avais voulu*, mais *je voulais...*)
(MAUGER, p.247)

この Marie-France と Michel の会話の例では，Michel が鞄を忘れているという同一の事行を，Marie-France は現在形を用いて表現しているのに，Michel はまず大過去形を使って表現していることが注目される．

また，大過去形が本質的に過去における過去を表す時制であるとすれば，大過去が表す事行と複合過去が表す事行との間には，時間的な隔たりがあるはずである．

次の例は，Luizzi という男爵が Dilois という男のところへ商談をしに来たが，Dilois 氏は亡くなっており，代わりにその妻が商談に応じようとしている場面である．

(132) Or Luizzi se laissa aller à regarder si attentivement cette femme ainsi posée devant lui, qu'elle baissa les yeux avec embarras et lui dit doucement :
— Monsieur le baron, *vous êtes venu*, je crois, pour me proposer un marché de laines ?
— A vous ? Non, Madame, répondit Luizzi. *J'étais venu* pour voir M Dilois ; avec lui j'aurais essayé de parler chiffres et calculs, quoique je m'y entende fort peu ; mais je crains qu'avec vous, un pareil marché ...
— J'ai la procuration de mon mari, repartit Madame Dilois avec un sourire qui achevait la phrase de Luizzi [...]. (SOULIE, *Les Mémoires du diable* in Discotext)

ここで注目すべき点は，Luizzi がやってきたことを Dilois 夫人は複合過去形で表現しているのに対し，Luizzi 自身は大過去形を用いている点である．表現したい事行そのものは同一のはずであるから，違いがあるとすれば，Luizzi の到着という事行の捉え方が両者において異なるという点であろう．

Dilois 夫人は亡き夫の代わりに自らが商談をしようとしている．一方の Luizzi にその気はない．つまり，Dilois 氏の死を知った段階で，Luizzi は自らの目的を達成できないことを知る．ここに両者の意識の差があり，この差が複合過去形の使用と大過去形の使用という違いに現れているのではないであろうか．

両者の違いについては後述するが，大過去形は半過去形の複合形である．すなわち，半過去形が持っている性質を大過去形も備えていると思われる．

ところで，WILMET (1998) が大過去形の本質に関わると思われる興味深い指摘をしている．

(133) ?? Galilée soutint que la Terre *avait tourné* autour du soleil.

(WILMET, 1998, p.408)

大過去形が用いられたこの発話が不自然な理由は，WILMET によれば文法的な誤りではなく，良識に反するからであるとする *[109]．WILMET が「良識に反する」と言っていることは，我々の言葉を用いるならば，「解釈レベルで正しい解釈が導き出されない」ということになろう．そのため，文全体が不自然となり，容認度が低くなってしまうのである．

1.4.2. 大過去形試論

前述のように，大過去形が表す事行が，他の過去時制と言われている時制よりも時間的に先行するとは限らない．このことから，大過去形が過去の過去を表すといった説明は誤りであり，時間的な価値からはその本質は説明できない．次例にみるように，大過去形は，未来時における非現実の仮定を表すことすら可能である．

> (134) Si j'*avais terminé* mon roman pour le 15 juin, il pourrait encore paraître en septembre. (ARRIVÉ, GADET & GALMICHE, 1986, p.485)

大過去形はその形態から見て，半過去形の複合形である．従ってすでに述べた通り，半過去形が持っている性質を大過去形も持っていると思われる．ただ唯一の違いは，単純形か複合形であるかということであるが，大過去形が複合形であるからと言って半過去形が表す事行に先行する事行を表すとは限らない．つまり，複合形の価値とは何かということが問題となるが，この点については他の複合形の分析を行った上で詳述することとする．

1.5. 単純過去形
1.5.1. 単純過去形の性質

単純過去形について，周知の事実としては以下のような点があげられよう：

(1) 現代フランス語においては日常会話の中にほとんど現れない．
(2) 現在と何らかのつながりがあることは表せない．すなわち，単純過去形はアオリスト時制である．
(3) 半過去形と違って，ancrage がなくとも自由に使える．この意味において，半過去形に比べて自立性が高いと言える．

---

*[109] [...] ?? *Galilée soutint que la Terre avait tourné autour du soleil.* en inférant "la Terre a cessé de tourner à un moment donné", fait injure, non à la grammaire, mais au bon sens.

(WILMET, 1998, p.408)

まず，(1) の点についてであるが，会話の中に表れないのは恐らくその活用形の複雑さ，独自性ゆえであり，また，1人称に関してはその発音が半過去形の1人称と区別できない場合があるため，単純過去形の衰退に影響を与えているとの指摘もある *¹¹⁰．しかしいずれの理由も，単純過去形の本質とは無関係ではないかと思われる．

次に(2) の点についてであるが，これに異論を唱えるような主張は見あたらない．(2)(3) の点について，LEEMAN-BOUIX (1994b) は「半過去形とは逆に，単純過去形は自立的である．単純過去形は自らの力だけで事行を限定し，それは基準点や外的な支えを必要としない」*¹¹¹ (LEEMAN-BOUIX, 1994b, p.157) と述べ，これを次の3例の容認度により明らかにする．

(135) Il vécut en Afrique pendant des années. (ibid.)
(136) * Il vécut en Afrique depuis des années. (ibid.)
(137) * Il vécut en Afrique il y a des années. (ibid.)

また，hier, avant-hier といった過去時と発話時を結びつけるような副詞とも共起しにくいと指摘し *¹¹² (ibid., p.158)，以下の例をあげる．

(138) ??Hier, ma voiture tomba en panne. (ibid.)
(139) ??Avant-hier, une amie arriva de Lyon. (ibid.)
(140) * Tout à l'heure, il neigea. (ibid.)
(141) ??Il y a deux heures, le facteur sonna. (ibid.)

フランス語話者によれば，上記4例の時の副詞（句）を削除することで全ての文は自然なものとなる一方，さらに各文の単純過去形を半過去形に置き換えた以下は，全てそれだけでは不自然であると言う．

(142) ?Ma voiture *tombait* en panne.

---

*¹¹⁰ L'usage de moins en moins grand qui est fait du passé simple est aussi notable. A la première personne, il a à peu près disparu, à cause, sans doute, de sa quasi-identité phonétique avec l'imparfait : on ne distingue plus j'allai de j'allais.
　　(QUENEAU, *Bâtons, chiffres et lettres*, in MOGET, BESSE, LAPEYRE & PAPO, *Interlignes*, p. 38)
*¹¹¹ Contrairement à l'imparfait, le passé simple est donc autonome : il circonscrit à lui seul le procès, qui n'a pas besoin d'un repère, d'un support extérieur à lui. (LEEMAN-BOUIX, 1994b, p.157)
*¹¹² De même, le passé simple est peu compatible avec des adverbes comme hier, avant-hier, tout à l'heure, il y a deux heures etc., qui relient le passé au moment présent où parle le locuteur et donc brisent l'indépendance du passé rapporté au passé simple. (LEEMAN-BOUIX, 1994b, p.158)

(143) ? Une amie *arrivait* de Lyon.

(144) ? Il *neigeait*.

(145) ? Le facteur *sonnait*.

この結果からも，半過去形には"自立性"がなく何らかの"支え"が必要であることが分かる．なお，単純過去形と時の副詞句との共起については，第6章で論じるが，IMBS による単純過去形に関する次の指摘も注目に値するものであろう．

「まず驚かされることは，単純過去形という時制が直説法の中にしか存在していないという点である．これは単純未来形と共通する特徴である．」
*[113] (IMBS, 1960, p.82)

このことは，直説法以外の法について分析する際，重要な事実となろう．詳細については主に接続法の章で述べる．

1.5.2. 単純過去形試論

複合過去形の場合，VUILLAUME が指摘するようにいくらかの制約はあるものの，未来時の事行を表す場合にも用いることが可能であった．しかし，単純過去形の場合，それは困難である．

(146) ? Demain, je *partis* pour la France. (作例)

(147) ? Dans deux heures, je *fus* à Paris. (同上)

このことから，単純過去形はこれまでに分析してきた他の時制が持ち合わせていないある特性を持っていると思われる．それは，過去という時間的価値である．これを「過去性」と呼ぶことにする．LEEMAN-BOUIX の指摘にもあったように，単純過去形の場合，時の状況補語を必要とせず，記述された事行は過去時以外のものとしては認識されない．未来時を指向するような副詞（句）と共存できないことをあわせて考慮すれば，この時制が元々過去という時間的価値を持っており，この「過去性」という本質と相反するような時間の事行は記述できないと考えるのが自然であろう．

ここで，DAMOURETTE & PICHON 流の考え方によって2分された時制グループのどちらに単純過去形，および前過去形が入るのかという疑問が湧く．

---

*[113] La première chose qui frappe, c'est qu'il n'existe que dans le système de *l'indicatif* ; c'est une particularité qu'il a en commun avec *le futur*. (IMBS, 1960, p.82)

単純過去形も接続詞 si の後で用いることが可能であるが, [Si + 半過去形] の場合と異なり, 非現実の仮定を表すことはできない. この点に注目して, 半過去形・大過去形とは違う actuel グループに入れることとする.

さらに, 考察が必要となる問題は, 単純過去形のアスペクトである. この点について, 朝倉 (1984) が間接的に触れている箇所がある.

> 「quand のあとの未完了動詞単純過去形が主節の動作の開始まで持続して,
> ２つの動作が同時になる文脈ならば, quand のあとの動詞は前過去形にはならない： avoir, être, se trouver, rester, se taire, savoir, connaître, falloir, pouvoir, devoir, vouloir など.」(朝倉, 1984, p.89)

この朝倉 (1984) の主張では, 単純過去形のアスペクトそのものについては触れられていないが, 少なくとも完了を表さないことがあることが予想できよう. 以下のような例があげられている.

(148) Quand Georges *se tut*, il y *eut* un long silence.
(BEAUVOIR, *Mandarins*, p.114 cité par 朝倉, 1984, p.89)

朝倉 (1984) は「ジョルジュが口をつぐむと, 長い沈黙があった.」(ibid.)と訳しているが, 「長い沈黙」の間でも Georges は口をつぐんでいたのであろうから, se tut を完了した事行とは言い難い.

以上から, 単純過去形は現在形などと同様, アスペクト価値は中立であると考えることができよう.

1.6. 前過去形
1.6.1. 前過去形に関する従来の説

REGULA (1955) は大過去形, 前過去形をそれぞれこう定義する.

> 「大過去形は, 1° 過去のある時点で過ぎ去った事行, 2° 独立したある行為の素早い完了.」*[114] (REGULA, 1955, p.167)

> 「前過去形は, 大過去形と同じ価値を持つ. この２つの時制を区別するも

---

*[114] Le plus-que-parfait marque : 1. un fait écoulé à un moment donné du passé; 2. l'achèvement rapide d'une action isolée. (REGULA, 1955, p.167)

のは，大過去形は事行の完了を一般的に表すのに対し，前過去形は，ある過去の事行の直前に過ぎ去った事行を示す点である．」[115] (ibid., p.168)

ここで REGULA (1955) が大過去形の事行の完了の表し方を「一般的」と呼んでいるのはどういうことであろうか．前過去形の説明を「直前の完了を表す」と解釈するならば，大過去形の「一般的」とは「直前ではない完了を表す」というように理解するのが自然であろう．

しかし，前過去形がある過去の事行の直前に完了した行為を表すとは限らない．

> (149) Il rentra deux heures après que Noguette *eut sonné* le couvre-feu.
> (HUGO, *Les travailleurs de la mer* in Discotext)
> (150) La république romaine ne tomba que 500 ans après qu'elle { eut été / avait été } fondée par Brutus. (exemple cité par STEN, 1952, p.214)

ここに表れている前過去形が直前の完了を表していると考えるには無理がある．文法書などの前過去形の例は，dès que, aussitôt que などと共に用いられていることが多く，朝倉 (1984) が指摘するように，「dès que, aussitôt que と共に用いられれば接続詞相当句の意味からして直前になる」(朝倉, 1984, p.86) だけであり，前過去形が本質的に直前に完了した事行を表すとは限らない．このことから，REGULA が唯一挙げている前過去形と大過去形の違いに関する説明は成立しなくなる．

1.6.2. 独立節での前過去形

多くの場合，独立節での前過去形は行為の急速な完了を表すと説かれている．

> 「独立節あるいは主節で，文学的文体は前過去形をある行為が急速に完了したことを表すために用いる．」[116]
> (WARTBURG & ZUMTHOR, 1973, pp.215-216)
> 「前過去形は特に，ある進展がとても速い事行が，進展がほとんど始まるやいなや終わりに達したことを描き出すのに用いられる．この素速い進展を強調するのは，副詞や状況補語（bientôt, en un instant, tôt, vite, etc.）

---

[115] Le passé antérieur a la même valeur que le plus-que-parfait. Ce qui distingue nettement les deux temps, c'est que le plus-que-parfait exprime l'achèvement d'une façon générale, tandis que le passé antérieur marque un fait écoulé immédiatement avant un autre également passé.
(REGULA, 1955, p.168)

[116] En prop. indépendante ou principale, le style littéraire s'en sert pour marquer la rapidité avec laquelle une certaine action s'est accomplie. (WARTBURG & ZUMTHOR, 1973, pp.215-216)

である.」*117 (WAGNER & PINCHON, 1962, p.354)

この他，GOUGENHEIM (1939, p.212)，BRUNOT & BRUNEAU (1956, p.353)，IMBS (1960, p.122) などにも同様の主張が見られる．しかしそもそも，「急速な完了」という概念は曖昧である．vite, bientôt, en un instant などを「急速な完了」を表していると考えたとしても，次例の en moins trois quarts d'heure を「急速」と捉えるかは極めて主観的な問題ではないであろうか．

> (151) [...] en moins de trois quarts d'heure, grâce à la légèreté de son cheval, Lucien *eut fait* le tour de Nancy, triste bicoque, hérissée de fortifications.
> (STENDHAL, *Lucien Leuwen* in Discotext)

また次例では，事行の進展にどのくらいの時間がかかったかは表現されていない．

> (152) Cependant, ce mot *eut fini* par le perdre, ou du moins par diminuer de moitié la considération dont il jouissait dans Nancy, s'il eût dû habiter encore longtemps cette ville. (STENDHAL, *Lucien Leuwen* in Discotext)

この例に表れている eut fini が急速な完了を表しているかは疑問である．むしろ，finir という動詞の意味特性により複合形である前過去形が使われている可能性がある．
　さて，LEEMAN-BOUIX (1994b)は次の例をあげる．

> (153) A 8 heures 15, la bombe explosait. (LEEMAN-BOUIX, 1994b, p.62)
> (154) A 8 heures 15, la bombe avait explosé. (ibid.)
> (155) A 8 heures 15, la bombe explosa. (ibid., p.63)
> (156) ??A 8 heures 15, la bombe eut explosé. (ibid.)

ここで注目すべきは，前過去形を用いた例のみ不自然という判断がされていることである．全く同じ時の状況補語，同一の主語・動詞でありながら，なぜ前過去形の場合だけが不自然なのか．この容認度の差から，前過去形だけが他の半過去形，大過去形，単純過去形と異なる性質を持っていることが予想される．この点に関する LEEMAN-BOUIX の考察については，後述する．

---

[117] Il (= le passé antérieur) sert notamment à évoquer un procès dont le déroulement, très rapide, est parvenu à son terme presque aussitôt que commencé. Ce sont des déterminants (adverbes ou compléments circonstanciels) qui soulignent ce déroulement rapide : bientôt, en un instant, tôt, vite, etc. (WAGNER & PINCHON, 1962, p.354)

ところで，Bonnard が似たような例をあげている．

(157) Le 14 juillet, on *avait réparé* le kiosque. (Bonnard, 2000, p.226)
(158) Le 14 juillet, on *eut réparé* le kiosque. (ibid.)

ここで Bonnard は大過去形と前過去形の違いを述べているが，前過去形を用いた例が不自然な文とされていない点も重要である．先に Leeman-Bouix があげていた爆弾が爆発したという例とはどこが違うのであろうか．

Bonnard は前過去形を使った (158) の場合，修復が終わったという状況が 7 月 13 日，あるいは 7 月 14 日に始まるとしている(ibid.)．この考察をふまえて，爆弾の例で同じような解釈をするとすれば，8 時 14 分に「爆弾が爆発し終えた状態」が始まることになる．この「爆弾が爆発し終えた状態」というものが，「修復が終わった状態」と比べて想像しがたい可能性もあるが，前過去形を含む複合時制と，この Leeman-Bouix, Bonnard らがあげている例のように時の副詞句が共起する場合については，後述する．

1.6.3. 前過去形試論

従来の説の多くは，(1) 従属節において前過去形は単純過去形によって表される事行の直前に完了した行為を表し，(2) 独立節では行為の急速な完了を示すと説いているが，いずれにおいても，「直前の完了」という意味効果は dès que, aussitôt que などにより生まれるものであり，(2) についても vite, en un moment 等の外的要因によるものであった．従って，前過去形自体にそのような価値は認められない．

しかしながら，単純過去形の場合と同様に，前過去形も aujourd'hui, demain といった副詞（句）との共起は不可能であり，時間的価値として「過去時」という価値を持っていると思われる．

1.7. 単純未来形
1.7.1. 単純未来形の主な用法

(159) Demain, je *partirai* pour la France. (作例)
(160) Le libraire chez qui je travaillerai me trouvera un logement.

(Modiano, *Un cirque passe*, p.35)

単純未来形は単にこれらの例のように，未来の事行を表す用法ばかりではない：

(161) — Vous m'excuserez, Monsieur, me dit-il, mais Mme Desoto m'attend pour une séance de massage. (MODIANO, *De si braves garçons*, p.99)

このように，語調を緩和する用法もあるし，

(162) Il *sera* à Paris à l'heure qu'il est. (朝倉, 1955, p.165)

のように，推測の意味が入ってくる場合もある．さらには命令を表す場合もある：

(163) Le père confirma aussitôt :
— Tu vas aller derrière chez Ganard. Tu regarderas dans la cuisine et tu viendras nous dire si c'est lui. (BOYER, *Jeux interdits*, p.95)

これらの用法の共通点は何であろうか．まず，語調緩和の用法と推測の用法はいずれも，言い切りの形を避ける，すなわち断定を避けるという点で共通性がある．目前で事行が生じていることを表す現在時とは違う，まだ生じていない出来事の時間帯である未来時を使うことから生まれたものと考えられる．語調緩和は通常，聞き手を必要とすることから多くの場合会話に現れる．(163) のような命令は，特に tu に対する会話，もしくは，尊敬の意がない vous に対する会話において現れる．命令は，未来時の内容に対して行うものであるから，tu に対する会話文で現れる単純未来形によってその意味が加わったものと考えられる．推測の意味の場合は，命令や語調緩和の場合と異なり，(163) の例に見るように3人称が主語になることが多い．なお，仮定文に表れる未来形については後述する．

1.7.2. 単純未来形の時間的価値

まずは，単純未来形が時間的価値を持つかどうかという点を検討しなければならない．朝倉 (2002) は次の例をあげる．

(164) Je vous *demanderai* la permission de partir. (朝倉, 2002, p.228)

vous と呼ばれる相手への伝わり方に差はあるものの，この単純未来形を次のように変えることは可能である．

(165) Je vous *demande* la permission de partir. (ibid. 一部改変)

つまり，今まさに vous に外出許可を求めているのであって，近いうちにそのような許可を求めに来るという予告ではない．これが未来時の事行であるかどうかは判断できないことであろう．

そこで，単純未来形には時間的な価値は無く，外的要因によって「未来時」という価値が表れると仮定して，いくつかの実例を検討することにする．

(166) « Tu *seras* bien gentil avec Louisette, m'a dit maman, c'est une charmante petite fille et je veux que tu lui montres que tu es bien élevé.»
(SEMPÉ-GOSCINY, *Le petit Nicolas*, p.82)

この段階ではまだ Louisette は到着していないので，être bien gentil avec Louisette という事行は成立していない．この文を maman が発話した段階を「現在時」という基準点とすると，そこから見て，être bien gentil avec Louisette は「未来時」ということになる．しかし，次例はどのように分析できるであろうか．

(167) C'est en 1843 qu'on édifie, pour remplacer l'ancienne machine hydraulique du XVIIIe siècle, une nouvelle machine qui *donnera* son nom au pont.
(GALLAND, *Dictionnaire des rues de Genève*, p.88)

この例では冒頭に，1843 年という基準点があり，後半に表れている donnera という単純未来形が表す事行は，その基準点よりも"未来時"である．だが，1843 年という基準点そのものが発話時から見れば過去時であり，donner son nom au pont という事行も過去時である．この意味において，前例の être bien gentil avec Louisette の「未来時」と，donner son nom au pont の「未来時」は異質と言える．

この2例に限って言うならば，確かに何らかの基準点から見た「未来時」を表すという点で共通するが，先にあげた「語調緩和」の例や，「推測」の例を併せて考えるとなると，本質的に「未来時」という時間的価値を含んでいないと考える方が自然ではある．

1.7.3. 単純未来形試論

単純未来形の本質的価値は前述のように [non certain] であり，ここから，断定を避ける表現である「語調緩和」「推測」が生まれ，同様に，「未来時」の時間的価値が外的要因によって生まれるのである．特に，発話時においてある事行が未実現状態であれば，その事行はそのような発話状況から「未来時」として認識されやすくなるのである．

「推測」の用法と言われるものについて補足すると,「推測」とはその性質から,発話の場において直接認識できないことを描写することであり,この用法の場合には,主語は発話の場にいない3人称であることが多くなる.「語調緩和」用法であれば,語調を緩和しなければならないような相手が必要であるから,典型的には発話の中に vous が表れやすく,「命令」用法であれば命令の相手が tu などの形で表れることが多い.

1.7.4. 単純未来形と近接未来形

未来時の事行を表すためには,単純未来形と近接未来形という2つの選択肢があると考えられるが,朝倉 (1984) は,一方を他方で置き換えることが可能な場合と不可能な場合があるとする.例えば,次例では単純未来形による置換が可能であるが,

(168) Je *vais partir* dans une heure. (GOUGENHEIM, cité par 朝倉, 1984, p.106)

次の芝居の例においては置換は不可能であるとする (朝倉, 1984, p.106).

(169) La pièce *va commencer*. (DUBOIS & LAGANE, cité par 朝倉, 1984, p.106)

また,近接未来形がいつも直後の未来を表すとは限らないため,動作の行われる時期の遠近だけで近接未来形と単純未来形とを区別することはできないとする (朝倉, 1984, pp.106-107). 次例においては,どちらの時制を用いるかにより予想される現在の状況が異なると考えられる.

(170) *Elle se mariera* (*Elle va se marier*) l'an prochain. (ibid.)

この例について,朝倉 (1994) は次のように分析する.

「未来形は現在とは無関係の未来の事実,近接未来は現在の延長としての未来,現在の状態(例えば婚約している)からすれば当然起こるべき未来の事実を表す」(朝倉, 1984, p.107)

このように,futur proche 近接未来という名称をもちながら,単純未来形よりも近い未来の事行を表すとは限らないという指摘は,STEN (1952), IMBS にも見られるものである.

第3章　各時制の分析

「次の例をさらにあげることができよう： Elle fait tout bien toujours, ton autre fille, et cela va lui être compté (Anouilh)：ここで述べられている事項は遠い未来の内容であるが，現在時の事実から生じる結果の未来の内容である．」*[118] (STEN, 1952, pp.233-234)

「*Elle se mariera l'an prochain.* 未来は現在とは心理的に切り離され区別されている実体である．[...]
Elle va se marier l'an prochain. [...] 未来は現在とは切り離され区別されたものとして考察される．しかし，現在形におかれた aller のおかげで，現在と未来との間に橋がかけられる（aller は，2つの時間区分をむすぶ道を示唆する）．[...] 従って，未来はこの文において現在時の状況からみれば論理的な結果として容易に想像される．」*[119] (IMBS, 1960, p.56)

我々の考察も，本質的には朝倉 (1984)，STEN (1952)，IMBS (1960) と矛盾しないものである．一般に近接未来形と呼ばれているものは周知の通り，aller の現在形＋不定詞という構造であり，単純未来形は独自の形態を持つ．近接未来形と単純未来形の違いは，現在形が [certain] という特性を持ち，単純未来形が [non certain] という価値を持っているという点に帰結すると考えられる．ただし現在の傾向として，独自の形態を持つ単純未来形を避け，容易に形成することのできる近接未来形の使用頻度が高まってきていることから，前述の違いが認識できない場合も存在することが予想される．

1.8. 前未来形
1.8.1. 前未来形の時間的価値
単純未来形が本質的には時間的価値を持たないのであれば，その複合形である前未来形もそういった価値を持たないと考えるべきであろう．前未来形という名称でありながら，過去時の事行を表す例を MARTINON があげている．

---

*[118] On peut citer en outre *Elle fait tout bien toujours, ton autre fille, et cela va lui être compté* (Anouilh) : il s'agit bien d'un avenir éloigné, mais d'un avenir qui est le résultat de ce qui se fait à l'époque présente. (STEN, 1952, pp.233-234)
*[119] *Elle se mariera l'an prochain.* L'avenir est une entité psychologiquement distincte du présent. [...] *Elle va se marier l'an prochain.* [...] L'avenir est considéré comme distinct du présent ; mais à l'aide du verbe *aller* employé au présent, je construis un pont entre le présent et l'avenir (aller suggère le chemin qui relie les deux divisions du temps). [...] de là vient que l'avenir y est facilement conçu comme une *suite logique du présent*. (IMBS, 1960, p.56)

(171) Vous avez bien fait de venir, cela m'*aura permis* de vous voir avant mon départ. (MARTINON, 1927, p.356)

また次例のaura gênéという前未来形が未来時の事行を示しているとも考えがたい.

(172)
— Mais alors papa doit être riche.
— Peut-être. Mais Monsieur Cruchot m'a dit qu'il avait acheté Froidfond il y a deux ans. Ça l'*aura gêné*. (BALZAC, *Eugénie Grandet* in Discotext)

これら例から，少なくとも「未来時」を指向しない事行を表すことが，前未来形の用法にはあることが分かる.

1.8.2. 発話者の個人的評価を表す前未来形

佐藤 (1994) は，前未来形には発話者の個人的評価を示す用法があるとし，YVON の次のような例を引用している.

(173) Il *aura* beaucoup *plu* aujourd'hui !

(Yvon 1923, p.6 cité par 佐藤, 1994, p.1)

佐藤 (1994) によれば，このような用法は全て発話状況に準拠し，発話者の判断を共発話者に提示する discours (BENVENISTE) に属する用法であるとする (佐藤, 1994, p.1). そして前未来形の用法を3つに分け，それぞれについて例を示している.

(174) J'*aurai fini* avant ce soir. (ibid., p.2)
(175) Comme le jardin est en bon état ! [= effet] le jardinier *sera venu* ce matin. [= cause] (YVON 1923, p.14 cité par 佐藤, 1994, p.2)
(176) Il *aura* beaucoup *plu* aujourd'hui ; j'en ai par-dessus la tête. (ibid., p.2)

(174) の例は，未来時指向のある時間的な用法で，前未来の事行 p は基準時または基準となる事態 q に対する完了形であるとする (佐藤, 1994, p.2). (175) についてはこう述べられている.

「この推測用法では，発話時 t0 での結果状態 q を出発点とし，その原因となる未確認の事態 p の生起を推定している．つまり，p の生起が q という事態を引き起こすという，実際の状況内での因果関係におかれる相対

第3章　各時制の分析

的性格を持つ用法である．従って，結果の状態は語彙化されて現れていなくとも，現場指示または間投詞等（Ah !, Tu vois !）の形で存在している必要がある．」(ibid., p.2)

最後の (176) の雨の例を佐藤 (1994) は「評価型」と呼ぶが，この用法だけが他の2つと全く異なる自立的性質を持つとは考えにくく，共通の特性を求める．
　佐藤 (1994) は評価型の特徴として，数量表現，良し/悪し 等の表現が共起することが多いとする (ibid., p.3)．しかし，評価を示すのであれば評価対象の数量や品質等に関する表現が現れるのは当然のことと思われる．換言すれば，数量表現，良し/悪し 等の表現が現れることによって，前未来形が評価を表しているように見えるのではなかろうか．他の時制でもこのような表現を用いることで，評価を表すことは十分可能である．

　　(177) Nous *avons* bien *dîné* ce soir.（作例）

このように複合過去形を用いた場合と前未来形を用いた場合との違いを YVON (1953) はこう説明する．

　「aurez su（前未来形）は，avez su（複合過去形）と対立するというよりは類義で，発話時には完了している事行を表現するのにより豊かな力を持つ．」*[120] (YVON, 1953, p.176)

ただ，YVON (1953) のこの指摘の根拠は何か，つまりなぜ，前未来形の方が複合過去形を用いたときよりも表現力が上がるのかという疑問に答えなければならない．佐藤 (1994) はこう答える．

　「その一般的理由は，1) 複合過去とは異なり，秀でて相対時制である前未来の文は，より明確な評価を帰結する q を顕在的，潜在的に措定するからであると考えることができる．また，分析的な観点からすれば，2) 程度にしろ質にしろ，評価の前未来の「完了形」は，質的・観念的な基準の達成（あるいは未達成の収束）を語る物であり，p 自体が一定の評価的側面をもつものに限られる．[...] そして 3) 完了形は，一般に，ある

---

*[120] Enfin l'*aurez su*, au lieu de s'opposer à l'*avez su*, en est comme un synonyme, mais avec une valeur expressive marquée, pour présenter des procès achevés au moment de la parole.

(YVON, 1923, p.176)

命題 p の完遂・達成を語るのだから，同時に，対立命題 p' の排除を含意する．しかし，これに未来形を当てることは，non-certain, non-assertion の特性を与えることと解釈でき，これは p' の再導入を意味する．ただし，評価型では，p' の担い手は共発話者または広く他者に違いないが，発話者としては，個人的に p と判断することを述べており，他者の同意を得ようとはしていない．この3点が，評価の前未来が特に expressif なものとなる理由である．」(佐藤, 1994, p.3)

佐藤 (1994) があげている第一の根拠については，明確な評価を帰結する q を顕在的，潜在的に措定するのは時制の性質ではなく，文脈では無かろうか．例えば先ほどの雨の例で，

(178) Il *aura* beaucoup *plu* aujourd'hui！[=(176)]

というように前未来形ではなく，[actuel] かつ [certain] である性質を持つ複合過去形を用いた場合，

(179) Il *a* beaucoup *plu* aujourd'hui.

前未来形を用いた時よりも，佐藤 (1994) らの言葉を借りれば certain, assertion の特性が与えられると言える．逆に，前未来形の場合には non-certain, non-assertion ということになる．しかし，共発話者・聞き手の側からすれば，non-certain, non-assertion であるにもかかわらずなぜそのような発言をするのか疑問を感ずるはずである．その疑問に答えるのが，q ということになる．つまり，相対時制であるから q を措定するのではなく，non certain であるからこそ，q についての言及が期待されるのである．

　以上のような理由から，前未来形が何らかの評価を表現するのに特化した時制であるとは言えない．前述の通りむしろ何らかの評価を表しているのは前未来形以外の要素である．

1.8.3. 前未来形の性質
　前未来形の性質について，佐藤 (1994) に次のような主張がある．

「多くの指摘があるように，前未来は秀でて相対時制であり，BENVENISTE

が定義する aoristique な複合過去に相当する自立的性格をもっていない.」
(佐藤, 1994, p.2)

ここで主張されている，aoristique な複合過去に相当する自立的性格を持っていないという点については，次の2文の容認度を考えれば想像がつく.

(180) J'*ai fini* mon travail. (作例)
(181)？J'*aurai fini* mon travail. (同上)

フランス語話者によれば，複合過去形を用いた (180) の方はこのままでも問題ないが，前未来形を用いた (181) の方では，何らかの時間を表す表現が必要であると言う．このことからも分かるように，少なくとも前未来形よりは複合過去形の方が自立的性格を持っていることが予想される．

もう1点，前未来形は秀でて相対時制であるという点については，疑問が残る．例えば，前過去形と比べたらどうかといった疑問である．この点については後述する．

1.8.4. 前未来形試論

すでに述べたとおり，前未来の形の場合も単純未来形同様，時間的価値を本来は持っていないと考えられる．それにも関わらず，多くの場合未来完了として事行が認識されるのは，単純未来形と前未来形に共通する [non certain] という特性に，発話状況等が結びついて得られる意味効果のためである．この [non certain] という性質は時間的価値とは本質的には無関係であるから，過去時の推測といった用法や，佐藤 (1994) らが「発話者の評価」というような事行を表すことが可能となるのである．

1.9. 条件法
1.9.1. 条件法という法

朝倉 (2002) によると，条件法は「伝統的に叙法の1つとみなされ，mode conditionnel と称された (朝倉, 2002, p.138) が，以下に見るように，その形態や用法から直説法の1時制とみなす者もいる．GREVISSE によれば，今日では言語学者達は直説法の中に分類すると言う *[121] (GREVISSE, 1993, p.1260).

---

*[121] Les linguistes s'accordent aujourd'hui pour le (= conditionnel) ranger parmi les temps de l'indicatif [...] (GREVISSE, 1993, p.1260)

「条件法の形態は我々に，"条件法"が完全なる未来形ということも半過去形ということも決してなく，両者の間を絶えず揺れ動くものであるということを示唆する．この両者の間にあるということが，条件法の主要な特性なのである．」*[122] (IMBS, 1960, p.61)

「文法家の中には条件法を法として見なした者もいた．歴史的にはこの形は未来形と同じ性質を持つ．いずれもロマンス語のある動詞の不定詞と助動詞 avoir の現在形か半過去形によって作られる迂言形から来ている．未来形を直説法の1時制として扱うのなら，条件法についても1時制として扱うのが当然であろう．」*[123] (WAGNER & PINCHON, 1962, p.303)

「"条件法"について言えば，未来形の接中辞 -r- [...] と半過去形の活用語尾 [...] は条件法を躊躇無く直説法に結びつける．」*[124] (WILMET, 1997, p.292)

条件法の用法を説明する場合，多くの文法家は，(1) 時制的用法，(2) 叙法的用法の2つに分けるが *[125]，分けた場合にはなぜその2つの状況が1つの条件法という活用形によって表しうるのかを説明しなければならない．

通常は，形態論による分析を援用しながら，「未来を表わす未来形が叙法的価値を帯びるように [...] 過去未来を表わす条件法も仮定的・非現実的事実を表わすなど叙法的価値を帯びる (朝倉，2002, p.139)」と説明されるが，BRUNOT らは時代を遡ってこう説明する．

「最も古いフランス語の文献以降，« chanterais » という形（＝すなわち条

---

*[122] [...] la morphologie nous suggère que le « conditionnel » ne sera jamais tout à fait un futur, ni tout à fait un imparfait, mais oscillera constamment entre les deux. Cet entre-deux constitue sa principale originalité. (IMBS, 1960, p.61)

*[123] Quelques grammairiens considèrent le CONDITIONNEL comme un mode. Historiquement, cette forme est de la même nature que le futur. Toutes deux sont issues, en roman, d'une périphrase composée de l'infinitif d'un verbe et du présent ou de l'imparfait de l'auxiliaire AVOIR. Si l'on fait du futur un temps de l'indicatif, [...] il est normal de faire également du conditionnel un temps. (WAGNER & PINCHON, 1962, p.303)

*[124] Quand au « conditionnel » [...], l'infixe -r- du futur [...] et la désinence [...] de l' « imparfait » le rattachent sans l'ombre d'une hésitation à l'indicatif. (WILMET, 1997, p.292)

*[125] 例えば：朝倉(2002)：(1) 時制的用法，(2) 叙法的用法 (朝倉, 2002, pp.138-139)、GREVISSE : Valeurs générales : 1° [...] un fait futur par rapport à un moment passé, 2° [...] un fait conjectural ou imaginaire [...] (GREVISSE, 1993, p.1260)、WARTBURG & ZUMTHOR : il (= conditionnel) peut être un temps (et comme tel il se rattache logiquement à l'indicatif) ou un mode. (WARTBURG & ZUMTHOR, 1971, p.219)。

件法）は2つの価値を持っていた．時制的価値（過去から見た未来）と叙法的価値（条件法）である．」*126 (BRUNOT & BRUNEAU, 1956, p.353)

しかし，ある1つの文法事項を検討する場合には，共時的立場による分析も有効であり，一般には2つに分類される条件法の用法のどこに共通点があるのか，現代フランス語の実例から分析を試みることも無駄ではないと思われる．まずは，「過去から見た未来」などと称される用法の条件法の実例である．

(182) Jeudi 10 octobre, Jean Bessis, administrateur général de JVC France a annoncé que l'usine de Villiers-la-Montagne *cesserait* de fonctionner à partir de la fin du mois de janvier 1997.
(*Le Monde sélection hebdomadaire*, 17 octobre 1996, p.10)
(183) Il avait affirmé qu'il *viendrait* dès qu'il *aurait terminé*.
(DUBOIS & LAGANE, 1995, p.108)

これらはいわゆる時制の一致により単純未来が条件法現在，前未来が条件法過去に機械的に置き換えられただけのものである．

(184) "Pas un mot, pas une ligne. Si je pouvais, je ne me *relirais* même pas ! [...]"
(『ふらんす1993年1月号』, p.98)

上例ではsi + 半過去形によって非現実な仮定，すなわちnon actuelな世界での仮定を設定し，その帰結を条件法で示している．

(185) "Je *voudrais* que vous m'appreniez d'autres choses." (ibid., p.105)
(186) Un ancêtre commun à l'homme et au singe. Le morotopithèque *aurait vécu* il y a vingt millions d'années.
(*Le Monde sélection hebdomadaire,* 26 avril 1997, p.1)

例えば，語調緩和の用法 (185) などは，単純未来形も持っているものであるが，単純未来のそれとはどう異なるのかについては，条件法の本質を考察した後で触れたい．(186) は「…によれば，…したということになる」という伝聞に類する用法で，法としての条件法として容易に理解できる．

---

*126 Dès les premiers textes français, la forme *chanterais* possède une double valeur, temporelle (futur du passé) et modale (conditionnel). (BRUNOT & BRUNEAU, 1956, p.353)

1.9.2. 仮定文の構造
1.9.2.1. 仮定文で用いられる時制

いわゆる仮定文で用いられる時制については，一般に以下のような時制の組み合わせが認められている．

(187) ［条件節］Si 直説法現在，　　　　［帰結節］直説法単純未来
(188) ［条件節］Si 直説法半過去，　　　　［帰結節］条件法現在
(189) ［条件節］Si 直説法大過去，　　　　［帰結節］条件法過去

しかしすでに言われているように，上記の組み合わせ以外にも，次のような場合がある．

［条件節］条件法現在，［帰結節］条件法現在 の組み合わせ
(190) Victor : […] Je ne comprends pas, si seulement je pouvais comprendre…
　　　Sophie : Moi, je *serais* vous, j'*essaierais* déjà de comprendre comment elle a pu <u>rester</u> avec vous.
　　　　　　　(*L'avant-scène cinéma no.468, La Crise*, p.24)(下線は原文のまま)

je serais の部分については，je が vous であることは常識的にあり得ないから，非現実の仮定を表していると分かる．

［条件節］Si 直説法複合過去，［帰結節］直説法複合過去 の組み合わせ
(191) — Monsieur Kesselbach, il est trois heures moins huit. *Si* dans huit minutes vous *n'avez pas répondu*, vous *êtes mort*.
　　　　　　　(LEBLANC, *813 La double vie d'Arsène Lupin*, p.25)

ここでは，複合過去形が未来完了のように使われているが，「あなたが答えなければ」という仮定を表しているのは明確である．

［条件節］Si 直説法大過去，［帰結節］直説法半過去 の組み合わせ
(192) Il examina l'arme et ne tarda pas à se rendre compte que les sept cartouches logées dans le barillet avaient été remplacées par sept cartouches sans balles et qui, naturellement, ne pouvaient tirer qu'à blanc.
"Voilà toute l'explication, dit-il, et votre vieux Druide n'a rien d'un sorcier. *Si*

nos revolvers *avaient été réellement chargés*, on l'*abattait* comme un chien."
(LEBLANC, *L'île aux trente cercueils,* p.217)

ここでは台詞の前の一節から，実際には銃に込められていたのが本物の弾丸ではなかったと考えられ，結果的に台詞の中で非現実の仮定が行われていると解釈される．

［条件節］Si 直説法半過去，［帰結節］直説法単純未来 の組み合わせ

(193) — Ne craignez rien. S'il y *avait* le moindre danger, nous *reviendrons*, le docteur et moi. N'ouvrez votre porte que si l'on frappe trois coups très légers.
(LEBLANC, *Les Confidences d'Arsène Lupin*, p.138)

ここでも，後続の一節から，si + 半過去形の部分はあたかも危険な事態など起こり得ないかのように仮定していると解釈される．

［条件節］Si 直説法半過去，［帰結節］直説法半過去 の組み合わせ

(194) La *Nonchalante* était une péniche semblable à toutes les autres, assez vieille, de peinture défraîchie, mais bien astiquée et bien entretenue par un ménage de mariniers qu'on appelait M. et Mme Delâtre. A l'extérieur, on ne voyait pas grand-chose de ce que pouvait transporter la *Nonchalante*, quelques caisses, de vieux paniers, des barriques, voilà tout. Mais si l'on *se glissait* sous le pont à l'aide de l'échelle, il *était* facile de constater qu'elle ne transportait absolument rien. (LEBLANC, *La comtesse de Cagliostro,* p.128)

この例では前文脈から，Si + 半過去という条件節の形をとりながらも，いわゆる非現実の仮定ではないと考えられる．

上にあげた，［条件節］Si 直説法半過去，［帰結節］直説法半過去 の組み合わせであっても，仮定文でないものもある．

(195) [...] vers dix heures, leur travail fait, ils partaient à la promenade, mangeaient dehors, rentraient le soir avec quelques provisions que Mme Sembat cuisait, s'enfermaient et dormaient. Ainsi, tous les jours de beau temps. S'il *pleuvait*, ils *lisaient*. (BARRES, *Mes Cahiers* in Discotext)

(196) Le bureau ne ressemblait pas à un bureau commercial. *Si* la table de machine à écrire *était* en métal, elle *était* flanquée d'une fort belle table Louis XIII. (SIMENON, *Maigret hésite*, p.43)

以上のことから，仮定文とそうでないものとの区別は，動詞の時制の区別のみでは不可能であると言えよう．また，

(197) *S'*il ne *vient* pas, c'est qu'il est malade.

というような文にあらわれる si は仮定の意味を表していないので，si があるからと言って，仮定文であるとは限らない．つまり，統辞的特徴だけで仮定文を定義することはできないのである．仮定文が仮定文としての解釈を得る過程については，後述する．

1.9.2.2. 仮定文中の時制と実現可能性

(198) *Si* tu *t'*en *rappelles*, tu seras heureux toute ta vie.
(*L'avant-scène cinéma no.468, La Crise*, p.68)

上例では，条件節に現在形，帰結節に単純未来形が用いられているが，次の3例では，帰結節にも現在形が用いられている．

(199) "*Si* vous *faites* un mouvement, ce caillou vous *casse* la tête. [...]"
(WELLS, *L'homme invisible*, p.72)
(200) Isa : "Didier, *si* tu *avances* encore, tout *est* fini entre nous."
(*L'avant-scène cinéma no.468, La Crise*, p.52)
(201) *Si* tu *veux* habiter ici, tu *peux*. Mais il faut qu'on se mette d'accord.
(KIESLOWSKI & PIESIEWICZ, *Trois couleurs Blanc*, p.45)

また，動詞を使わずに名詞句などによって条件が表される例もある：

(202) "*Un geste, un seul*, et *je tire*. J'en jure Dieu !"
(LEBLANC, *La comtesse de Cagliostro*, p.68)
(203) Nous lui disons :
— Nous avons besoin de ces objets, mais nous n'avons pas d'argent. [...]
Le libraire dit :
— *Sans argent*, vous ne *pouvez* rien acheter.
(KRISTOF, *Le Grand Cahier*, pp.29-30)

このように条件 P が成立すれば，高い可能性で Q という結果が生じるというような場合，Q を表すのに直説法現在を用いることがある．

先に述べたように現在形は現在の事行を述べるのに適した時制であるが，未来形は基本的にはまだ起こっていない事行を述べるのに適した時制である．LE GOFFIC の言葉を借りれば，この２つの時制間には，[+ certain] / [- certain] という対立がある．これらの点をふまえれば，帰結節に未来形を用いるよりも現在形を使う方が，可能性が高まる・確実性が増す，ということは理解できよう．特に，脅迫・脅しのような場合には好んで現在形が用いられると考えられる．

次は半過去形を用いた同じような例である．

(204) Il avait pris un ton légèrement exaspéré et appuyait sur l'accélérateur. Il était près d'une heure du matin et il roulait de plus en plus vite le long du boulevard Suchet, puis du boulevard Lannes, déserts.

— Tu n'es pas rassurée, hein ?

Il *pouvait* encore rouler plus vite, *s'il le voulait*, cela ne la troublait en aucune façon. (MODIANO, *Une jeunesse*, p.93)

(205) Il examina l'arme et ne tarda pas à se rendre compte que les sept cartouches logées dans le barillet avaient été remplacées par sept cartouches sans balles et qui, naturellement, ne pouvaient tirer qu'à blanc.

"Voilà toute l'explication, dit-il, et votre vieux Druide n'a rien d'un sorcier. *Si nos revolvers avaient été réellement chargés*, on l'*abattait* comme un chien."

(LEBLANC, *L'île aux trente cercueils,* p.217)

いずれの例でも，フランス語話者によれば帰結節の半過去形は条件法を用いて書き換えることが可能である．しかしながら，現在形の場合同様，帰結節に条件法よりも半過去形を用いる方が，条件 P が成立した段階で結果 Q が生じる可能性が高まる・確実性が増すと考えられる．

1.9.2.3. imparfait de dramatisation
1.9.2.3.1. 条件節の特徴
1.9.2.3.1.1. 条件節：Un N de plus / Un peu plus 型

この型の条件節の実例としては以下のようなものがある．

(206) *Un peu plus*, et Vinton Cerf *s'appelait* Louis Pouzin. [...] C'eût été une magnifique success story, dont l'ingénieur de génie, aujourd'hui à la retraite,

aurait pu être fier. (*Le Point no.1387*, 17 avril 1999, p.158)

(207) Tout à coup la bête détacha du rocher sa sixième antenne, et, la lançant sur Gilliatt, tâcha de lui saisir par le bras gauche. En même temps elle avança vivement la tête. *Une seconde de plus*, sa bouche anus *s'appliquait* sur la poitrine de Gilliatt. Gilliatt, saigné au flanc, et les deux bras garrottés, était mort. Mais Gilliatt veillait. Guetté, il guettait. Il évita l'antenne, et au moment où la bête allait mordre sa poitrine, son poing armé s'abattit sur la bête.

(HUGO, *Les Travailleurs de la mer* in Discotext)

(208) Il prit lui-même l'écouvillon et le fouloir, chargea la pièce, fixa le fronton de mire et pointa.

Trois fois il ajusta Gauvain, et le manqua. Le troisième coup ne réussit qu'à le décoiffer.

— Maladroit ! murmura Lantenac. *Un peu plus bas*, *j'avais* la tête.

(HUGO, *Quatre-vingt-treize* in Discotext)

(209) — Est-il beau quand il dort ! Prenez-lui donc la tête sur votre épaule, madame Couture. Bah ! il tombe sur celle de mademoiselle Victorine: il y a un dieu pour les enfants. *Encore un peu*, il *se fendait* la tête sur la pomme de la chaise. (BALZAC, *Le père Goriot* in Discotext)

この他の条件節の例としては，Un pas de plus; Un degré de plus; Un jour de plus; Une minute de plus; Une heure de plus; Un discours de plus; Un kilomètre de plus などがあったが，Deux pas de plus; Deux minutes de plus のように，un(e) 以外のものは見つからなかった．この構文に「もう少しで〜するところだった」というような意味効果を期待しているとすれば，条件節中の単数名詞の例が多いというのは当然であろう．

1.9.2.3.1.2. 条件節： Sans (Avec) + N 型

前置詞 sans または avec + 名詞の構文で条件を表しているものとしては，以下のようなものがある．

(210) Etienne, rudement, se heurta la tête. *Sans la barrette de cuir*, il *avait* le crâne fendu. (ZOLA, *Germinal* in Discotext)

(211) — Oh ! Merci mon Dieu, du secours que vous avez bien voulu m'envoyer. *Sans votre grâce*, *j'écoutais* la voix de ma chair, je *retournais* misérablement à mon péché. (ZOLA, *La Faute de l'abbé Mouret* in Discotext)

(212) "Beaumagnan était là ? demanda la comtesse.
　— Non, dit-il, heureusement pour lui.
　— Heureusement ?
　— *Sans quoi*, je l'*étranglais*. Je déteste ce sombre personnage.
(LEBLANC, *La comtesse de Cagliostro*, p.104)

(213) *Avec six drachmes*, j'*achetais* ce matin le marché aux poissons.
(SCHWOB, M., *La lampe de Psyché*, p.12 cité par HANSE, 1991, p.496)

上例をはじめ，Sans＋名詞（句）の実例は相当数見つかったが，Avec＋名詞（句）の例は文法書（HANSE）で引用されていた1例しか見つからなかった．

1.9.2.3.2. 構文上の制約・成立条件
1.9.2.3.2.1. 動詞の制約
　これらの例を見る限り，完了のアスペクトを持つものが多いが，この構文にあらわれる動詞の語彙的アスペクトに制約はないと思われる．この点については容認度の問題とあわせて後述する．

1.9.2.3.2.2. 主語の制約
　主語が「人」以外のものは，主語が「人」であるものに比べて少ないということが分かる．しかし，仮にこのような構文に dramatisation という効果があるとすれば，この構文が新聞よりも小説の中に出やすく，また，「人」を主語にしたものが多いということもごく自然なことではないであろうか．
　これに関連して，文中の登場人物との何らかの利害関係 ―もう少しで死ぬところだったが，死なずに済んだ，のような利害関係― が表れることが多いが，全ての実例に同じように登場人物の利害関係があるとは言い切れず，構文成立の絶対条件にはなっていない．例えば次例で，実際には現在お金持ちではないと予想されるから，「死なずに済んだ」というような場合とは同じように考えることはできない．

(214) *Un peu plus* et j'*étais* maintenant milliardaire. (WILMET, 1998, p.384)

1.9.2.3.2.3. 統辞的制約
(215) *Sans* la présence d'esprit du mécanicien, le train déraillait.
(WILMET, 1998, p.389)
(216) ? Le train déraillait, *sans* la présence d'esprit du mécanicien.
(217) ?? Le train déraillait *sans* la présence d'esprit du mécanicien.

このWILMETの例の語順を変更すると容認度も変化する．条件P，帰結Qの順番であれば問題ないが，これを逆転させると容認度が下がった．
LORIANによれば，仮定文の中で条件節が前置されている例は，後置されている例よりも2倍多いという (LORIAN, 1964, p.114)．先に条件を提示してから帰結を述べることが多いというのは，人間の思考過程からすれば，予想できることであろう．

(218) S'il faisait beau, je sortirais.
(219) Je sortirais, s'il faisait beau.

このように，条件節がSi + 半過去になっていれば，後置されても容認度に変化は見られない．

(220) Il (= Lupin) s'était abattu à terre, d'un geste, en voyant Léonard lever le bras vers lui. Trois détonations furent jetées dans la pénombre de l'office, puis le domestique bascula, saisi aux jambes par Lupin qui lui arracha son arme et l'étreignit à la gorge.
"Sacrée brute, va ! grogna-t-il... *Un peu plus*, il me *démolissait*... Vaucheray, ligote-moi ce gentilhomme." (LEBLANC, *Le bouchon de cristal*, p.12)
(221) ??*Il me démolissait*, un peu plus.

imparfait de dramatisationを用いた構文においては，後置することでかなり容認度が下がる．これは，半過去に欠かせないancrageを後から与えることになるという点が関係していると考えられる．

1.9.2.3.2.4. irréelの解釈

この構文も，Si + 半過去形から成るような通常の仮定文と同じく，これ自体では非現実の事行であるか分からない．この構文自体の解釈が曖昧であることは，すでに多く指摘されている（例えば，(RIEGEL, PELLAT & RIOUL, 1994, p.310) (ARRIVE, GADET & GALMICHE, 1986, p.483) (CONFAIS, 1990, p.404)）．

irréelという解釈は，あくまで現実との対比（例えば，快晴という現実との対比）によって，すなわち文脈によってはじめて可能となる．例えば次例は，形の上ではimparfait de dramatisationに見えるが，それに続く一節の内容から，irréelの解釈は難しい．

(222) *Un pas de plus*, Lakmi *se détachait* des bords: au moment de sa chute elle raidit son corps [...]. (LAMARTINE, *La Chute d'un ange II*, p.1049)

多くの場合は，この構文だけでは irréalité は保証されず，前文脈までの内容や発話状況等との対比によって，はじめて irréel の解釈が成立する．次の Jeanne d'Arc の例は，文脈がなくとも成り立つが，これは，Jeanne d'Arc という人物に関する知識を多くの人が持っているからであり，その知識（つまり実際にはどうであったか）との対比によって，irréel の解釈ができるのである．

(223) *Sans Jeanne d'Arc*, les Français *étaient* anglais. (作例)

1.9.2.3.2.5. 否定形

本論筆者が発見した中には，この構文内の半過去形が否定形になっているものはなかった．しかし，筆者の作例をインフォーマントチェックにかけたところ，いくつか自然なフランス語であると判断されたものがある：

(224) Une minute plus tard, on *ne* me *voyait pas*. (作例)
(225) Sans cet accident, je *n'arrivais pas* à cette réunion en retard. (作例)
(226) Sans Michel Platini, ils ne *gagnaient* pas. Heureusement, Platini a marqué deux buts. (作例)

dramatisation という効果を期待するのであれば，否定形であるよりも肯定形が多いことは当然のことかもしれない．もし否定形を用いたならば，例えば「もう少しで〜しないところだった」という解釈になるが，肯定形の「もう少しで〜するところだった」という方が，特に小説などでは使いやすいように思われる．

1.9.2.3.3. 動詞のアスペクトと容認度

先にあげた実例でも，動詞の語彙的アスペクトで未完了のものは少なく完了のアスペクトと考えられるものが多かった．また，実例・筆者の作例をフランス語話者に見てもらったところ，全体として未完了のものの方が容認度が低かった．例えば，

(227) ? Sans le pétrole, le plastique *n'existait pas*. (作例)

は，6人中3人が「フランス語として自然」，3人が「フランス語として不自然」

というように，判断が割れた *¹²⁷．一方で次例については，全員一致で「フランス語として自然」という判断であった．

(228) Une minute plus tard, on *ne* me *remarquait pas*. (作例)

では，このようなアスペクトの差による容認度のばらつきはなぜ生じるのであろうか．
「P という条件が成立したとき（していたら），Q という結果が生じる（生じていた）．だが，実際にはそうならなかった．」というのが，この構文の基本的な意味である．つまり，P が成立したら，Q という新たな・別な事態が生じていた，ということを表す．こう考えると，未完了の場合の方が容認度が低くなりやすいのは，新たな・別な事態の成立を示すには，完了のアスペクトを持った動詞の方が適しているからである，と考えることはできないであろうか．動詞の語彙的アスペクトは未完了でも良い．ただし，例えば être であれば後続する属辞の意味などによって，述部全体が，新たな状態・別な状態を表すかどうか．この点により容認度に差が生じていると思われる．être が用いられている例としては，以下のようなものがある：

(229) Insensiblement, la tête du python se dressait davantage et se dirigeait vers le groupe équestre. Soudain, avec une rapidité qui dépassait de loin le bond du tigre ou du lion, le corps colossal se détendit comme un monstrueux ressort. Jacques, stupéfié, n'eut pas le temps de faire un mouvement. *Sans l'instinct du cheval*, il *était* perdu. Mais l'arabe avait prévu l'attaque.

(J.-H. ROSNY aîné, *Le trésor lointain*, in *Mosaïque*, p.8).

(230) Et vous y êtes parvenu en effet ! s'écria d'Arvigny. *Sans cette précaution*, Valentine *était* tuée aujourd'hui, tuée sans secours possible, tuée sans miséricorde, la secousse a été si violente; mais elle n'a été qu'ébranlée, et cette fois du moins Valentine ne mourra pas.

(DUMAS, *Le Comte de Monte-Cristo, tome II*, p.508)

(231) — Oh ! Heureusement que vous êtes arrivée à temps.
— *Un jour de plus*, il *était* trop tard ! (FEYDEAU, *Le Bourgeon*, p.287)

条件法を用いた方が容認度が安定しているのは，条件法自体によって時間的な移行が示され，新たな状態・別な状態をよりはっきりと示せるからであると考え

---

*¹²⁷ n'existerait pas であれば全員問題ないという．

られる．条件法過去形と半過去形との置換について，SANDFELD は常に可能であるとしているが (SANDFELD, 1936, p.341)，LE BIDOIS がすでにこれを否定しているように (LE BIDOIS, 1971, II p.548)，全ての imparfait de dramatisation を条件法過去形に置換できたとしても，逆方向の置換には制約があることが予想される．

1.9.2.3.4. dramatisation という意味効果

この構文のもたらす意味効果について RIEGEL, PELLAT & RIOUL (1994) は次のように述べている．

> 「条件法と異なり，半過去形は事行をすでに展開中のもののように想像上，みなす．このことが語りの劇的効果を高める．」*[128]
>
> (RIEGEL, PELLAT & RIOUL, 1994, p.309)

このような意味効果はどこから生じるのであろうか．

渡邊 (1998) は，「条件法は，「異なる連続性」をあらわすため，事実に反する仮想的な事象をあらわすのにもっとも適している．[...]半過去をもちいると，あたかも「現行の連続性」においてことが運んでいるような効果がもたらされ，WILMET のいうような表現性が得られると考えられる」としている (渡邊, 1998, pp.143-144)．WILMET は，présentation dramatique des événements が高まるとする (WILMET, 1998, p.391)．

我々の考え方も，この両者の考えと対立するものではない．前章で述べたとおり，帰結節に条件法を用いれば時間的移行が感じられるが，半過去形を使えばこの移行がない．その分，確実性，WILMET の言葉を借りれば présentation dramatique が高まることになる．

また，この構文の中で，条件 P を示している部分の構造にもこの一因があるように思われる．この構文の中では，条件 P は「Avec N」「Sans N」「Un peu plus」「Un N de plus」など，主語＋動詞を用いない形で提示されている．このように主語＋動詞を省くことで，読む際に文章の勢いが増し，présentation dramatique を一層高めているように思われる．

1.9.2.4. si の機能

既に述べた通り，si があるからと言って条件を表すとは限らない．それでは一

---

*[128] Mais à la différence du conditionnel, l'imparfait permet d'envisager fictivement le procès comme déjà en cours de développement, ce qui augmente la dramatisation du récit.

(RIEGEL, PELLAT & RIOUL, 1994, p.309)

体，si の機能は何であろうか．換言すれば，以下の３例に表れている si に共通する機能は何であろうか．

> (232) Bébert : "*Si* dans une semaine je l'ai pas perdue c'te graisse, je te préviens que je vais me faire faire une liposuccion en même temps que mon filling..."
> (*L'avant-scène cinéma* janvier 1998, *La Crise*, p.57)
>
> (233) Michou : "Eh ben je vais vous dire... franchement, *si* vous étiez un paumé fauché comme moi, *si* vous pouviez pas me payer des bières, des voyages, des sandwiches et tout ça, *si* j'avais pas l'espoir de vous soutirer un peu de fric tous les jours, eh ben franchement, j'aurais jamais eu l'idée de vous suivre, hein..."
> (ibid., p.53)
>
> (234) Tanya : "Marie, je sais pas où elle est, mais *si* je le savais, tu serais la dernière personne à qui je le dirais. *Si* elle t'a quitté, elle a eu bien raison parce que tu es un sale con égoïste, et que tu ne mérites ni les enfants, ni la femme que tu as. J'espère que tu vas en baver des ronds des chapeaux et même des carrés de chapeau quand tu auras compris tout ce que tu as perdu." (ibid., p.27)

それは，非現実であるか否かにかかわりなく，あるいは条件・仮定を表しているかにかかわりなく，１つの認識空間を開いていることであろう．林 (2001) は以下のように述べる．

> 「si によって表される話者の操作は p を設定すること，即ち p を真とすることだと言う限りでは，それは条件的用法だけでなく，事実的用法にも認められよう．」(林, 2001, p.20)

林 (2001) が「条件的用法」と呼ぶのは，いわゆる仮定文で用いられる si の用法であり，「事実的用法」と称しているのは，次例のような場合であるが，

> (235) *S'il ne vient pas, c'est qu'il est malade.*

いずれも，p を設定するという点で共通しているのである．そしてその設定された p がどういった性質を持つのかということは，si 自体が決定することではなく，文脈や発話状況といった外的要因にゆだねられているのである．si に続く時制がその一因となっているのは事実であるが，それだけでは不十分であることは既に見た通りである．

1.9.3. 仮定文以外での条件法

条件法は仮定文以外でも使われる．

> (236) L'inspecteur : "Pierrette Bourgeois a été assassinée juste à côté de chez vous. Un chauffeur de taxi *aurait aperçu* la silhouette d'un homme qui courait vers votre immeuble, pas très grand, avec un manteau noir."
>
> (*L'avant-scène cinéma* mars-avril 1990, *Monsieur Hire*, p.13)

この例に表れている条件法過去形は，「伝聞用法」と呼ばれるものと考えられる．このような用法については渡邊 (1998) に詳しいが，渡邊 (1998) が「異なる連続性」という概念で条件法の性質を説明しているように，本論の説明手段で条件法の特徴を述べるならば，[non actuel], [non certain] という２つの特性によって説明できよう．この２つの特性を持つ条件法であるからこそ，上例のような「伝聞」を表すことができるのである．前未来形の場合には，[non actuel] ではなく [actuel] なため，伝聞を表すことは難しい．

次に，同一の事行を直説法複合過去形と条件法過去形で描いている次例を検討する．

> (237) Alice : "Mais c'est terrible ! On voit tout ! Si vous n'aviez pas bougé derrière votre carreau l'autre fois, je vous aurais jamais aperçu. Ça aurait pu durer encore très longtemps. Vous avez abusé de moi"
> Hire : "Je ne fais que regarder, c'est tout."
> Alice : "Vous m'avez fait peur ce soir-là. J'ai cru que vous me vouliez du mal... Mais pourquoi vous faites ça ? Vous avez l'air si digne, si élégant. On n'a pas le droit de regarder chez les gens comme ça... J'aurais pu vous dénoncer. J'aurais pu vous savez."
> Hire : "Vous *auriez pu*, mais vous ne *l'avez* pas *fait*."
>
> (*L'avant-scène cinéma* mars-avril 1990, *Monsieur Hire*, p.28)

最後の Hire の台詞内の時制が問題となるが，まず，ここに表れている２つの時制の特性をあげておく．直説法複合過去形は [actuel], [certain] であるが，条件法過去形は [non actuel], [non certain] である．直前の Alice の発話内容から，「やろうと思えばできた」ということが分かるので，最後の auriez pu には仮定的意味合いがあると考えられる．しかし実際には，そうはならなかったということが

[actuel]，[certain] という特性を持つ複合過去形によって描かれている．渡邊(1998)の言葉を借りれば，条件法によって表現されている auriez pu という事行と，この発話時点との間には「不連続性」があり，実際にはそうならなかったことが明確である．

1.9.4. 条件法試論

これまで見た来てような違い，すなわち条件法は [non actuel] という特性を持ち，直説法の未来時制は [actuel] という特性を持つことから，この両者が持つ語調緩和の用法の違いを説明できる．

> (238) — Vous m'*excuserez*, Monsieur, me dit-il, mais Mme Desoto m'attend pour une séance de massage. (MODIANO, *De si braves garçons*, p.99) [=(161)]
> (239) "Je *voudrais* que vous m'appreniez d'autres choses."
> 　　　　　　　　　　　　　（『ふらんす 1993 年 1 月号』, p.98)[=(185)]

条件法は [non actuel] であるから，[actuel] な単純未来の語調緩和とは異なる意味が加わっている．それは「もし可能であれば」「できれば」といった protase を含意する．その結果，文脈や動詞によって単純未来より一段と身を引いた語調緩和の意味となる．また，前未来形にはないが，条件法過去形には「遺憾の意」を表す用法がある：

> (240) "Eh bien ! dites donc ! Vous ne pourriez pas faire attention ?"
> "Excusez-moi ! Je ne vous ai pas fait mal ?"
> "Non, mais vous *auriez pu*... Roland !"
> 　　　　　　　　　　　　　（『ふらんす 1996 年 12 月号』, p.96)

「〜できたはずだったのに」という意味は，条件法過去形が [non actuel] な時制で，非現実な結果を表すことができるからこそ出せる意味効果である．

1.10. 接続法
1.10.1. 接続法に関する先行研究
1.10.1.1. DAMOURETTE & PICHON

DAMOURETTE & PICHON はどちらかと言えば接続法に固有の価値を認めていない研究者である．彼らの主張の概要は以下の通りである．

121

> 「統辞的なものについて言うならば，統辞が接続法の衰退を明らかにするのは，次の場合に限られるであろう．この活用形（接続法）の使用があまりに機械的で文体により自動的に誘発されたものであるために，特殊な活用形を保持することは全く得策ではない．なぜならこの接続法はもはや固有の意味を全く持っていないと思われるからである．」*129
>
> (DAMOURETTE & PICHON, 1911-1933, V, p.472)

まず，彼らは接続法に固有の意味を認めることに対して否定的立場をとる．その上で，直説法との対立を説明する．

> 「意味論的な違いははっきりしている．直説法により話者は，中心人物*130 によって否定されている事実はそれでも真であると判断する．逆に接続法により話者は，その事実に関する判断を行わない．」*131
>
> (ibid., p.479)

> 「文自体から，可能性があると判断されることは直説法で表される．一方，そのような判断はもたらされないと思われることは接続法で表される．一般的に言えば，この直説法と接続法の区別は，中心人物を判断あるいは非判断をする者として選ぶかによって決まる：« Charles affirme que Louis est venu » ; « Charles doute que Louis soit venu ».」*132
>
> (ibid., pp.517-518)

ここで引用されている第一の文 « Charles affirme que Louis est venu » においては，Louis が来たということは，Charles 自身が判断している．一方，第二の文«Charles

---

*129 Quant à la syntaxe, elle ne décèlerait une décadence du subjonctif que si l'emploi de ce mœuf était devenu si mécanique, si automatiquement attiré par la forme de la phrase qu'il n'y eût plus aucun intérêt à conserver une forme spéciale, puisque cette forme n'aurait plus aucune signification propre. (DAMOURETTE & PICHON, 1911-1933, V, p.472)

*130 DAMOURETTE & PICHON は，locuteur を la personne qui parle、protagoniste を substance soutien du verbe principal と定義している．(DAMOURETTE & PICHON, 1911-1933, V, p.473)

*131 La différence sémantique est claire. Par l'indicatif, le locuteur affirme que le fait nié par le protagoniste est néanmoins vrai. Par le subjonctif, au contraire, il n'apporte pas de jugement concernant ce fait. (DAMOURETTE & PICHON, 1911-1933, V, p.479)

*132 [...] ce qui est, par la phrase même, jugé probable figure à l'indicatif. Ce au sujet de quoi pareil jugement n'est pas porté figure au subjonctif. En thèse générale, cette distinction de mœuf se règle en prenant pour auteur du jugement ou du non-jugement le protagoniste. « Charles affirme que Louis est venu »; « Charles doute que Louis soit venu ».

(DAMOURETTE & PICHON, 1911-1933, V, pp.517-518)

doute que Louis soit venu》では，Louis が来たということを Charles は判断していない．そのため，接続法が用いられているというのである．DAMOURETTE & PICHON らの考え方は佐藤 (1990) の言葉を借りて表現するならば，「直説法は「判断」の法，接続法は「非判断」の法 (佐藤, 1990, p.181)」ということになる．しかしながら，ここで DAMOURETTE & PICHON が用いている「非判断」という概念について整理しておかなければならない．なぜなら，この「非判断」とは単に判断という行為をしない場合だけを意味している訳ではないからである．DAMOURETTE & PICHON はこの「非判断」という概念について，以下の例を用いて間接的にではあるが説明している．

> (241) *Après qu'elle ait eu passé* ses bachots, elle a tout plaqué.
> (Madame PS, cité par DAMOURETTE & PICHON, 1911-1933, V, p.534)

> 「おそらく，話者がここで接続法を用いている訳は，彼女がバカロレア試験に合格したという事実を，すべてを諦めるといった事実（もはや学業をやめる）とともに，彼女の時間的関係の中で考察し，すでに知っているものとして改めてこの事実を示す必要があるとは考えていないからであると考えられる．」*[133] (ibid., p.535)

すなわち，単に判断をしない場合だけでなく，すでに既知の事実であるためにそれを再度判断をする必要がない場合にも接続法を用いるということである．しかし，彼らの主張では原因節でほぼ常に直説法が用いられる理由が説明できない．例えば，

> (242) Il ne pourra venir, puisqu'il *est* malade. (HANSE, 1991, p.786)

という例で，HANSE によればこの文の聞き手はすでに il という人物が病気であることを知っていることが暗に示されるとする (ibid.)．このような場合には，DAMOURETTE & PICHON らの「非判断」という概念が適用されるはずであるが，実際には，ほとんどの場合に puisque の後では直説法が用いられ，彼らの主張と食い違う現状が見いだされる．

---

*[133] Peut-être faut-il penser que la locutrice emploie ici le subjonctif parce qu'elle considère le fait d'avoir passé des baccalauréats dans sa relation chronologique avec celui de tout abandonner (sc. de ne plus faire d'études), sans croire avoir à affirmer de nouveau ce fait, considéré comme déjà connu. (DAMOURETTE & PICHON, 1911-1933, V, p.535)

第3章　各時制の分析

　Damourette & Pichon は，「判断」：「非判断」という概念の対立から，次のことが主張できるとする．

> 「意味論的な意味の違いを表すために直説法を用いることが出来るのは，話し手の視点で捉える場合だけである．直説法はその際，中心人物の考えとは逆に，従属節の中で行われている断定が真であると示すことに役立つことができる．」*[134] (Damourette & Pichon, 1911-1933, V, p.497)

この主張の内容を明快に示しているのが次の例である．

　(243) Je (= Jeanne) ne puis pas croire que je sois sa (= Julien) femme.
　　(Maupassant, *Une vie*, cité par Damourette & Pichon, 1911-1933, V, p.497)

> 「実際，Jeanne は Julien の妻であり，彼女もそのことを知っている；したがって，話者として « Je ne puis pas croire que je suis sa femme. » と言うことができたであろう．しかし接続法によって，Jeanne が Julien の妻であるという否定できない事実が彼女によっては容認しがたい事実であることを表している．」*[135] (ibid.)

この Damourette & Pichon の説明を，これまでの彼らの説明と関連づけるならば，上例中の Jeanne は自らが Julien の妻であることを断定していないことを示すために，直説法ではなく接続法が選ばれているということになる．

　以上，Damourette & Pichon は「判断」「非判断」という基準により，直説法と接続法を区別することを提案していたが，実際にはこのような明確な二分化は不可能であることが明らかになった．

1.10.1.2. Le Goffic

　直説法や条件法の時制体系について Damourette & Pichon の影響を受けている Le Goffic は直説法と接続法の違いをこう述べている．

---

*[134] C'est seulement du point de vue du locuteur que l'on pourra utiliser l'indicatif pour une nuance sémantique. L'indicatif peut servir alors à marquer que, contrairement à l'opinion du protagoniste, l'assertion subordonnée est vraie. [...] (Damourette & Pichon, 1911-1933, V, p.497)

*[135] En réalité, Jeanne est bien la femme de Julien et elle sait qu'elle l'est ; elle aurait donc pu dire, en tant que locutrice : « Je ne puis pas croire que je suis sa femme ». Mais, par le subjonctif, elle marque précisément que ce fait, quoique indéniable, est inadmissible pour elle.
　　　　　　　　　　　　　　　　　　　(Damourette & Pichon, 1911-1933, V, p.497)

「直説法は，判断，（肯定的あるいは否定的）断定の法であり，自らが述べていることを確かなものとして提示しながら，自らの発言に責任を持つ法である．」*136 (LE GOFFIC, 1993, p.93)

「接続法は判断の中断を表す：命題内容は考慮に入れられるが判断は含まれない．この結果，独立節の述語として接続法を用いることに制約があり，（その名が示すように）特に従属節で用いられるのは当然のことである．」*137 (ibid., p.94)

しかしながら，事実を接続法で述べている次例のような場合には，この説明では矛盾が生じることが予想される．これに LE GOFFIC は次の例をあげながら答えている．

(244) Je regrette que vous *soyez* ici. (ibid., p.255)

「話し手は，自らの精神状態にかかわり，文全体の意味から引きだされる明白な現実性を持つが，考慮の対象としてしか言明されることのないある状況について，1つの，そして唯一の断定をしている．ここで直説法を用いることは完全に不可能である．」*138 (ibid.)

しかし，LE GOFFIC の説明ではなぜ次例のような場合には，従属節の中にも直説法が現れるのかという説明がつかない．

(245) Je sais qu'il *sait* parler le japonais. (作例)
(246) ? Je sais qu'il *sache* parler le japonais. (作例)

Je sais にせよ，Je regrette にせよ，当然のことながら意味は異なるが1つの判断

---

*136 L'indicatif est le mode du jugement, de l'assertion (affirmative ou négative), c'est-à-dire le mode par lequel le locuteur s'engage en présentant comme certain ce qu'il dit. (LE GOFFIC, 1993, p.93)
*137 Le subjonctif indique une suspension du jugement: le contenu propositionnel est pris en considération, sans jugement prononcé. Il est par conséquent naturel que ses emplois comme prédicat d'une phrase indépendante soient restreints, et qu'il soit usité essentiellement en subordonnée (comme son nom l'indique). (LE GOFFIC, 1993, p.94)
*138 le locuteur fait une (et une seule) assertion, portant sur son état d'esprit, à propos d'une situation dont l'évidente réalité se tire du sens général de la phrase, mais qui n'est énoncée que comme objet de considération. L'indicatif est totalement impossible ici. (LE GOFFIC, 1993, p.255)

をしているという点では同じはずである．にもかかわらず，直説法と接続法が入れ替わるならば，savoir と regretter の意味的相違を分析しなければならないはずである．

Le Goffic 自身は，主節の動詞に関して espérer と souhaiter のどちらを用いるかにより従属節内の動詞の法が変わるという問題について，次のような説明を与えている．

「おそらく，話し手による法の選択の幅は限定されている．言語体系は本質的なものとして制約を強制しているのである（例えば espérer は直説法を求め，souhaiter は接続法を要求する．しかし，意味や構文の分析により，2つの動詞の根本的な違いが明らかになる：espérer は遂行的動詞 souhaiter よりも理性的で合理的である．）」[*139] (ibid., p.255)

しかしながら，この espérer と souhaiter の違いに関する分析がここでは実際には行われていないため，この説明は納得できるものではない．

1.10.1.3. Wilmet

Wilmet (1998) はそれまでの接続法研究の問題点をまず指摘する．

「何人ものかつての，そして現代の文法家が犯した過ちは正確には，ある意味効果 — 願望, 意志, 非現実性, «精神の考慮», «精神の緊張», «ポリフォニー»といったもの— を，本質の次元にまで引き上げてしまったことにあるであろう．」[*140] (Wilmet, 1998, p.305)

この Wilmet の指摘は正しい指摘であるように思われる．ある1つの本質的価値から派生している個々の価値を同等に扱ってしまうことで，問題を見失う恐れがある．そして，Wilmet 自身は接続法を次のように捉えている．

[*139] La marge de choix du mode par le locuteur est sans doute limitée. Le système de la langue impose pour l'essentiel ses contraintes (ainsi *espérer* veut l'indicatif, et *souhaiter* le subjonctif ; mais l'examen des sens et des constructions fait ressortir des différences de fond entre les deux verbes : *espérer* est plus intellectuel et rationalisant que le performatif *souhaiter*).
(Le Goffic, 1993, p.255)

[*140] L'erreur de plusieurs grammairiens anciens et modernes aura précisément été d'élever *un* effet, — désir, volonté, irréalité, « envisagement de l'esprit ». « tension de l'âme », « polyphonie », etc. — au rang de cause. (Wilmet, 1998, p.305)

「直説法と接続法の違いは，時限を切り離すことが出来るか否かによる．」
*[141] (ibid.)

これに関連し，WILMET は不定法なども含めた各時制の特徴を下図のように定義している．

Personnes	Formes	Epoque
Impersonnel	marcher	Inactuel
	marchant	
	marché	
Personnel	marche/marchons	Actuel
	marchasse	
	marche/marchons	
	marchai	
	marchais	
	marcherai	
	marcherais	

(WILMET, 1998, p.304)

この中で，WILMET が設けている Epoque という特性で Inactuel / Actuel という対立が見られるが，これは DAMOURETTE & PICHON, LE GOFFIC, TOURATIER らが設けている noncal / toncal などといった対立とは異なり，WILMET 自身の言葉を用いるならば，直説法 actualisants / 接続法 non actualisants (= virtualisants)といった言葉によって表される対立のことを言う．WILMET の分析結果で注目に値する点は，不定法，分詞法，接続法をまとめて Inactuel という特性で記述している，という点である．不定法・分詞法と接続法を分けるものは上表を見るかぎり，前者が非人称法であるのに対し，後者が人称法であるというだけである．

1.10.1.4. BRUNOT

接続法自体に，固有の意味的な価値がないと主張する者もいる．例えば，BRUNOT (1953) である．

「語順が変わることで法を変えさせる場合： Je conviens que cela *est* vrai.

---

*[141] L'indicatif et le subjonctif diffèrent par leur capacité à isoler ou non les époques.
(WILMET, 1998, p.305)

Que cela soit vrai, j'en conviens. 同様に： Je conviens que cette explication est obscure. Que cette explication soit obscure, j'en conviens. 」*142

(BRUNOT, 1953, p.521)

BRUNOT (1953) の指摘は，文頭遊離により機械的に接続法が現れただけであって，このような実例における接続法の使用に論理的な根拠はないという主張であると思われる．次例は，この文頭遊離の場合である．

(247) Que ma femme *soit* chaste, cela est bien certain ; je n'en doute pas, mais... quel mal pourrait-il y avoir, si je croyais trouver un moyen [...]

(MUSSET, *La Quenouille de Barberine* in Discotext)

この実例においても，文頭の être が接続法におかれているが，仏仏辞典によれば，certain は普通は，être certain que + 直説法という構文をとるとある．このように，転位されることにより接続法が現れるのは，機械的な理由であるという指摘が多い．

「接続法は，補足節が依存している動詞句に前置された場合，文法上の拘束を成し，その補足節は接語代名詞か指示代名詞によって受けられる: *Que d'ailleurs le commandement **doive** être, hors du fort même de l'action, soumis à des lois, à une charte, je vous l'accorde de bon cœur.* (A. Maurois, Dialogues sur le commandement, III) （これに対し，*Je vous accorde de bon cœur que le commandement **doit** être ...*）*143．」(GOUGENHEIM, 1939, p.195)

しかしながら，このような接続法の使用について説明を試みたものもあり，例えば，MARTINON (1927) である．

---

*142 Un déplacement fait changer le mode. cf. Je conviens que cela **est** vrai. Que cela soit vrai, j'en conviens. — De même : Je conviens que cette explication est obscure. Que cette explication soit obscure, j'en conviens. (BRUNOT, 1953, p.521)

*143 Le subjonctif constitue une servitude grammaticale lorsque la proposition complétive est antéposée au groupe verbal dont elle dépend, auprès duquel d'ailleurs elle est reprise par un pronom personnel conjoint ou un pronom démonstratif : *Que d'ailleurs le commandement doive être, hors du fort même de l'action, soumis à des lois, à une charte, je vous l'accorde de bon cœur* (A. Maurois, *Dialogues sur le commandement*, III) (en face de *Je vous accorde de bon cœur que le commandement doit être...*). (GOUGENHEIM, 1939, p.195)

「しかし，従属節が文頭に遊離され，次に主節で代名詞によって受けられる場合，従属節の動詞は一般的には接続法におかれるということを指摘しておこう．[...] これは，従属節がまず仮定的性質を精神に与え，判断はその後にしか行われないためである．」*[144] (MARTINON, 1927, p.392)

しかしながら，文頭遊離された補足節内の動詞が直説法におかれていることもある．朝倉 (2002) はこれを，現実性の強調によるものであると述べている(朝倉, 2002, p.448)．いわゆる規則動詞の場合には，その活用形が直説法におかれているのか接続法におかれているのか識別できないことがあるため，判断できない場合もある．

ところで，MARTINON (1927) は直説法を次のように定義する．

「直説法は，本質的に断定と確実性の法であり，その結果，事実を表すために用いられる法である．そして，これが大部分の主節，独立節，その他の節で用いられる法であり，直説法だけがすべての時制を持つ．」*[145]

(ibid., p.336)

このように断定をするのが直説法であるという定義をふまえると，MARTINON 自身が述べていた文頭遊離節に接続法が現れる根拠は説明が不十分ということになる．

次に BRUNOT (1953) は，同じような意味を持つ主節動詞に続く従属節内での法が異なることがある点をあげる．

「J'espère qu'il viendra. という文と j'attends qu'il vienne. という文を比較しよう．最初の文において，問題となっている事行は全く保証されていないが，直説法が用いられている．2つ目の文では，事行は完全に確実なものでありうるが，car sa venue ne fait aucun doute という一節を付け加えても，qu'il vienne の部分は接続法のままである．」*[146] (BRUNOT, 1953, p.522)

---

*[144] On notera toutefois que, si la proposition subordonnée est isolée en tête de la phrase pour être rappelée ensuite dans la principale par un pronom, on met ordinairement son verbe au subjonctif. [...] ceci tient à ce que la subordonnée donne d'abord à la pensée un caractère hypothétique : l'affirmation ne vient qu'ensuite. (MARTINON, 1927, p.392)

*[145] L'indicatif est essentiellement le mode de l'affirmation et de la certitude, et par suite celui qui sert à énoncer les faits. Aussi est-ce le mode de la plupart des propositions principales ou indépendantes, et de beaucoup d'autres, et lui seul possède tous les temps.

(MARTINON, 1927, p.336)

*[146] Qu'on compare : *J'espère qu'il viendra* à *j'attends* **qu'il vienne**. Dans la première phrase, le fait dont il s'agit n'est nullement assuré, et cependant on a l'indicatif. Dans la seconde, le fait peut être tout à fait certain, on le rendra tel en ajoutant : *car sa venue ne fait aucun doute. Qu'il vienne reste* cependant au subjonctif. (BRUNOT, 1953, p.522)

第3章　各時制の分析

確かに，ほとんどの仏仏辞典には，espérer は続く従属節内に直説法を要求し，attendre は接続法を要求するとある.

さらに Brunot (1953) は，モダリティが全く変わらないにもかかわらず，用いられる法が異なる例をあげる.

> 「Il peut se faire que ce soit son frère. soit は接続法におかれる．これは善しとしよう．しかし，il peut se faire に含まれる意志が，peut-être という慣用句の中に閉じこめられれば，接続法ではなく直説法が現れる．Peut-être que c'est son frère. モダリティが同じであるにもかかわらず，法が変わったのである．」*[147] (ibid., p.521)

また，接続法の使用が非論理的であることを，douter に続く法に関して指摘する.

> 「*Je doute que cela* **soit** *vrai* という文では疑惑が表されている．*Je ne doute pas que cela* **ne soit vrai**. では疑惑は表されていない．しかしながら，2つ目の文においても接続法が1つ目の文と同じように用いられている．」*[148] (ibid., p.522)

このように否定形におかれている douter に続く従属節内の法については，朝倉 (2002) が，接続法になる場合と直説法になるとの比率を 14:11 としており (朝倉, 2002, p.182)，必ずしも機械的に接続法におかれているとは限らないが，確実に従属節内の動詞が直説法におかれていることが分かる実例は1例しか見つからなかった．以下がその例である．

> (248) Jaurès ne cesse de déplorer que beaucoup de lumières soient condamnés à rester sous le boisseau capitaliste, et il ne doute pas que la révolution *dépend* bien moins des conditions auxquelles pensait Marx que des élucubrations de génies méconnus. (Sorel, *Réflexions sur la violence* (2) in Discotext)

---

*[147] On dira : **Il peut se faire** *que* **ce soit** *son frère*, *soit* est au subjonctif, et cela est bien. Mais si l'idée contenue dans il peut se faire est renfermée dans la locution figée (il) *peut-être*, c'est fini du subjonctif, et l'indicatif reparaît : *Peut-être que* **c'est son frère**. Le mode a changé, quoique la modalité soit restée invariable. (Brunot, 1953, p.521)

*[148] *Je doute que cela* **soit** *vrai* exprime un doute ; *Je ne doute pas que* **cela ne soit vrai** n'en exprime pas. Et cependant le subjonctif se conserve dans la seconde phrase comme dans la première. (Brunot, 1953, p.522)

この例を除けば，直説法であるか接続法であるかの見分けがつかないものか，明らかに接続法におかれていることが分かる例である．以下の2例は，いずれも接続法におかれている例である．

> (249) Je ne doute pas que l'intercession de l'Archange Michel, mon saint patron, *n'ait joué* là un grand rôle et je le prie de me pardonner de l'avoir tant négligé pendant plusieurs années et d'avoir si mal répondu aux innombrables bontés qu'il m'a témoignées, tout spécialement dans ma lutte contre le mal.
> (PROUST, *La Recherche : Le Temps retrouvé* (1) in Discotext)
> (250) Avec le progrès, je ne doute pas que dans cinquante ans, il y *ait* le lycée De Sade. (GONCOURT, *Journal 1879-1890* in Discotext)

いずれも douter に続く従属節内の動詞は接続法に置かれている．

1.10.1.5. WARTBURG & ZUMTHOR

WARTBURG & ZUMTHOR は次のように接続法について説明する．

> 「言語的な意識は，考察しようとする事行の中で，仮定しようとするものの領域と，存在しているものの領域を区別することを，必要なものとして感じている．この，「仮定的」と「存在的」という2つの区分は精神の中で，あらゆる言語変換において，そして，現代の用法において生き残り，接続法は，「仮定」を示す機能と共に保持されているのである．」[*149]
> (WARTBURG & ZUMTHOR, 1973, p.223)

WARTBURG & ZUMTHOR はまず，事行を2つに区分し，仮定的なものについて接続法を用いて記述すると述べている．ところが，

> (251) Je suis content *que vous soyez venu.*

のような場合，vous が実際に来ていると考えられるが，接続法の使用は問題ない．

[*149] [...] la conscience linguistique éprouve comme une nécessité le besoin de distinguer, parmi les faits qu'elle considère, le domaine de ce qu'on postule d'avec celui de ce qui existe ; ces deux catégories du « postulé » et de l' « existenciel » survivent, dans l'esprit, à toutes les transformations de la langue, et dans l'usage courant d'aujourd'hui le subjonctif a été conservé avec la fonction de marquer le « postulé » [...]. (WARTBURG & ZUMTHOR, 1973, p.223)

つまり，確実で現実の事行であっても接続法を用いることがある．この点について以下のように述べる．

> 「「存在の接続法」は，接続法が表す事行をその存在の中で考察する（すなわち，仮定の接続法に対立する．仮定の接続法は，願望の対象などとして事行を考察する）．しかしながら，その存在は，完全に現実のものとしては表されない．ある事行の存在は実際，異議を唱えることの出来ない現実（*je vois qu'il vient*），異議を唱えるのことの出来ない非現実（*je vois qu'il ne vient pas*），あるいはまた，任意の中間段階，異議を唱えることの出来るものとして提示された現実（*je ne suis pas sûr qu'il vienne*）のような形をとる可能性がある．つまり，異議を唱えることのできない現実と非現実は直説法によって表され，この2つの中間段階は存在の接続法によって表される．」*[150] (ibid., p.224)

WARTBURG & ZUMTHOR はこのように説明しており，少なくとも接続法の捉え方に関しては DAMOURETTE & PICHON の影響を受けていることが伺える．異議を唱えることができない現実，あるいは非現実とは，何らかの事行が現実あるいは非現実であると断定されているものであり，その中間段階，すなわち異議を唱えることのできる現実あるいは非現実，換言すれば現実とも非現実とも言い難い事行は，断定が行われていないことになる．この意味で，DAMOURETTE & PICHON らが，直説法を判断の法とし，接続法を非判断の法としていることに通ずるのである．

1.10.1.6. SCHOGT

SCHOGT (1968) は，接続法の個々の用法を分析する前に，時制体系内での接続法現在形の位置づけについて，次の2つの指摘を行っている：

> 「(1) 接続法が用いられる場合の大部分において，ほかの選択肢がないことによって，接続法という法は固有の価値をほぼ失っている．次のような文：

---

*[150] Le « subjonctif de l'existenciel » considère dans son existence le procès qu'il exprime (par opposition au subjonctif du postulé, qui considère le procès en tant qu'objet d'un désir, etc.) : toutefois, cette existence est donnée comme non totalement réelle. L'existence d'un fait peut en effet être affectée soit d'une réalité incontestable (*je vois qu'il vient*), soit d'une irréalité incontestable (*je vois qu'il ne vient pas*), mais aussi d'un degré intermédiaire quelconque, de réalité présentée comme contestable (*je ne suis pas sûr qu'il vienne*). Réalité et irréalité incontestables sont exprimées par l'indicatif ; les degrés intermédiaires le sont par le subjonctif de l'existenciel.(WARTBURG & ZUMTHOR, 1973, p.223)

> *C'est dommage qu'il soit venu.*

接続法の機能は，意味論的な視点からすればゼロ，あるいは最も非冗長的である．こうして正しい用法では認められていないとされる：

> *C'est dommage qu'il est venu.*

のような文も，全く同じことを表している．

(2) 形態的なことを述べれば，直説法に対して接続法の位置は，-er 動詞では，単数人称と3人称複数で接続法現在と直説法現在が混合され，ほぼすべての規則・不規則動詞の直説法半過去形と1・2人称の接続法現在形との混合により特徴づけられる．」*[151] (SCHOGT, 1968, pp.51-52)

これに続いて，SCHOGT は接続法の用法を以下の4つに分類して (ibid., p.56) 論じていく．

(1) 直説法に対立して用いられる場合
(2) 書き言葉，話し言葉といった使用域を問わず，文法的拘束によって用いられる場合
(3) ある使用域のみで用いられる場合
(4) 慣用句

先行研究を，GUILLAUME, IMBS のようにすべての接続法の用法に共通点を見いだそうとしたもの，WARTBURG & ZUMTHOR, DE BOER らのように接続法の本質を複数に分けて捉えようとしたものなどに分類し，前者の見方を批判した上で，自らは後者の立場に立つ．しかしながら，木下 (1969, p.65) もすでに指摘しているように，結論は極めて茫漠的なものであり，個々の用法についての説明はしているものの，接続法全体を統一的に論じるには至っていない．

---

*[151] (1) Par suite de l'absence de choix dans la plupart des cas où le subjonctif s'emploie, le mode est à peu près dépourvu d'une valeur propre. Dans une phrase telle que
  C'est dommage qu'il soit venu.
la fonction du subjonctif est, du point de vue sémantique, nulle, ou, pour le moins redondante. Aussi la phrase non admise par le bon usage
  C'est dommage qu'il est venu.
exprime-t-elle exactement la même chose. [...]
(2) Sur le plan formel la position du subjonctif à l'égard de l'indicatif est caractérisée par le syncrétisme du présent du subjonctif avec le présent de l'indicatif pour le singulier et la troisième personne du pluriel des verbes en -er, et par le syncrétisme de la première et de la deuxième personne du pluriel du présent du subjonctif avec la première et la deuxième personne de l'imparfait de la quasi-totalité des verbes réguliers et irréguliers. (SCHOGT, 1968, p.51-52)

133

第3章　各時制の分析

1.10.1.7. WEINRICH

独自の時制論を展開する WEINRICH (1989) は，接続法を次のように定義する．

> 「接続法は，命令法とその他の文法の形態素の間に位置する．その指示は，聞き手の関心と参加に訴えかける．つまり，すべての接続法の形態はその意味の中に，＜参加＞という関与的特徴を持つ．ここで我々は参加という概念を，行動によって影響を受ける可能性のある状況に向けられた注意と定義する．もし，話し手がある状況がその人物の行動によって変わる可能性のある事実について，聞き手の注意を引きたいと思えば，それを接続法の形態素の助けを借りて行うことができる．」*152　　(WEINRICH, 1989, p.169)

このように WEINRICH は定義するものの，＜参加＞という概念が不明瞭であると言わざるを得ない．聞き手の注意を引くために接続法を用いると主張しているが，

(252) J'espère que tu *iras* mieux demain. (作例)

などの例を考えれば，接続法でなくとも聞き手の注意を引くことは十分可能である．更に，命令法を用いた tu, vous といった人物に対する命令文は，典型的に聞き手の注意を引く文である．

1.10.1.8. GOUGENHEIM

GOUGENHEIM (1939) は，直説法と接続法の対立を，主節の中での場合と従属節の中での場合とに分けて論じている．

> 「直説法〜接続法　この対立は，主節に現れるか従属節に現れるかによって区別しなければならない．前者の場合には，この対立にはしばしば他の形態素によっても示される重要な価値が常にあり，後者の場合にはそれはしばしば文法的拘束でしかない．」*153　(GOUGENHEIM, 1939, p.191)

---

*152 Le subjonctif se tient entre l'impératif et les autres morphèmes de la grammaire. Ses instructions font appel à l'intérêt et à l'engagement de l'auditeur. Toutes les formes du subjonctif comportent donc dans leur signification le trait pertinent « ENGAGEMENT ». Nous définissons ici l'engagement comme l'attention portée à une situation susceptible d'être influencée par l'action. Si le locuteur veut attirer l'attention de l'auditeur sur le fait qu'une situation est, selon lui, modifiable par une action, il peut le faire à l'aide de morphèmes du subjonctif. (WEINRICH, 1989, p.169)

*153 INDICATIF ~ SUBJONCTIF Il y a lieu de distinguer cette opposition selon qu'elle se présente en proposition principale ou en proposition subordonnée. Dans le premier cas elle a toujours une valeur significative, souvent marquée aussi par d'autres morphèmes ; dans le second elle n'est souvent qu'une servitude grammaticale. (GOUGENHEIM, 1939, p.191)

GOUGENHEIM の言う前者の対立は，例えば次の１組のようなものである．

(253) Je ne *sais* pas que Pierre est venu. (ibid.)
(254) Je ne *sache* pas que Pierre soit venu. (ibid.)

ここで savoir は主節でありながら，直説法にも接続法にも置かれうる．そしてその用いる法の違いによって異なる価値が生じるというのが GOUGENHEIM の主張である．しかし，GOUGENHEIM 自身も

「この対立は，直説法現在形あるいは接続法現在形におかれ，否定を伴い，そして主語が１人称単数もしくは複数，あるいは１人称の価値を持った３人称の on の場合，かつ動詞 savoir が補足節を従える場合にのみ生じる．」*154 (ibid)

と述べているように，極めて例外的である．なお，この対立において，用いる法の違いによって生じる価値の差に関しては次のように述べられている．

「第一文（*Je ne sais pas que Pierre est venu*）においては，私が私の話し相手に伝えたいことは，Pierre が来たことに関して私が知らなかったということであり，Pierre が来たのか来なかったのかということではない．第二文（*Je ne sache pas que Pierre soit venu*）では，私が話し相手に伝えたいことは，Pierre が来なかったということであり，*je ne sache pas* は単に主観的な留保を導入する [...]．」*155 (ibid.)

ここで GOUGENHEIM は，*je ne sache pas* とした場合には主観的な留保を導入すると述べているが，その本人に聞かないかぎり他人の主観的留保を表現することは不可能であるから，主語が１人称に限定されることには頷ける．しかし一方で動詞が savoir に限られていることはこの構文が極めて例外的なものであることを示し

---

*154 Cette opposition n'existe que pour le verbe *savoir* au présent de l'indicatif ou du subjonctif, accompagné d'une négation, à la première personne du singulier ou du pluriel ou à la troisième personne avec *on* équivalant à une première personne, et si le verbe *savoir* commande une proposition subordonnée complétive. (GOUGENHEIM, 1939, p.191)

*155 Dans la première phrase, ce que je veux apprendre à mon interlocuteur, c'est mon ignorance touchant la venue de Pierre, et non si Pierre est ou non venu ; dans la seconde je veux lui faire entendre que Pierre n'est pas venu, *je ne sache pas* introduit simplement une sorte de réserve subjective. (GOUGENHEIM, 1939, p.191)

第3章　各時制の分析

ている．朝倉 (2002) の，

> 「je ne sache pas que + 接 《文》 主節中に語調緩和のために接続法が用いられる唯一の場合」(朝倉, 2002, p.485)

との指摘があるように，また歴史的には，BRUNOT & BRUNEAU (1956, p.368) などがもともとは次のような構文，

> (255) Il n'est pas malade *que je sache*. (ibid.)

からここで問題になっている構文が成立していると述べていることなどから，原則として接続法が主節には現れることはないと考えるべきである．
　GOUGENHEIM は以下のような実例もあげて分析を行っているが，

> (256) La volonté du ciel *soit faite* en toute chose ! (GOUGENHEIM, 1939, p.192)
> (257) *Meure* la race franque et ses rois détestés ! (ibid.)

ごく一部を除けば現代フランス語には残っていないと補足する．この補足は我々にとって極めて興味深いものである．

> 「今日，願望を示すこれらの接続法の形は，*ne vous déplaise ! Le diable m'emporte ! Plaise au ciel (à Dieu) que...* といった願望を導く形態素として役立ったこれらの表現の中にのみ残っている．願望は条件節によって表される：接続法現在形と共に pourvu que を用いた例：*Pourvu qu'il fasse beau demain !*；直説法半過去形と共にしばしば seulement が後続する si を用いた例；この構文はすでに 17 世紀には見られた：*Si le remords le pouvait prendre !* (MOLIÈRE, *Don Juan*, I, 3). 」*[156] (ibid.)

この主張から，かつては接続法を用いて表現されていた願望が，今日では si + 直

---

*[156] Aujourd'hui ces formes de souhait ne subsistent plus que dans *ne vous déplaise ! Le diable m'emporte ! Plaise au ciel que...* qui a servi de morphème introductif du souhait. Le souhait s'exprime par des propositions conditionnelles : *pourvu que*, avec le subjonctif présent : *Pourvu qu'il fasse beau demain !* ; *si*, souvent suivi de *seulement*, avec l'imparfait de l'indicatif ; déjà au XVIIe siècle : *Si le remords le pouvait prendre !* (MOLIÈRE, *Don Juan*, I, 3.)

(GOUGENHEIM, 1939, p.192)

説法半過去形によって表されるように変わったと GOUGENHEIM は考えているのではないであろうか．換言すれば，接続法と直説法半過去形に何らかの共通点があると見ていると推測される．

ところで，すでに述べたように衰退の一途をたどっている接続法半過去形を用いた願望表現について，GOUGENHEIM は次のように説明している．

> 「接続法半過去形は，実現不可能と見なされている願望を表す： *Fût-elle déjà où elle croit son mari !* [...] 実現不可能な願望は，現代語においては実現可能な願望と同様に，直説法半過去形に従われた si (seulement) を用いて表現する： *Si je savais nager, du moins !*」*¹⁵⁷ (ibid., p.193)

かつて実現不可能な願望は接続法半過去形を用いて表すことができたが，これが現代においてはその代わりに直説法半過去形が用いられているということである．この指摘から，接続法半過去形と直説法半過去形には何らかの共通点，関連性があることが推測される．この点については後述する．

1.10.1.9. ARRIVÉ, GADET & GALMICHE

ARRIVÉ, GADET & GALMICHE (1986) はまず，多くの場合，現実の事行には直説法を用い，仮定的・想像上の事行には接続法を用いると説明されてきたことを指摘する．その上で，どこまで直説法を用い，どこから接続法を用いるのかという境界線が，probable / possible の間にあるという主張を行い (ARRIVÉ, GADET & GALMICHE, 1986, p.635)，以下の例をあげる．

> (258) Il est certain que Pierre *viendra*. (ibid.)
> (259) Il est probable que Pierre *viendra*. (ibid.)
> (260) Il est possible que Pierre *vienne*. (ibid.)
> (261) Il n'est pas certain que Pierre *vienne*. (ibid.)
> (262) Il est improbable que Pierre *vienne*. (ibid.)

certain, probable のような形容詞を用いる際には直説法で良いものの，possible と書き換えた段階で従属節内の動詞は接続法になる．また，certain を否定文で用い

---

*¹⁵⁷ L'imparfait du subjonctif exprime le souhait considéré comme irréalisable : *Fût-elle déjà où elle croit son mari !* [...] Le souhait irréalisable s'exprime dans la langue moderne au moyen de *si (seulement)* suivi de l'imparfait de l'indicatif, comme le souhait réalisable : *Si je savais nager, du moins !* (GOUGENHEIM, 1939, p.193)

第3章　各時制の分析

たり，probable の反意語を用いれば同様に，接続法が現れる．次例のように疑問文にした場合でも，接続法が現れる可能性がある．

(263) Est-il certain que Pierre *vienne (viendra)* ? (ibid.)

しかしながら，明確な二分化が可能に見える直説法：接続法の区別にも，以下のような矛盾点があることを指摘する．

> 「a) il imagine faussement que Pierre est là という文において，Pierre の存在は全く具現化されていない．それどころか，最も高い程度において想像されている．しかしながら，接続法を排除し直説法が課せられる．[...]
>
> b) bien que Pierre soit là, je suis content あるいは，je regrette que Pierre soit là またあるいは，le fait que Pierre soit là m'agace という文において，Pierre の存在は具現化されており，想像上のものでは全くない．[...] しかしながら，1・2番目の文において接続法は義務的であり，3番目の文では直説法と接続法の入れ替えが可能である．」*[158]

(ARRIVÉ, GADET & GALMICHE, 1986, p.635)

また ARRIVÉ, GADET & GALMICHE (1986) は，他の研究者同様，文頭遊離することで que 以下の従属節に接続法が表れることも指摘している *[159]．

ARRIVÉ, GADET & GALMICHE (1986) の指摘で興味深い点は，上記 b) で述べられている点，すなわち現実の事行でありながら接続法が用いられる場合の説明である．朝倉 (2002) は，quoique, bien que は従属節の内容が事実を表していても接続法を要求すると述べる (朝倉, 2000, p.470) が，(ARRIVÉ, GADET & GALMICHE, 1986) はその理由をこう説明する．

---

*[158] a) dans *il imagine faussement que Pierre est là*, la présence de Pierre n'est en rien « actualisée », elle est au plus haut point « imaginée ». Et pourtant l'indicatif s'impose, aux dépens du subjonctif [...]

b) dans *bien que Pierre soit là, je suis content*, ou : *je regrette que Pierre soit là*, ou encore dans *le fait que Pierre soit là m'agace*, la présence de Pierre, « réelle » et « actualisée », n'est en rien «virtuelle » ni « imaginée ». [...] pourtant, le subjonctif est obligatoire dans les deux premières phrases, possible, en alternance avec l'indicatif, dans la troisième.

(ARRIVÉ, GADET & GALMICHE, 1986, p.635)

*[159] Que ce livre *soit* excellent, j'en suis absolument certain. (ARRIVÉ, GADET & GALMICHE, 1986, p.635) のような構文．

「bien que, quoique, si あるいは quelque ＋形容詞＋ que などは，ごく稀にしか直説法と共に用いられない： bien que Jeanne soit venue, je suis parti.. 明らかに驚くべきことであるが，[...] 接続法の使用は次のように説明される：譲歩節は予想される原因節を反対にする．引用した文では，Jeanne が来たことは私に出発ではなく留まる気にさせるはずだった．この実際に見られた事行と一瞬可能であった予想された事行とのずれが接続法によって意味される．そしてその接続法は，接続法が表れることが可能な唯一の場所，すなわち従属節内に表れるのである．」*160

(ARRIVÉ, GADET & GALMICHE, 1986, p.639)

確かに，bien que に続く動詞の法は圧倒的に接続法である．しかしながら，ARRIVÉ らがあげている文，

(264) Bien que Jeanne *soit venue*, je suis parti.

を mais などを用いて書き換えれば接続法は消え，その代わりに直説法が現れる．

(265) *Jeanne est venue*, mais je suis parti. (作例)

この書き換えた文において，ARRIVÉ らが主張する「ずれ」というものは接続詞 mais によって表され，接続法を使わなくともほぼ原文通りの意味を伝えることが可能である．また，以下の例のように，主節の主語と bien que が用いられている節の主語が同一の場合には，主語＋接続法の形ではなく，現在分詞（あるいはジェロンディフ）を用いたり，過去分詞のみにすることも可能なことから，そのような「ずれ」を接続法が表していると考えることは難しい．

　HANSE (1991) も彼らの考えに近い．次の例をあげながら，bien que に続く接続法を説明する．

(266) Il n'est pas venu, bien que nous l'*ayons* invité. (HANSE, 1991, p.171)

---

*160 *bien que, quoique, si* ou *quelque* + adjectif + *que*, etc., ne se rencontrent que très exceptionnellement avec l'indicatif : *bien que Jeanne soit venue, je suis parti*. Apparemment déconcertant, [...] l'emploi du subjonctif peut s'expliquer de la façon suivante : la relation concessive inverse la relation causale attendue. Dans la phrase citée, la venue de Jeanne aurait dû m'inciter à rester et non à partir. C'est ce décalage entre le procès effectivement observé et celui qui, attendu, a été un instant possible qui se trouve signifié par le subjonctif, au seul point de la phrase où il peut apparaître : le verbe de la subordonnée.
(ARRIVÉ, GADET & GALMICHE, 1986, p.639)

> 「接続法の使用は，bien que によって導入されていて確実なものである事実を，存在していなかったかのように結果・効果がないものとして遠ざける対立によって説明される.」*[161] (Hanse, 1991, pp.170-171)

しかしながら，上例の文全体での意味的対立は，「彼は来なかった」と「我々は彼を招待していた」というものであるから，「我々は招待していた」という従属節の意味内容を，Hanse が述べるように存在していなかったようにみなすという論理は成り立ちえない.

1.10.1.10. Cohen

Cohen (1965) は，接続法が衰退傾向にあるという一部研究者の指摘を次のように否定する.

> 「分類された実例の表から導き出され，読者の目にさらされた結論は，接続法は書き言葉の中だけでなく，話し言葉においてもまだその勢力を保っているというものである [...].」*[162] (Cohen, 1965, p.261)

そして，衰退しているどころか，直説法の領域の一部に入り込んでいると述べる.

> 「現在形，そして過去形と呼ばれているものは，直説法のために今日までに何らかのものを損失したことがないどころか，接続法は最近，直説法と言われているものを犠牲にしてある地位を勝ち取った．(après qu'il soit venu のような例)」*[163] (Cohen, 1965, p.262)

Cohen が指摘している après que の後で本来ならば直説法が来るべき位置に接続法が表れることがあるという問題は，Grevisse (p.1637) をはじめとして他にも指摘している者がいる問題である．実際，そのように接続法が用いられている例を見つけることは容易である.

---

*[161] Le subjonctif s'explique par l'opposition qui écarte comme sans effet, comme aussi inopérant que s'il n'existait pas, le fait, pourtant certain, introduit par *bien que*. (Hanse, 1991, pp.170-171)

*[162] La conclusion qui paraît découler du tableau d'exemples classés qui est mis ici sous les yeux des lecteurs est que le subjonctif est encore plein de vitalité, dans le parlé et non pas seulement dans l'écrit. (Cohen, 1965, p.261)

*[163] Ce qu'on appelle le présent et ce qu'on appelle le passé (composé) non seulement n'ont subi aucune perte jusqu'à maintenant au profit de l'indicatif, mais le subjonctif a gagné récemment une position au détriment du dit indicatif (cas de "après qu'il soit venu"). (Cohen, 1965, p.262)

(267) Bagdad demande la levée de l'embargo
Six nouveaux missiles Al-Samoud 2 ont été détruits, samedi, en Irak. Un jour à peine *après qu*'Hans Blix *ait salué* "l'accélération des initiatives du côté irakien", Bagdad demande la levée de l'embargo qui frappe l'Irak.
(Le Monde 9 mars 2003, trouvé sur www.lemonde.fr)
(268) Il a été arrêté et soumis à des interrogatoires par la direction du KADEK, *après qu'il ait déclaré* qu'il n'y avait pas de sens à rester au PKK. Il a été décapité et son corps a été jeté dans un précipice.   (exemple tiré de Google)
(269) Quarterback - #12 Tom Brady : 1 m 93 - 100 kg - 2ème saison NFL. Qui est-il ? C'est la question que se posaient la plupart des observateurs NFL au coeur du mois de novembre, sept matches *après qu'il ait pris* les commandes de l'attaque des Patriots, suite à une blessure du titulaire de début de saison, Drew Bledsoe. Brady n'avait, jusque là, aucune référence sérieuse, drafté au 6ème tour (199ème position) il n'avait joué, jusque là, que quelques minutes lors d'une rencontre de la saison dernière. (exemple trouvé sur www.canalplus.fr)

このように，Le Monde のような新聞体であっても本来直説法が現れると予想される場所に接続法が現れることがある．しかしながら，après que の後で接続法を用いることは多くの場合，誤用とされる．HANSE は例をあげながらこのような誤用が生まれた原因を分析している．

(270) Le Président du Conseil et les ministres ne peuvent être nommés qu'*après que le Président du Conseil ait été investi* de la confiance de l'Assemblée.
(Constitution de la IVᵉ République française (1946) cité par HANSE, p.88)

「接続法は，avant que と après que の視覚的な違い，直説法と接続法の根本的な違いを考慮していない類推によるもののようである：接続法は，その話し言葉そして書き言葉においてでさえ増加する傾向にあるものの，après que のあとでは常に避けられるべきである．」*[164] (HANSE, p.89)

après que の後で接続法が用いられる現象は，avant que + 接続法という構文からの

---

*[164] Le subjonctif semble dû à une analogie qui ne tient compte ni de la différence d'optique entre *avant que* et *après que*, ni de l'opposition fondamentale entre l'indicatif et le subjonctif ; celui-ci devrait toujours évité après *après que*, en dépit de sa fréquence croissante dans la langue parlée et même écrite. (HANSE, p.89)

類推であるという根拠として HANSE は，lorsque や dès que のあとでは接続法にならない点をあげている．

事実，après que + 接続法という実例を見つけることは容易であるが，lorsque + 接続法の例は，わずか以下の2例のみであった．いずれも Google で見つかったものである．

> (271) Comme tout cela parait difficile à mettre en oeuvre, actuellement *lorsqu'il ait fait* appel à un praticien, par images interposées. Ce dernier spécialiste ne fait que donner un avis et n'engage absolument pas sa responsabilité.
>
> (exemple tiré de Google)
>
> (272) Jean se prosterne devant l'ange *lorsqu'il ait vu* la vision de la Jérusalem Nouvelle et le fleuve de la vie. Il adore l'ange qui lui montre ces visions à cause de la grandeur de ces visions et à cause de leur vérité. (exemple tiré de Google)

これらの例では，lorsque + 接続法に続く一節から判断しても，直説法大過去形のミスプリントであるとは考えにくい．しかしながら，après que + 接続法の出現頻度に比べれば圧倒的に低いものであり，それぞれの文の発話者の問題であることが予想される．

1.10.2. 接続法の時制
1.10.2.1. 接続法半過去形，大過去形

接続法には現在形，半過去形，過去形，大過去形の4つの時制があるが，この中で半過去形と大過去形が消滅の一途をたどっていることは周知の事実である．ここでは，この事実を述べる指摘をいくつかあげるにとどめる．

> 「フランス語のこの発展における最も知られた例は，馬鹿ばかしいヴェルモ年報によって葬り去られた接続法半過去形の消滅であろう．je susse, je visse といった接続法半過去形の活用は，最も初歩的なひやかしに抵抗できず，公教育でさえこの不幸な活用形を消し去った．」[165]
>
> (QUENEAU, *Bâtons, chiffres et lettres* in *Interlignes*, p.38)

---

[165] L'exemple le plus célèbre de cette évolution du français est la disparition de l'imparfait du subjonctif tué par le ridicule et l'almanach Vermot. Les que je dusse, que je visse, n'ont pas résisté aux plaisanteries les plus élémentaires et l'enseignement officiel a même éliminé ce malheureux temps. (QUENEAU, *Bâtons, chiffres et lettres* in *Interlignes*, p.38)

「接続法現在形は，もはや接続法半過去形がその隣に並ぶことがなくなったため，直説法の4つの時制（文語体における直説法の単純時制から単純過去形を除いたもの，すなわち，現在形，単純未来形，半過去形，時制の用法の条件法現在形）に対応する．
　接続法過去形は，もはや接続法大過去形がその隣に並ぶことがなくなったため，残りの直説法の4つの時制（文語体における直説法の複合時制から前過去形を除いたもの，すなわち，複合過去形，前未来形，大過去形，時制の用法の条件法過去形）に対応する．」*166

(IMBS, 1960, p.138)

「多くの作家は，異様に感じる活用形（oubliasse, connussions, etc.）を避けるべく話し言葉における単純化されたフランス語の体系（接続法現在形と過去形のみの体系）を適応している．[...] 1976年12月28日の政令は，話し言葉における慣用（接続法現在形・過去形を過去の基準点にあわせて用いる用法）を書き言葉にまで拡張することを認めた．」*167

(BONNARD, 2000, p.230)

　このように，接続法半過去形と，その複合形である大過去形は消滅しようとしているが，ここで重要な点は，この2つの時制がなくなってしまっても，フランス語全体としては問題にならないという点である．すなわち，消滅のきっかけの1つになっているものは活用形の複雑さであろうが，この2つの時制が活用表から姿を消してしまっても，これまで通りの意志疎通が可能である．これはなぜであろうか．
　この点に関して，LEEMAN-BOUIX の興味深い指摘がある．

「(1) *Il faut que je fasse des courses.*

---

*166 Le subjonctif *présent*, n'ayant plus à côté de lui le subjonctif imparfait, correspond à quatre temps de l'indicatif (les formes simples de l'indicatif littéraire, moins le passé simple : présent, futur, imparfait, conditionnel présent temporel).
　Le subjonctif *passé*, n'ayant plus à côté de lui le plus-que-parfait du subjonctif, correspond aux quatre temps de l'indicatif qui restent (les formes composées de l'indicatif littéraire, moins le passé antérieur : passé composé, futur antérieur, plus-que-parfait, conditionnel passé temporel).
*167 Beaucoup d'écrivains adoptent le système simplifié du français parlé (Subjonctif à deux temps) pour éviter des formes insolites (oubliasse, connussions, etc.) [...] L'arrêté du 28 décembre 1976 autorise l'extension à la langue écrite de l'usage oral (emploi du Subjonctif présent et passé avec un repère passé). (BONNARD, 2000, p.230)

第3章　各時制の分析

　　　この形（fasse）は本当に現在時を表しているのであろうか？　この形自体では表していないであろう．なぜなら，この形を il fallait（過去），il faudra（未来）などと結びつけることができる．
　　　(2) *Il fallait que je fasse les courses.*
　　　(3) *Il faudra que je fasse les courses.*
　　　直感的に，これら3文の中で fasse という形は，il faut, il fallait, il faudra と発話された時よりも後の時間帯での行為を表しているという印象を持つであろう．」*[168] (LEEMAN-BOUIX, 1994, p.55)

LEEMAN-BOUIX (1994) が指摘していることを換言するならば，「接続法現在形に時間的な価値はあるか？」ということになろう．
　すでに述べた通り，接続法半過去形・大過去形は消滅しつつあるが，接続法過去形は現在でも用いられている．このことから，現在形と過去形はそれぞれ異なる役割を持っており，過去形を消滅させることができないと予想される．しかしもともとは4つのあった接続法の時制のうち，2時制が消滅しても現代フランス語において意思伝達には支障をきたさないということから，接続法現在形と過去形だけで十分ということになる．

1.10.2.2. 接続法過去形

　RIEGEL, PELLAT & RIOUL (1994) は，独立節における接続法の機能を次のように定義している：

　　　「接続法過去形は，命令を示すために命令法過去形を補っている．接続法過去形は，直説法前未来形のように，未来時の中に事行の完了を位置づける．」*[169] (RIEGEL, PELLAT & RIOUL, 1994, p.328)

---

*[168] (1) *Il faut que je fasse des courses.*
mais cette forme indique-t-elle vraiment le «présent» ? Non, pas en elle-même, puisqu'on peut l'associer aussi bien à il fallait (passé) ou il faudra (futur).[...]
(2) *Il fallait que je fasse les courses.*
(3) *Il fallait que je fasse les courses.*
Intuitivement, on aurait plutôt en fait l'impression que, dans ces trois phrases, *fasse* indique une action à venir par rapport au moment où est dit *il faut, il fallait, il faudra* : quelque chose qui n'est qu'envisagé et qui doit se réaliser (éventuellement) après le moment où l'on parle.
(LEEMAN-BOUIX, 1994, p.55)
*[169] Le subjonctif passé complète l'impératif passé pour exprimer l'ordre. Il situe l'accomplissement du procès dans l'avenir, à la manière d'un futur antérieur. (RIEGEL, PELLAT & RIOUL, 1994, p.328)

そして従属節における用法については次のように示している：

「接続法過去形は，主動詞に対する先行性を表すか，完了を表す．」*170

(ibid.)

接続法過去形を用いた例としては，以下のようなものがあげられる．

(273) Qu'il *ait nettoyé* l'écurie avant ce soir. (ibid.)

この例においては，命令が表されているが，夜までには馬小屋を掃除しておくようにという，未来完了の用法で接続法過去形が用いられている．

(274) — Mais est-il vrai qu'il *ait trahi* ? dit Mlle De La Mole.
(STENDHAL, *Le Rouge et le Noir* in Discotext)

この例では，trahir という行為がこの発話時点で完了しているものとして捉えられている．

接続法が用いられるケースの約半数は il faut que に続く従属節中であるとされている．falloir が複合過去形や大過去形といった過去時制になると時制の一致の規則により，il a fallu, il avait fallu に続く従属節では接続法半過去形や大過去形といった時制が現れるはずであるが，Discotext で調べてみると，そのような実例は非常に稀である．falloir を複合過去形においた il a fallu に続く従属節中の動詞を調べてみると，時制の一致により接続法半過去形に置かれている実例は 59 例中 39 例あった．以下，その例である．

(275) C'est le propre de la faiblesse humaine aux organes débiles et incomplet. Tobie prenait l'ange qui devait lui rendre la vue pour un jeune homme ordinaire. Les nations prenaient Attila, qui devait les anéantir, pour un conquérant comme tous les conquérants, et il a fallu que tous *révélassent* leurs missions célestes pour qu'on les reconnût, il a fallu que l'un *dît* : — je suis l'ange du seigneur, — et l'autre : — je suis le marteau de Dieu, — pour que l'essence divine de tous deux fût révélée. (DUMAS, *Le Comte de Monte-Cristo* in Discotext)

(276) Il a fallu que les matériaux solides de la croûte extérieure du globe terrestre

---

*170 Le passé du subjonctif marque l'antériorité par rapport au verbe principal ou dénote l'accompli.
(RIEGEL, PELLAT & RIOUL, 1994, p.328)

> *eussent* une certaine composition chimique, et que les inégalités de sa surface *affectassent* de certaines dispositions pour permettre tant de variété et de richesse dans le développement des formes et des organismes [...].
>
> (COURNOT, *Essai sur les fondements de nos connaissances* in Discotext)

これに対して，同条件下で従属節の動詞が接続法現在になっていたものは，59 例中 16 例であった．以下がその実例である．

> (277) Elle n'y pouvait pas suffire, la pauvre enfant, et le pain commençait à devenir rare sur la nappe. J'ai été forcée de m'aliter il y a trois semaines. Il a fallu que les bêtes *se gardent* toutes seules avec le chien. Denise passe les jours à mon chevet pour me soigner.
>
> (LAMARTINE, *Le Tailleur de pierre de Saint-Point* in Discotext)
>
> (278) J'ai été assez dérangé ces jours-ci : mardi par la construction d'un mur, sur lequel il a fallu que je donne mon avis ; jeudi par du vin, qu'il a fallu que j'*aille* acheter ; vendredi par une visite que j'ai reçue et un dîner que j'ai pris, et aujourd'hui enfin par le re-vin qu'il a fallu classer.
>
> (FLAUBERT, *Correspondance 1853* in Discotext)
>
> (279) Savez-vous qu'on me parlait tout à l'heure d'aller se jeter à l'eau ? ... il a fallu que je *promette* de trouver trente mille francs ... mais je vous demande mille pardons, je vous entretiens de mes affaires...
>
> (GONCOURT, *Renée Mauperin* in Discotext)

これらの例では，状況補語や前後の文脈等から明らかなように，il a fallu に続く従属節の内容も，時間的には過去の事行である．なお，この条件下で従属節中の動詞が接続法大過去形になっているものは見つからなかった．

次に，falloir が直説法大過去形になっている場合であるが，il avait fallu に続く従属節中の動詞が接続法半過去形になっている実例は，以下の 4 例のみである．

> (280) La fille et la bonne amie de Chaudrut s'étaient crêpé le chignon et il avait fallu que les hommes *s'en mêlassent* pour les séparer.
>
> (HUYSMANS, *Les Sœurs Vatard* in Discotext)
>
> (281) Il avait fallu que le cocher *prît* un fouet. (ZOLA, *Germinal* in Discotext)
>
> (282) Et il en a beaucoup d'autres dans l'intervalle. Moi je serais devenu fou s'il avait fallu que la femme que j'aimais *habitât* Paris pendant que j'étais retenu à

Rome.
>(PROUST, *La Recherche : A l'ombre des jeunes filles en fleurs* in Discotext)

(283) Il avait fallu que la duchesse, dans sa bonté, *intervînt, rétablît* un semblant de paix et *pardonnât* au valet de pied.
>(PROUST, *La Recherche : Le Côté de Guermantes 1* in Discotext)

この4例を見るかぎり，接続法半過去形におかれている動詞の語彙的アスペクトに制約はなさそうである．

また，同一条件下で従属節中に接続法大過去形が用いられている例は，次の1例しか見つからなかった．

(284) Mais il avait fallu que cette instruction, prise à l'école des missionnaires de Papeete, lui *eût* peu *coûté* à acquérir, car elle était fort paresseuse.
>(LOTI, *Le Mariage de Loti* in Discotext)

残る il avait fallu が含まれているおよそ180の実例では，以下にあげた例のように，不定法と必要あらば間接目的代名詞が用いられ，接続法半過去形等の使用を避けているという可能性が考えられる．

(285) [...] mais après tout il était noble et fait pour la supériorité, tandis que le père de M. Valenod ne lui avait pas laissé six cents livres de rentes. Il avait fallu *passer* pour lui de la pitié pour le mauvais habit vert pomme que tout le monde avait connu dans sa jeunesse [...] (STENDHAL, *Le Rouge et le Noir* in Discotext)

(286) Depuis que je m'étais décidément fixé dans le quartier où mes ancêtres avaient exploité le tricot et débité le bas de la laine, il m'avait fallu *payer* à la patrie l'impôt de la patrouille et de la faction.
>(REYBAUD, *Jérôme Paturot* in Discotext)

このように，おそらく活用形自体が不規則であることも関係して，接続法半過去形の使用を，不定法等によって回避する傾向が強いと推測される．

1.10.3. 最上級表現に続く接続法

一般に，最上級相当表現に続く関係節内の動詞は接続法に置かれるとされている．

>「関係節内の動詞の法は，通常直説法である．しかしながら，限定的関係節あるいは本質的関係節においては，接続法を見つけることができる：

第3章　各時制の分析

先行詞が最上級，あるいは seul, premier, dernier といった形容詞を含むとき」*[171] (RIEGEL, PELLAT & RIOUL, 1994, p.486)

例えば次例は，qui の先行詞に seul という最上級相当表現が入っているために，retenir は接続法に置かれていることになる：

(287) Dis-lui, dis-lui pour l'irriter que je brave tous les méchants, et qu'il n'est plus au monde qu'un malheur pour moi, celui de voir changer *le seul homme qui me retienne* à la vie. (STENDHAL, *Le Rouge et le Noir* in Discotext)

しかし，同じように先行詞に seul を含みながら，接続法ではなく直説法になっている例も少なくはない．Discotext に調査範囲を絞れば，le seul N qui に続く節における動詞は，直説法：接続法＝ 21：144，およそ 1：7 の比率であった．
　朝倉 (2002) は，le seul N qui に続く関係節内の動詞の法には3つの可能性があるとし，以下のように説明する．

「(1) ＋接 断定の緩和
　(2) ＋直 確実
　(3) ＋条 仮定」（朝倉, 2002, p.490)

ここで上記の (2)，(3) の場合について，Discotext で見つかった実例で検証してみることにする．
　まず，関係節内の動詞が条件法におかれているものは，以下の3例である．最初の例では，convenir が条件法現在形におかれている．

(288) L'excès de votre indulgence m'étonne et augmente ma reconnaissance et mon respect. Par l'effet de malheurs sur lesquels je ne puis m'expliquer, même avec mon père, je me trouve dégoûté de moi-même et de la vie. Comment choisir telle ou telle carrière ? Tout m'est également indifférent, et je puis dire odieux. *Le seul état qui me conviendrait* serait d'abord celui d'un mourant à l'hôtel-dieu, ensuite peut-être celui d'un sauvage qui est obligé de chasser ou de pêcher sa subsistance de chaque jour. (STENDHAL, *Lucien Leuwen* in Discotext)

---

*[171] Le mode ordinaire du verbe dans la relative est l'indicatif. Toutefois, dans les relatives déterminatives ou essentielles on peut trouver le subjonctif : lorsque l'antécédent comprend un superlatif ou les adjectifs *seul, premier, dernier*. (RIEGEL, PELLAT & RIOUL, 1994, p.486)

この例では，me conviendrait に続く être も条件法におかれており，さらに，後続する一節に peut-être という副詞句があることからも，仮定的な意味が含まれていることが予想される．次の例では，pouvoir が条件法になっている．

(289) [...] tu rentreras bien tranquillement chez toi, où tu retrouveras tes habitudes, ton amant le baron d'O..., à qui tu as écrit que tu partais pour la campagne.
— Moi ! J'ai écrit au baron ?
— Certainement, ma petite.
— C'est faux ! Je n'ai pas écrit.
— Cependant le baron a reçu ce matin une lettre signée de toi, et il paraît que ton écriture était si parfaitement imitée qu'il n'a pas eu le moindre soupçon.
— Ah ! Démon ! Murmura la jeune femme qui comprit qu'elle était tout entière au pouvoir de sir Williams, et que *le seul homme qui pourrait s'inquiéter* de son absence, se mettre à sa recherche, la protéger, la défendre... cet homme ne s'occuperait pas d'elle, fidèle en cela à ces traditions de négligente indifférence des jeunes gens à la mode pour tout ce qui n'est point chevaux de race ou courses de haies. (PONSON DU TERRAIL, *Rocambole* in Discotext)

この例においては，jeune femme が知らないところで jeune femme を取り巻く事態が展開しており，jeune femme から見れば仮定的な状況にあると言えよう．次例でも pouvoir が条件法におかれている．

(290) Mais tout cela n'est rien encore, et il est probable qu'à ma sortie d'ici j'irai faire un tour en prison et dans le cabinet du juge d'instruction. Par conséquent, il est urgent que mon délire continue, et que j'attende les événements. Et le prudent Rocambole se tint parole ; il continua à avoir le délire, et il entendit un jour un des chirurgiens dire, en le pansant, à son collègue :
— Je crois que la justice perdra son latin dans cette affaire de l'avenue lord-Byron, *le seul homme qui pourrait la mettre* sur la voie de la vérité est idiot pour le reste de ses jours.
En effet, Rocambole jouait merveilleusement l'idiotisme.
(PONSON DU TERRAIL, *Rocambole* in Discotext)

この例では，Rocambole という人物が馬鹿な真似をしていることが最初は仮定的

第3章　各時制の分析

に語られ，その後，En effet といういわば断定を助ける表現を用いて確実なものとして描かれていく．以上の3例を見るかぎりは，条件法によって何らかの仮定が示されている．

次に，直説法におかれている場合であるが，時制によって意味合いが異なるはずであるから，直説法の各時制ごとに分析を行う．まずは，半過去形の場合である．最初の2例では，rester が半過去形に置かれている．

(291) D'autres fois, au contraire, il se révoltait et se criait, furieux : c'est bête, à la fin, je me suis gâté *le seul plaisir qui me restait*, la chair. Jadis, je m'amusais et ne me répugnais point ; aujourd'hui, je paye mes pauvres godailles par des tourments. (HUYSMANS, *En route* in Discotext)

(292) Ils m'ont pris *le seul bien qui me restait* d'elle, une fleur de grenadier, qu'ils appelaient, je ne sais pourquoi, un œillet.

(FRANCE, *Les Dieux ont soif* in Discotext)

上記2例において，いずれも rester が半過去形に置かれているだけでなく，me という1人称の代名詞が含まれている点にも注意したい．次の2例では，attacher, apporter が半過去形に置かれている．

(293) Il me semblait que la mort de mon pauvre petit me déliait de tous mes serments, brisait toutes mes chaînes et rompait, par une épouvantable infortune, le cercle maudit où j'étais enfermée. "*Le seul lien qui m'attachait* encore à cet homme que j'exècre, au monde dont je n'ai que faire, me disais-je, vient d'être fatalement brisé ; aucune consolation, aucune joie n'est plus ici pour moi ; tout ce qui me reste de bonheur est loin : c'est mon droit de marcher vers lui, j'irai retrouver Jean-Marc. " et je mûrissais mon projet.

(DU CAMP, *Mémoires d'un suicidé* in Discotext)

(294) Helleu vient me demander à faire des pointes-sèches d'après mon facies. Il choisit bien son moment ! Pas de chance ! Daudet, *le seul ami qui m'apportait*, tous les deux ou trois jours, tantôt sur le bras d'Ebner, tantôt sur le bras d'Hennique, un peu de vie intellectuelle, est tombé sur les genoux dans son cabinet en allant à son bureau, et il s'est produit un gonflement inquiétant dans l'un de ses genoux. (GONCOURT, *Journal 1891-1896* in Discotext)

この2例でも先の例同様，me という代名詞の存在に注目したい．次の4例では，

tenter, mettre, donner, pouvoir が半過去形になっている.

(295) Il y avait longtemps qu'il voulait se faire une idée plus précise des travaux de restauration de Viollet-le-Duc. Et par le temps qu'il faisait, il éprouvait l'impérieux désir d'une promenade dans la forêt de Compiègne. Ce n'était vraiment pas de chance qu'elle lui défendît *le seul endroit qui le tentait* aujourd'hui. Aujourd'hui ! S'il y allait, malgré son interdiction, il pourrait la voir aujourd'hui même !

(PROUST, *La Recherche : Du côté de chez Swann* in Discotext)

(296) Monsieur Bergevin — Oh ! Monsieur, à l'eau ! ... il n'y a que les pauvres... " à l'eau ! ... les pauvres ! ... c'était, dans toute sa vie, *le seul souvenir qui mettait* encore mon oncle en colère ! " il m'a déshérité.

(GONCOURT, *Charles Demailly* in Discotext)

(297) Il est bon que toute humiliation profite, et celle-ci m'éclaira sur bien des vérités ; elle m'aurait rappelé, si j'avais pu l'oublier, que cet amour exalté, contrarié, malheureux, légèrement groumé et tout près de se piquer d'orgueil, ne s'élevait pas de beaucoup au-dessus du niveau des passions communes, qu'il n'était ni pire ni meilleur, et que *le seul point qui lui donnait* l'air d'en différer, c'était d'être un peu moins possible que beaucoup d'autres.

(FROMENTIN, *Dominique* in Discotext)

(298) Et pourquoi, se trouvant à la croix de deux routes, ne se trompa-t-il point, hélas — et n'a-t-il pris celle-là qui pouvait l'éloigner de Paris ? C'est que dans un collège, — et malgré l'indigence, son père l'avait mis, croyant que la science était *le seul trésor qui pouvait* remplacer celui qu'en héritage il ne pouvait laisser.

(MURGER, *Les Nuits d'hiver* in Discotext)

いずれの例においても, il, le, lui といった代名詞や名詞によって何らかの影響を受けている人物が表されている. 最後の1例では venir が半過去形になっている.

(299) Mais le docteur avait dit vrai pour sa beauté. On eût dit que le malade avait désarmé la maladie : les convulsions avaient passé depuis sans y laisser de trace, sans toucher à ses lignes, à ses traits, à la bonté de ses yeux noirs, à son petit nez aquilin, à cette bouche tourmentée et entr'ouverte de tendresse, à cette figure d'ange brun sous ses cheveux coupés à la bretonne, où *le seul changement qui*

venait après cette crise était, aux coins des lèvres, l'ombre d'un duvet follet qui semblait, chez l'enfant de tardive intelligence, une précocité de nature et de puberté. (GONCOURT, *Madame Gervaisais* in Discotext)

この例においても，所有形容詞などからこれまでの例と同様，関係する人物が示されている．なお，朝倉 (2002) があげている関係節内の動詞が直説法になっている次例にも，moi という代名詞が見られる．

(300) C'était *la seule qui croyait* un peu en moi.
(Sartre, Mains, p.183 cité par 朝倉, 2002, p.490)

続いて，動詞が複合過去形におかれている例である．

(301) — Oh ! Malheur ! S'écria Franz, *le seul espoir qui m'a soutenu* pendant toute cette lecture et *qui m'a donné* la force d'aller jusqu'au bout, c'était de connaître au moins le nom de celui qui a tué mon père !
(DUMAS, *Le Comte de Monte-Cristo* in Discotext)

この例では，soutenir が複合過去形になっているが，半過去形の例と同様，m' という人称代名詞が表れていることに注目したい．次例では se montrer が複合過去形に置かれている．

(302) 12 août. Popelin, l'émailleur de faux émaux anciens, vient d'être décoré. Il l'a été par mille petites bassesses : celles que je connais me donnent l'idée de celles que je soupçonne. Mais sa plus belle invention est celle-ci. Un mendiant, pour attendrir l'aumône, pince son enfant pour le faire pleurer ; lui, Popelin, a pincé son fils pour qu'il fît rire la princesse. *Le seul critique qui s'est montré* cagot, étroit et méprisant pour l'œuvre puissante, hardie, vivace de Carpeaux est Saint-Victor. Saint-Victor est au fond une jeune perruque.
(GONCOURT, *Journal 1864-1878* in Discotext)

この例では，はっきりとは表れていないものの，文脈からこの日記の話者が le seul critique について判断していることが予想される．

最後に単純未来形の例である．

(303) Napoléon a clos l'ère du passé : il a fait la guerre trop grande (*c'est peut-être le seul bien qui restera* de lui) pour qu'elle revienne de manière à l'intéresser l'espèce humaine. (CHATEAUBRIAND, *Mémoires d'Outre-Tombe* in Discotext)

朝倉 (2002) は, le seul N qui に続く関係節での動詞の法を分類しているに留まっており，直説法の時制間の差については述べていない．朝倉 (2002) は，直説法の場合には「確実」を表すとするが，この単純未来形の例のように，そして peut-être という副詞句があることからも予想されるように，「確実」とは言い切れない．

次は単純過去形の例である．

(304) Assurément, ils eurent encore plus peur que moi en voyant surgir cet être rapide sur le trois-mâts abandonné. La plus jeune des fillettes se sauva ; les deux autres saisirent leur père à pleins bras ; ce fut *le seul signe qui laissa* voir son émotion. (MAUPASSANT, *Contes et Nouvelles 1886* in Discotext)

(305) *Le seul rêve qui dans vos yeux purs navigua* ne naufrage jamais Mademoiselle Helga. (MALLARMÉ, *Vers de circonstance* in Discotext)

(306) Le poète anglais Wilde me disait, ce soir, que *le seul anglais qui avait lu* Balzac à l'heure actuelle était Swinburne. (GONCOURT, *Journal* in Discotext)

TOURATIER (1996) は，falloir に続く従属節に接続法が表れる理由を例をあげながら次のように述べている．

(307) Il faut un roi qui soit gros et gras comme quatre. Un roi, morbleu, qui soit entripaillé comme il faut. [...] il faut toujours un marquis ridicule qui divertisse la compagnie.
(MOLIÈRE, *L'Impromptu de Versailles,* cité par TOURATIER, 1996, p.170)

「falloir が支配している補足節でなされているように，falloir が接続法を要求しているのではない．なぜなら，この文脈で直説法は可能であろう．しかし，falloir によって表されている必要性が，現実世界よりも可能世界を引き立たせるため，このような関係節において接続法が容易に見いだされるのである．」[172] (ibid.)

---

[172] ce n'est pas le verbe *falloir* qui impose le subjonctif, comme il le fait dans la complétive qu'il régit ; car l'indicatif serait possible dans ce contexte. Mais comme la nécessité exprimée par le verbe falloir relève plus du monde possible que du monde réel, on trouve plus facilement le subjonctif dans ces relatives. (TOURATIER, 1996, p.170)

第3章　各時制の分析

そして，このようにして表れる接続法と，最上級相当表現に続く関係節内で表れる接続法とが，同じ価値を持っているかを問う．

> 「その十分可能性はある．しかし，文学語の規範が接続法を用いた言い回しを好み，そしておそらく，接続法はその固有の意味をいくらか失っている．」*[173] (ibid.)

つまり，Touratier は最上級相当表現に続く関係節内の接続法に固有の意味はなく，いわば文法的拘束のようなものの影響で接続法が用いられていると考えているのである．

Soutet (2000) は，このような構文について3つの点が指摘できるとする．

> 「(1) コーパスを調べることにより，序数選択の先行詞 *[174] と相関関係にある関係節内よりも，最上級選択の先行詞と相関関係にある関係節内での接続法の使用頻度がはるかに高いことが明らかになる．
> (2) 関係節が，選択操作の痕跡を示すためだけであれば，接続法のみが可能である：
> (201) *Pierre achète **les plus beaux** livres qui **soient**.*
> (201') * *Pierre achète **les plus beaux** livres qui **sont**.*
> (3) 我々には，2つの等位ではない関係節が，選択的特徴づけを含む同一の先行詞に依存することを禁じないように思われる：
> (202) *Luc est **le plus fameux** chasseur que je*
> *{ **connais** / **connaisse** } qui { **vit** / **vive** } en Afrique.*」*[175]

(Soutet, 2000, pp.113-114)

---

*[173] C'est fort probable ; mais il semble bien que la norme de la langue littéraire ait une préférence pour le tour avec subjonctif, qui perd ainsi peut-être un peu de sa signification propre.

(Touratier, 1996, p.170)

*[174] le dernier livre, le premier livre 型のものを指す．

*[175] 1) les dépouillements de corpus font apparaître un taux bien élevé d'emplois du subjonctif dans les relatives en corrélation avec un antécédent à sélection superlative que dans les relatives en corrélation avec un antécédent à sélection ordinaire ;

2) lorsque la relative ne sert qu'à marquer la trace de l'opération de sélection, le subjonctif est seul possible

(201) *Pierre achète les plus beaux livres qui soient.*

(201') * *Pierre achète les plus beaux livres qui sont.*

3) rien, nous semble-t-il, n'interdit que deux relatives non coordonnées soient dans la dépendance d'un même antécédent impliquant caractérisation sélective :

(202) *Luc est le plus fameux chasseur que je*

{ connais / connaisse } qui { vit / vive } en Afrique.(Soutet, 2000, pp.113-114)

SOUTET 自身は，このような構文における直説法と接続法の対立についてこれ以上触れていないが，接続法全般に関する結論は後述する我々の結論に極めて近い．

> 「直説法を用いた文と接続法を用いた文との意味論的な差異は時にはとても小さい[...]．どちらの法を用いるか予測することが不可能であることは，法の選択の基礎に横たわっている表現体系の結果として解釈されなければならない．その体系は，対立関係にある原則ではなく，連続しているある原則に従っている体系である．」*[176] (SOUTET, 2000, p.147)

SOUTET (2000) は上述の最上級表現に続く関係節内の法の問題だけでなく，様々な用法の接続法について直説法などとの比較しながら分析しているが，最終的にはこのように，直説法と接続法は完全に切り離すことのできないものであるという結論を出している．我々も SOUTET (2000) と同様の立場をとる．

ところで，序数詞最上級に続く従属節内の法も同じように問題となる．まずは，実例を分析していく．以下は，従属節内に直説法が現れている実例である．

> (308) Il prenait l'alarme trop tôt. Julien trouvait Mme De Rênal fort belle, mais il la haïssait à cause de beauté ; c'était *le premier écueil qui avait failli* arrêter sa fortune. (STENDHAL, *Le Rouge et le Noir* in Discotext)
>
> (309) Orso fut longtemps à s'endormir, et par conséquent s'éveilla fort tard, du moins pour un corse. A peine levé, *le premier objet qui frappa* ses yeux, ce fut la maison de ses ennemis et les archères qu'ils venaient d'y établir.
> (MÉRIMÉE, *Colomba* in Discotext)
>
> (310) Mes pieds même ne se font pas à ces marches neuves, ils vont suivant leur coutume et font des faux pas où ils n'ont pas passé tout petits. Quel sera *le premier cercueil qui sortira* par ces portes neuves ?
> (GUÉRIN, *Journal* in Discotext)

次に接続法が現れている例である．

> (311) Le vieillard se tourna vers Pécopin et lui dit en allemand :

---

*[176] les écarts sémantiques, parfois très faibles, entre une phrase à l'indicatif et son homologue au subjonctif, [...]. l'impossibilité d'une prévisibilité absolue du mode [...] doit être interprété comme la conséquence du système de représentation qui sous-tend le jeu-modal — système qui obéit à un principe de continuité [...] et non à un principe d'opposition. (SOUTET, 2000, p.147)

第3章　各時制の分析

　　— Mon fils, je suis l'homme qui sait tout, le grand lapidaire éthiopien, le taleb des arabes. Je m'appelle Zin Eddin pour les hommes et Evilmerodach pour les génies. Je suis *le premier homme qui ait pénétré* dans cette vallée, tu es le deuxième. (HUGO, *Le Rhin : lettres à un ami* in Discotext)

　　(312) Le monument de Sainte-Marie-aux-chênes, sauf erreur, est *le premier monument qui ait été élevé* aux morts de 1870.

(BARRÈS, Mes Cahiers in Discotext)

　Discotextでは，le premier N qui に続く動詞の法は，直説法：接続法＝ 69：32であった．次に，le dernier N qui に続く動詞の法について考察していく．一般にはこのような構文では接続法が現れると言われているにも関わらず，実際には直説法の方が多く現れるという結果が得られた．
　次は接続法が現れている例である．

　　(313) Le dernier héros qui *ait paru*, ce n'est pas Napoléon, comme ils disent, c'est la révolution. (MICHELET, *Journal 1828-1848* in Discotext)

　　(314) Ils ont logé Sigismond, cet empereur dont la justice pesait bien et frappait mal ; Louis V, *le dernier empereur qui ait été excommunié* ; Frédéric III, *le dernier empereur qui ait été couronné* à Rome.

(HUGO, Le Rhin : lettres à un ami in Discotext)

以下2例は，le dernier N qui に直説法におかれた動詞が続く例である．

　　(315) Enfin, en continuant à suivre du dedans au-dehors les états simultanément juxtaposés dans ma conscience, et avant d'arriver jusqu'à l'horizon réel qui les enveloppait, je trouve des plaisirs d'un autre genre, celui d'être bien assis, de sentir la bonne odeur de l'air, de ne pas être dérangé par une visite et, quand une heure sonnait au clocher de Saint-Hilaire, de voir tomber morceau par morceau ce qui de l'après-midi était déjà consommé, jusqu'à ce que j'entendisse *le dernier coup qui me permettait* de faire le total et après auquel le long silence qui le suivait semblait faire commencer, dans le ciel bleu, toute la partie qui m'était encore concédée pour lire jusqu'au bon dîner qu'apprêtait Françoise et qui me réconforterait des fatigues prises, pendant la lecture du livre, à la suite de son héros. (PROUST, *La Recherche : Du côté de chez Swann* in Discotext)

　　(316) De toute la maison, Fouan n'eut plus qu'un ami, le petit Jules, qui achevait

sa neuvième année. Tandis que Laure, âgée de quatre ans, le regardait avec les yeux durs de la famille, se dégageait de ses bras, sournoise, rancunière, comme si elle eût déjà condamné cette bouche inutile, Jules se plaisait dans les jambes du vieux. Et il demeurait *le dernier lien qui le rattachait* à la vie des autres, il servait de messager, quand la nécessité d'un oui d'un non devenait absolue.

(ZOLA, *La Terre* in Discotext)

Discotext のデータでは，le dernier N qui に続く動詞の法は，直説法：接続法＝ 30：10 であった．le premier N qui の場合と同様，実際には直説法の方が多く見られる．

BONNARD (2000) は，以下の例をあげ

(317) Il est *le seul ouvrier qui connaisse* ce travail.
(318) C'est *le meilleur ouvrier que nous ayons*.
(319) Armstrong est *le premier astronaute qui ait marché* sur la Lune.

(BONNARD, 2000, p.299)

これらの例で qui により導入されている関係節で接続法が用いられているのは，事行を稀なものとして捉えているからであるとする (ibid.)．さらに，直説法との関連では，次のように説明する．

「しかしながらこれらの 4 例 *[177] では，事行の希少さではなく，現実性を強調したい場合には，直説法を用いることが出来る．」*[178] (ibid., p.300)

COHEN (1965) は，最上級表現に続く関係節内で直説法が用いられることは稀なことであると述べている (COHEN, 1965, p.181) が，実際には，すでに示した例を見れば明らかであるように，そうとは言えない．Discotext に限れば，le plus N qui に続く動詞の法は，直説法：接続法＝ 22：55 であった．この結果は，HANSE (1991, p.904) の主張にも反するが，少なくとも現代フランス語においては，何らかの基準によって直説法と接続法が選択されていると考えられる．

---

*[177] BONNARD (2000) は 4 つの例をあげているが，そのうちの 1 例は最上級相当表現が含まれていない例であり，ここで扱うには不適切であると判断し除外してある．
*[178] Toutefois, dans les quatre derniers exemples, on peut employer l'indicatif si l'on veut insister non pas sur la rareté du fait, mais sur sa réalité. (BONNARD, 2000, p.300)

1.10.4. 非現実の仮定を表す接続法

非現実の仮定を表す接続法について，BONNARD (2000) は次のような指摘をしている：

> 「ラテン語は，非現実の事行を接続法で表していた．フランス語はこの方法を部分的にしか継承しなかった．接続法大過去形がこの用法において条件法過去形と非現実の事行を表す直説法大過去形の代わりに用いられるが，それは，文語体においてのみである：S'il eût voulu, il eût été riche.」
> *[179] (BONNARD, 2000, p.234)

現代フランス語においては，BONNARD が指摘するような接続法は極めて稀であるが，次例のような用法は現代でも見られる．

(320) S'il vient et que je *sois* absent, dites-lui de m'attendre.

(DFC, cité par 朝倉, 2002, p.449)

この例での que je sois absent は si je suis absent の代わりに用いられているが，朝倉 (ibid.) によれば「que を用いずに接続詞を反復できる」と述べた上で，que je sois absent とした場合と，si je suis absent とした場合の違いを次のように述べる．

> 「接続詞の反復は数個の節を独立させ，que の使用はこれを一体として表す」
> (ibid.)

言い換えれば，接続詞（上例ならば si）を反復させた場合の方が，個々の条件節の自立性が高く，逆に que で置き換えた場合には，それが低くなるということであろう．

1.10.5. 接続法試論

ここで一度，これまでに概観を行った先行研究の中で，我々が特に重要であると考える指摘をまとめておく．

---

*[179] Le latin exprimait les faits irréels au Subjonctif ; le français n'a hérité qu'en partie de cette possibilité : le Plus-que-parfait du Subjonctif est employé, mais seulement dans la langue littéraire à la place du Conditionnel passé et du Plus-que-parfait de l'Indicatif irréel :
S'il eût voulu, il eût été riche. (BONNARD, 2000, p.234)

(1)「直説法は「判断」の法，接続法は「非判断」の法」

(佐藤，1990, p.181)

(2)「直説法〜接続法　この対立は，主節に現れるか従属節に現れるかによって区別しなければならない．前者の場合には，この対立には常にしばしば他の形態素によっても示される重要な価値があり，後者の場合にはそれはしばしば文法的拘束でしかない.」(GOUGENHEIM, 1939, p.191)

(3)「直説法を用いた文と接続法を用いた文との意味論的な差異は時にはとても小さい[...]．どちらの法を用いるか予測することが不可能であることは，法の選択の基礎に横たわっている表現体系の結果として解釈されなければならない．その体系は，対立関係にある原則ではなく，連続しているある原則に従っている体系である.」(SOUTET, 2000, p.147)

この3つの指摘に加え，接続法半過去形・大過去形が衰退し現在形・過去形がその代わりに用いられるという事実を加え，以下の3点を接続法という法に関する結論とする．

　第一は，接続法の時間的価値に関するものである．現代フランス語においては，接続法には現在形と過去形の2つが存在するだけである．直説法には単純未来形といった「未来」と名の付く時制，そして，複数の「過去」という名の付く時制があるものの，接続法にはこの2種類の時制しかない．この事実から，接続法を用いる場合には，時間的情報（過去時，現在時，未来時等）というものはさほど重要なものではなく，むしろアスペクト価を表すことさえできれば情報伝達上問題がないことが分かる．

　第二は，直説法と接続法の違いに関するものである．先行研究などで明らかなように，接続法が用いられていても，そこに接続法固有の価値を見いだすことができない場合がある．逆に，直説法を用いるか接続法を用いるかによって，異なる解釈が生じる場合もある．この点をふまえれば，常に直説法と接続法を明確に区別できるとは限らない，ということが明らかになる．すなわち SOUTET (2000) が述べていたように，直説法と接続法は対立関係にあったとしても完全に二分できるものではなく，直説法と接続法の間には連続性があるのである．換言すれば，ある条件Aの下では直説法を用い，別な条件B下では接続法を用いるというのではなく，条件A下では直説法を用いる傾向が高く，条件B下では接続法が現れやすいという，傾向の問題と考えられる．この結果，接続法を用いる場合に，はっきりと接続法固有の価値を見いだせる場合もあるが，ほとんど直説法との差異が見られない場合もあるのである．

　最後に，接続法の意味論的価値である．これについては実例などをふまえて，

述べるが，基本的な立場は，DAMOURETTE & PICHON, LE GOFFIC らの考え方に近いものである．

まずは，Il semble que ... という構文と，Il me semble que... という2つの構文について検討する．TOGEBY (1982) は次のような統計をあげる．

> 「おおまかには，il semble は接続法を支配し，il me semble は直説法を支配すると言うことができる．Börjeson は，il semble の後に 184 の接続法，66 の直説法を見いだした．接続法の頻度は 74% である；Nordahl は 312 の接続法，92 の直説法を見いだし，接続法の確率は 77%．しかし，この直説法の中には未来形や条件法も含まれている．」[*180]
>
> (TOGEBY, 1982, II, p.96)

数値からも明らかなように，これはあくまでも傾向であって規則的なものではない．さらに，TOGEBY は直説法と接続法が同時に現れている例さえあげている．

(321) Mais il semble bien qu'ils *ont* désormais *avalé* l'offence du recyclage et que le seul effet *ait été* de les endurcir, de les murer davantage. (ibid., p.97)

ここで議論の余地があるとすれば，それは「規則」に関するではなく，どのような時に動詞が接続法に置かれやすいかという「傾向」についての議論だけである．

sembler という動詞は，一種の判断を表していると考えられる．そして，il me semble のように人称代名詞を付加することにより，その判断者が明示されることとなる．この結果，il me semble の方が il semble の構文よりも，判断していることが強く表現され直説法が用いられやすいと考えられよう．

すでに述べた，直説法・接続法いずれもが現れる可能性がある最上級（相当）表現の後に続く関係節内の動詞についても同様に考えられる．これは，朝倉 (2002, p.490) が接続法の場合には断定の緩和になると指摘していることとも矛盾しない．

次に，bien que, quoique などに続く接続法に関してである．すでに見たように，このような接続詞句の後では，表現される事行が事実の内容であっても接続法に

[*180] En gros, on peut dire que *il semble* régit le subjonctif, *il me semble* l'indicatif. Börjeson a relevé après *il semble* 184 subjonctifs et 66 indicatifs, soit 74% de subjonctif ; Nordhal 312 subjonctifs et 92 indicatifs, soit 77 % de subjonctif. Mais dans ces indicatifs sont inclus les futurs et les conditionnels. (TOGEBY, 1982, II, p.96)

なる，あるいは，bien que / quoique を mais に変えることで接続法が消え直説法が現れるという問題があった．

 (322) Il *fait* très beau aujourd'hui, mais je reste à la maison. (作例)
 (323) Bien qu'il *fasse* très beau aujourd'hui, je reste à la maison. (作例)

統辞論的には mais は等位接続詞とされ，A mais B という発話においては A と B は対等のものとして考えられる．一方で，bien que は従位接続詞（句）であり，bien que A, B という発話であれば，従属節 A は主節 B に従属していると考えるのが普通である．つまり，上例に当てはめるならば，mais を用いた場合には，A (*Il fait très beau aujourd'hui*) と B (*je reste à la maison*) は対等な次元で表現されるが，bien que の場合には A (*il fasse très beau aujourd'hui*) は B (*je reste à la maison*) に従属しているため，話者は A よりも B を重要なものとして提示していることになる．この発話で最も重要な伝達内容は，B (*je reste à la maison*) という断定であり，A (*il fasse très beau aujourd'hui*)は断定の必要性がない，あるいは B に比べれば断定の程度が低くなるため，接続法が現れやすくなると考えられる．

 無論以上の主張は，従属節であれば接続法に現れやすい，ということにはつながらない．朝倉 (2002) は接続法が現れやすいものの１つとして，

 「疑惑・否定・可能などを表す動詞（相当句），非人称表現，名詞など (contester, démentir, désespérer, disconvenir, dissimuler, douter, ignorer, nier; il est contestable, douteux, faux, possible, rare; il semble, il se peut que; non (pas) que, loin que など) の後」(朝倉, 2002, p.506)

をあげている．実際，これらの動詞（句）の後では接続法が現れやすい．

 (324) [...] je doute que je *puisse* arriver jusque là-bas !
          (TOEPFFER, *Nouvelles genevoises* in Discotext)
 (325) Il se peut que sa tunique ouverte *ait* sous ses pas légers effleuré l'herbe verte, mais je ne l'ai pas vue [...] (BANVILLE, *Les Cariatides* in Discotext)

また，以下のような表現の後でも接続法が現れやすいとする．

 「意見・認知を表わす動詞 (affirmer, apercevoir, apprendre, assurer, avouer,

第3章　各時制の分析

croire, déclarer, espérer, imaginer, juger, jurer, parier, penser, prétendre, promettre, reconnaître, réfléchir, remarquer, savoir, sentir, songer, soutenir, voir など），確実・外観を表わす非人称表現（il est certain, sûr, évident, vrai, vraisemblable, probable; il paraît, il y a apparence, il me semble など）が否定語（ne...pas, à peine, peu など）を伴うとき」(朝倉, 2002, p.506)

このような動詞（句）の場合にも接続法が多く見られる.

(326) Je ne crois pas que tu *veuilles* me faire de la peine.
(BALZAC, *Eugénie Grandet*, in Discotext)

(327) Fatigué d'observer cela, j'ai clos les yeux à demi (ce qui est le comble de la distraction pour moi) et j'ai pensé à autre chose. — il y avait là pourtant le phénix du troupeau d'oisons de l'endroit, l'avocat D D. — physionomie spirituelle et souffrante physiquement, — mais un ton détestable, et n'a rien dit que l'on pût remarquer. Je ne pense pas que *ce soit* une tête bien forte, en le mesurant par ses opinions politiques.
(BARBEY d'AUREVILLY, *Premier memorandum 1836-1838* in Discotext)

ここで列挙されていた動詞（句）に共通する意味論的特徴は，断定的判断を下さないというところにあると考えられる．典型的には，penser が肯定形であれば直説法が現れやすく，疑問・否定形に置かれていれば接続法を見いだしやすい．

以上，我々の接続法に関する主張は，「接続法は，判断を行わない場合に現れやすい」というものであるが，このことから，現代フランス語の接続法に現在形と過去形の2時制しか必要でないことの理由も説明できよう．明確な判断を行わないのであれば，その事行がどのような時間的価値を持っているかを示す必要性も低くなるのである．

1.10.6. 文法的拘束について

文学を勉強しているというある高校生インフォーマントに，次の文を après que を用いて書き換えるよう求めた．

(328) *Ayant fini son travail*, il est parti. (作例)

以下がその回答である．

(329) Après qu'il *ait fini* son travail, il est parti.

なぜ接続法を用いたのかとその高校生に問うと，après que の後は接続法の動詞が来るからである，と答えた．さらに après que の後に接続法が来るのはなぜかと尋ねたが，説得力のある回答は得られなかった．

同じ書き換えの問題を他のフランス語話者にも試したが，接続法に書き換えたのはこの高校生だけであった．この事実と，Google 等で見つかった実例をふまえれば，フランス人の中にもなぜ接続法になるのか分からずに，一種の語感のようなものだけを根拠に接続法を用いている場合があるという可能性が明らかになる．しかしながら，文法的拘束が存在するという証明にはならない．

Il faut que のようにほぼ接続法しか続かない構文もあるが，多くの場合には，どちらか一方に決まっているわけではなく，どちらか一方なりやすいという傾向があるに過ぎない．従って，これは拘束というよりはむしろ，個人差はあるものの，それぞれの話者が何らかの基準により直説法と接続法を使い分けていることの証明であり，この基準は，我々の主張で言うならば，「判断」か「非判断」かということになる．

1.10.7. 接続法と不定法の対立

曽我 (1985) は，従来の接続法の研究について，古くから直説法との対比において論じられてきており，文法家の多くは，すべての用法を説明しうる法的価値の認定に努めてきたとする (曽我, 1985, p.63)．ところが，接続法や直説法が表れる従属節をとることのできる動詞が，不定法と結合できるという事実は，軽視されてきたとする (ibid.).

曽我 (1985) は，接続法と直説法の関係についてこう述べる．

「主節と従節の主語が異なるときは，すでに見たとおり，一般に不定法の
機能では不十分なために接続法か直説法が必要となる．そして，行為を
時間的に位置づける意図が発話者にあれば，直説法の形態が用いられる．」
(曽我, 1985, p.72)

曽我 (1985) は，行為を時間的に位置づけるには直説法が用いられるとしているが，裏を返せば，時間的に位置づける必要がない，あるいは時間的に位置づけられなければ直説法以外の法が用いられるということになろう．このような考え方は，WILMET (1996) の Actuel / Inactuel という考え方に近い．また，曽我 (1985) は，直説法の時制には時間的な価値が認められるが，接続法にはそれがないと主張していることになる．しかしながらすでに見たように，直説法の全時制に時間的価

値があるとは言えないため，曽我 (1985) が主張していると思われる時間的価値の有無によって，直説法と接続法を対立させることは困難であると思われる．さらには，曽我 (1985) の主張では，以下のような実例の存在は説明がつかない．

(330) Il est possible que Mimi *vienne demain.* (GUÉRIN, *Journal* (1) in Discotext)

上例のように，時の副詞と接続法におかれている動詞が同一文中に現れることは稀ではない．この例において，明日という未来時を指向する副詞が vienne という接続法に置かれている動詞が表す事行の時間的価値を定義しているということは明らかであり，行為を時間的に位置づけようという操作がここで行われていると考えられる．

曽我 (1985) は，接続法と直説法，そして不定法との関連性については，次のように述べる．

> 「接続法は，不定法から直説法に向かう中間段階の存在と捉えるべきであると思われる．そのような考え方は，H. Bonnard や G. Moignet をはじめとする Guillaume 派の研究者が受け継いできたもので，3叙法の形態が担う情報の差異に立脚するものである．」(曽我, 1985, p.227)

曽我 (1985) によれば，不定法表現が節表現に先立つ存在であるとする考え方は，HUOT (1981), RÉMI-GIRAUD et al. (1986) にも見られると言う．その上で，次のようにこの3つの法の関連性を述べる．

> 「発話者は，Qを表すために不定法では不十分であると判断すれば接続法を用い，さらに，接続法では不十分であると判断すれば直説法を用いると考えられる．すなわち，接続法は（直説法とともに），まず不定法と対立する存在であると考えられる．[...] 節表現を選ぶ場合（いわゆる複文による表現の場合）に接続法と直説法のあいだの選択が問題になるわけであるが，従節中ではむしろ接続法使用が「常態」であって，Qを現実の時間の流れの中に位置づける気持ちが十分にある場合にはじめて直説法を用いる．」(ibid., pp.227-228)

直説法と接続法の対立については前述の通り，曽我 (1985) とは意見を異にするが，不定法に関する主張は我々の考察と矛盾しない．

次章で述べるように，我々は不定法をフランス語動詞時制体系の中で最も無標の形態であると考えている．その不定法に対すれば直説法あるいは接続法は当然有標となろう．

1.11. 分詞法・不定法
1.11.1. 現在分詞
1.11.1.1. 現在分詞の時間的価値
1.11.1.1.1. 現在分詞単純形の時間的・アスペクト的価値

　すでに知られている通り，現在分詞 participe présent という名称がつけられているにも関わらず，現在分詞が現在時を表すとは限らない．一般的には，単に「主動詞に対して同時性を表わす」(朝倉, 2002, p.365) だけであると考えられている．そして，この同時性を表すという本質から，文脈その他の外的要因によって，「対立」「原因」といった，いわば二次的な意味が付加されるのである．朝倉 (2002) はアスペクトについては言及していないが，主動詞が表す事行との同時性については，先行研究はいずれもほぼ同様のことを主張している．

> 「意味に関しては，現在分詞は，事行を展開中のもの（未完了アスペクト）として捉える．現在分詞は，現在分詞が現れている文中の人称法 [181] におかれている動詞から時間的価値を得て，主動詞が表す事行がどの時限のものであろうと，その事行との同時性を示す．」[182]
>
> (RIEGEL, PELLAT & RIOUL, 1994, p.341)

現在分詞単純形に関して，示唆に富む指摘は少ない．

> 「現在分詞は動詞であり，瞬間的，あるいはその事行の長さがはっきりとした範囲を持つ動作を表す；一般的には qui と現在分詞に置かれている動詞を活用させたものによって置き換えることができる．」[183]
>
> (HANSE, 1991, p.703)

HANSE (1991) は現在分詞単純形が表しうる事行の時間的な長さについて指摘しているが，朝倉 (2002) があげていた超時的現在のような使い方をしている現在分詞を考えれば，一概にそうとは言えない．以下の ARRIVÉ らの指摘のように，

---

[181] 直説法，条件法，接続法，命令法の4つの法．これに対し，分詞法，不定法は非人称法と呼ばれる．

[182] Pour le sens, le participe présent envisage le procès en cours de déroulement (aspect inaccompli). Il reçoit sa valeur temporelle du verbe à un mode personnel où il figure, et il marque une relation de simultanéité avec le procès principal, quelle que soit l'époque.
(RIEGEL, PELLAT & RIOUL, 1994, p.333)

[183] Le participe présent est verbe et exprime une action momentanée ou nettement délimitée dans sa durée ; il peut être généralement remplacé par *qui* et le même verbe conjugué [...].
(HANSE, 1991, p.703)

第3章　各時制の分析

「分詞法は動詞の非人称法の1つである．統辞論的には，分詞法は，動詞の形容詞化の結果である．」*[184]

(ARRIVÉ, GADET & GALMICHE, 1986, p.471)

現在分詞を含む分詞法の時制が，形容詞に近い性質を持っているとする主張は少なくない．また，付加形容詞の性質について朝倉 (1984) は次例をあげ，

(331) (b) Il a des yeux bleus. (朝倉, 1984, p.176)

この例中の bleus という付加形容詞について

「(b) の付加形容詞は動詞時制に左右されない性質を表わすから，恒常的な状態の表現にふさわしい．」(ibid., p.177)

としているが，以上の ARRIVÉ らの主張，そしてこの朝倉 (1984) の主張が正しければ，先の「現在分詞は動詞であり，瞬間的，あるいはその事行の長さがはっきりとした範囲を持つ動作を表す」という HANSE (1991) の主張はおかしいことになる．

以下の各例は，現在分詞が「瞬間的」「事行の長さがはっきりとした範囲を持つ動作」を表していない例である．

(332) Il lui fallait à tout prix la jouissance des sens ; cette condition défaillant, il était doux et loisible à l'être animé de rentrer dans le repos de la nature inanimée; la seule fin de l'homme *étant* le bonheur ou l'espérance du bonheur, pour qui souffrait et souffrait sans espoir, la mort devenait un bien [...]

(BALZAC, *Le Médecin de campagne* in Discotext)

この例では，その男の唯一の目的が何であるかを現在分詞を使って表しているが，一般に人間の目的，目標そのものが瞬間的であることなど不可能である．

(333) Mon coiffeur a, sur la question romaine, les opinions de M. De La Guéronnière, et il me le dit. Mon premier mouvement a été de trouver

---

*[184] Le *participe* est l'un des modes impersonnels du verbe. Du point de vue syntaxique, le participe est le résultat de l'adjectivation du verbe. (ARRIVÉ, GADET & GALMICHE, 1986, p.471)

impertinent qu'un coiffeur ait des opinions ; mais j'ai réfléchi qu'après tout, sous le suffrage universel, il avait autant de droit à en avoir que moi et plus de chances même pour les faire valoir, *ayant* un garçon qu'il fait voter comme lui.

(GONCOURT, *Journal* 1854-1863 in Discotext)

　この例においても，子供を持っていることが瞬間的であるはずはない．さらには，この物語のこの段階において，「子供を持っている」という事行が，「事行の長さがはっきりとした範囲を持つ動作である」という保証は全くないし，むしろそのように解釈する方が不自然でさえある．

　以上の実例の分析から，現在分詞が表す事行の長さ自体には特に，他の時制との違いを明確にするような特徴は見られないと結論付けたい．

　WARTBURG & ZUMTHOR (1973) は，現在分詞は主動詞との論理的関係を示すと指摘する．

「-ant の形をした分詞（＝現在分詞単純形）の機能は，２つの動作間の時間的関係（同時性，あるいは後続性）を表すと同時にそれに付け加えてしばしば論理的関係を表す．この論理的な関係というのは，原因節，譲歩節，条件節などが表すものと同じものである．」*185

(WARTBURG & ZUMTHOR, 1973, p.251)

WARTBURG らは，さらにこれを３つに区分している．

「a) 現在分詞は形容詞的な役割を果たし，文中のある名詞を限定する役割を担う： *nous traversâmes un troupeau de moutons bêlant à perdre haleine* ; *les coteaux environnant la ville étaient couverts d'oliviers.*」*186 (ibid., p.252)

WARTBURG らの説明に基づけば，この例では，bêlant は moutons（あるいは un troupeau de moutons）を，environnant は les coteaux を限定しているということである．

---

*185 Le participe en -*ant* a pour fonction d'exprimer entre deux actions une relation à la fois temporelle (de simultanéité ou de postériorité) et de plus, très souvent, logique. Cette dernière est celle même qu'expriment les prop. causales, concessives ou conditionnelles.

(WARTBURG & ZUMTHOR, 1973, p.251)

*186 a) le participe remplit un rôle adjectival, et détermine un nom quelconque de la phrase : *nous traversâmes un troupeau de moutons bêlant à perdre haleine* ; les coteaux environnant la ville étaient couverts d'oliviers. (WARTBURG & ZUMTHOR, 1973, p.252)

第3章　各時制の分析

> 「b) 現在分詞は従属節の動詞であり，その節を分詞節と呼ぶことができる．この分詞節は常に分詞の主語の役割を担うある名詞か代名詞に依存する．この名詞あるいは代名詞が主動詞の補語であるとき，分詞節は単に時間的な関係を表し，関係節にかなり近い価値を持つ：*j'ai déjà vu cet homme jouant de la flûte ; nous la trouvâmes berçant le plus jeune de ses enfants.*」 *[187]
>
> (ibid., pp.252-253)

ここで引用されている例では，jouant de la flûte は qui jouait de la flûte に，berçant le plus jeune de ses enfants は qui berçait le plus jeune de ses enfants に近い価値を持っているということである．分詞節に関する以上2点の指摘はごく一般的なものであり，ほぼ誰もが認めていることである．我々は，以下の第3の指摘に注目したい．

> 「c) 現在分詞が絶対分詞節の動詞である時：現在分詞は独自の主語をもち（それは常に名詞である），文中のいかなる他の語にも関係することはない．現代の慣用においては，この用法は原因関係を示すためにしか用いられない：*le train n'étant pas arrivé, nous rentrâmes chez nous.*」 *[188]
>
> (ibid., p.253)

問題はこの最後の指摘である．Wartburg & Zumthor は cela étant, le cas échéant などを慣用句と見なし例外的に扱っており，これ以外の絶対分詞節，すなわち因果関係ではなく単に時間関係のみを示す絶対分詞節は19世紀までのものであるとする (Wartburg & Zumthor, 1973, p.252)．しかしこの，現代フランス語において絶対分詞節は原因関係をあらわす場合以外には用いられない，という Wartburg らの指摘には議論の余地がある．

Le Goffic (1993) は現在分詞の価値と用法を次のように説明している．

---

*[187] b) le participe est le verbe d'une proposition subordonnée, que l'on peut nommer **prop. participiale** : celle-ci est toujours dans la dépendance d'un nom ou d'un pronom, qui joue le rôle de sujet du participe. Lorsque ce nom ou ce pronom est compt. du verbe principal, la participiale marque un simple rapport temporel et a une valeur assez proche d'une proposition relative : *j'ai déjà vu cet homme jouant de la flûte ; nous la trouvâmes berçant le plus jeune de ses enfants.*
(Wartburg & Zumthor, 1973, pp.252-253)

*[188] c) le participe est verbe d'une prop. en construction absolue : le participe possède un sujet particulier (toujours un nom), et ne se rapporte à aucun autre terme de la phrase. Dans l'usage contemporain, cette tournure ne s'emploie plus que pour marquer un rapport de causalité ; *le train n'étant pas arrivé, nous rentrâmes chez nous.* (Wartburg & Zumthor, 1973, p.253)

「価値と用法： -ant 形の分詞は，主動詞が構成する基準点（それがどのようなものであれ）に対して（ジェロンディフのように）同時性を表す．真の"カメレオン"である現在分詞は固有の法的価値を持たず，自らの解釈を文脈から引きだし，非現実の仮定を表すような効果と同じように，ほぼ断定の意味を表す効果を得ることができる．」*[189]

(LE GOFFIC, 1993, p.488)

ここで LE GOFFIC は，現在分詞を用いて非現実の仮定を表すことができるとしているが，その実例として以下のようなものがあげられている．

(334) *Les enfants étant au collège, ce serait différent (= "si les enfants étaient au collège...")* (ibid.)

この文において，前半の絶対分詞節が後半の主節が表す事行の原因・理由を表しているとは考えられない．むしろ，「仮定」という別の意味を表している．従って，WARTBURG らの指摘している第3の点は，一概にはそうとは言えないことになる．また，一般に言われているように，「現在分詞は主動詞が表す事行との同時性を示す」という説明も，LE GOFFIC があげているこのような例においてはあてはまらない．なお，この点については後述する．

　以下の例も，WARTBURG らの主張に反して絶対分詞節が原因・理由を表しているとは考えられないものである．

(335) Les 7 règles d'or du choriste : Dong ! Au dernier coup de cloche de 20h., la répétition doit pouvoir commencer, tout le monde *étant* présent. 1h.30 c'est déjà si court ! (exemple tiré de Google)

この例における絶対分詞節に「全員そろっているため」というような原因の意味を見いだすことはできない．
　なお朝倉 (2002) は，「主動詞に対して同時性を表わす」以外にも次のような用法があることを指摘している．

---

*[189] Valeur et emploi : Le participe -*ant* marque une concomitance par rapport au point de repère (quel qu'il soit) que constitue le verbe principal (comme dans le gérondif). Véritable "caméléon", il n'a pas de valeur modale propre, mais tire son interprétation du contexte, pouvant livrer aussi bien des effets de quasi-assertion (exemples ci-dessus) que des effets d'hypothèse contrefactuelle.

(LE GOFFIC, 1993, p.488)

第3章　各時制の分析

「時に，主動詞の時制に関係なく超時的現在を表わす： *Etant d'un naturel conciliant, je ne voulus pas rompre.*」(朝倉, 2002, p.365)
「継起的動作：主動詞の前あるいは後に置かれるかに従い，その直前あるいは直後の動作を表わす．[...] 継起的動作は同一時制で表わされることと思い合わせるべきである．」(ibid.)

現在分詞が継起的動作を表す例として，次の3例があげられている．

(336) M. Mergeret, *levant* les yeux au ciel, contempla les étoiles.
(FRANCE, cité par 朝倉, 2002, p.365)
(337) Il l'aborda d'un air tranquille, *disant* qu'il fallait tout pardonner.
(FLAUBERT, cité par 朝倉, 2002, p.365)

以上の2例に現れている現在分詞はいわば単純過去形の価値を持っているということになる．

(338) Elle disparaissait des journées, *revenant* avec un nouveau chapeau, une fourrure. (VAILLAND, cité par 朝倉, 2002, p.365)

この例では，いわば半過去形の価値を持っているということになる．朝倉 (2002) 同様に，現在分詞が主動詞との同時性を示さないことがあるという指摘は，MAUGER (1968)，TOGEBY (1983) などをはじめとし，多く見られるものである．

「最も気難しい作家達は，この接合された現在分詞形を難なく容認している．その理由は，[...] 現在分詞が，ただ単に言い回しに変化を与え，特に qui の反復を回避できるからでもある．[...] 時には，現在分詞が関係節に勝っているということを指摘できるであろう．この関係節においては，正確すぎる時制あるいは法が要求され，発話を妨げるおそれがあるのである．1965年4月1日付のル・モンド紙が *Les organisateurs espèrent une*

---

*[190] [...] les écrivains les plus sourcilleux admettent fort bien ce participe conjoint : [...] soit parce qu'il permet, tout simplement, de varier le tour, et, en particulier, d'éviter la répétition des *qui* [...] On notera que, parfois, le participe semble l'emporter sur la relative : c'est que celle-ci, en imposant un temps ou un mode trop précis, risquerait de gêner l'énoncé. Lorsque *Le Monde* du 1er avril 1965 imprime : « *Les organisateurs espèrent une recette supplémentaire d'au moins 100 000 dollars provenant de la télévision* », il esquive ainsi la difficulté d'énoncer une précision (qui *proviendra* ? qui *proviendront* ? qui *proviendraient* ?). (MAUGER, 1968, p.264)

recette supplémentaire d'au moins 100 000 dollars provenant de la télévision と
刷ったとき，ル・モンド紙は現在分詞を用いることで正確な内容を伝え
るという困難さを避けたのである（*qui proviendra* とするか，*qui
proviendront* とするか，あるいはまた *qui proviendraient* とするか）.」
* [190] (MAUGER, 1968, p.264)

MAUGER は，関係節ではなく現在分詞を用いる理由をいくつか述べているが，ここで引用したそのうちの1つは，関係節を用いることでその中にはいわばはっきりと使用意図が明白なある時制が現れるが，現在分詞の場合にはその点が曖昧になることをあげている．この説明から間接的ではあるが，MAUGER は関係節を用いることで時間的前後関係等が現在分詞を使った場合よりも明確になる，逆の見方をすれば，現在分詞を使った場合には時間的前後関係などが不明瞭なものとなると述べていると考えられる．すなわち，現在分詞の場合には，主動詞との同時性は保証されないことになる．

より直接的に述べているのは TOGEBY (1983) である．

「しかし，極めて特徴的なことであるが，現在分詞は，主節の動詞と等位接続関係にある動詞の役割を果たすことができる．そして主節の動詞に前置された場合には，主節の行為に先行する行為を示すことができる：
Et, allumant une cigarette, il renversa la tête contre le capiton de serge (Julien Gracq, Balcon en forêt 1) [...] そして主節の動詞に後置された場合には，主節の行為に後続する行為を表すことができる： *Elle vint à neuf heures, frappant à la porte du bout des doigts* (Green, Autre 167) [...].」 *[191]

(TOGEBY, 1983, III, pp.62-63)

以上の朝倉 (2002), MAUGER (1968), TOGEBY (1983) の主張ですでに明らかなように，一般に言われているような現在分詞の特性に反し，現在分詞が主動詞が示す事行との同時性を表していない場合がある．

ところで，現在分詞自身は時間的価値を持たないという主張に対しては，先行研究においても異論は見られない．また，現在分詞を文中においてどのような役

---

*[191] Mais, chose très caractéristique, le participe présent peut correspondre à un verbe coordonné au verbe de la principale et indiquer ainsi, en antéposition, une action qui précède celle de la principale : *Et, allumant une cigarette, il renversa la tête contre le capiton de serge* (Julien Gracq, Balcon en forêt 1) [...]. Et, en postposition, le participe présent peut marquer une action qui suit celle de la principale : *Elle vint à neuf heures, frappant à la porte du bout des doigts* (Green, Autre 167) [...]. (TOGEBY, 1983, III, pp.62-63)

第3章 各時制の分析

割で用いるか,すなわち統辞的な規則を考察した場合,現在分詞は動詞の目的語をはじめとし,名詞的には機能しない.このことから,現在分詞は自立性が低く,文中の他の要素に依存していると考えられる.そのため,一般に現在分詞の時間的価値は,主動詞などによって決定されると考えられているが,Le Goffic が引用していた条件節のように機能していた絶対分詞節,朝倉 (2002) が引用していた継起的出来事を表す分詞節を考慮に入れれば,過去時・現在時・未来時といった時間的価値だけでなく,主動詞が表す事行と同時か否かという点まで,文中の他の要素によって左右されると考えられる.

我々の考察では例えば直説法現在形は,アスペクト価も時間的価値も現在形自身は持っていない.複数の事行が現在形によって表されているとき,それぞれの事行の時間的前後関係は現在形という時制ではなく,文脈や発話状況等を含めた動詞以外の要素によって決定される.次の例では travaille, écoute という現在形が現れているが,

(339) Je *travaille* sérieusement, mais elle, elle *écoute* de la musique. (作例)

この例においては,[je travailler sérieusement] という事行と [elle écouter de la musique] という事行は同時進行しているように感じられる.しかし次例はそうではない.

(340) Je *travaille* sérieusement, mais après, j'*écoute* de la musique. (作例)

この例では,après という副詞により2つの事行の前後関係が明確に表され,[je travailler sérieusement] という事行に続いて [je écouter de la musique] という事行が成立すると解釈される.このように時間的前後関係が捉えられるのは現在形という時制によるのではなく,動詞以外の要素の力によってである.

直説法複合過去形でも同様のことが言える.次例では [je chanter] と [elle tricoter] という2つの事行は同時に進行したと考えられるが,

(341) J'ai chanté mais elle a tricoté. (作例)

次例には,時間的前後関係がある.

(342) J'ai chanté et ensuite, je suis parti. (作例)

つまり,同一時制を用いて2つの事行を示しても,その2つの事行が同時のものであるのか,あるいは一方が他方に先行するものであるかは,文脈や時の副詞

172

（句）などによって決定される．特にこの最後の例においては，2つの事行の主語が同一であることも影響していると考えられる．

現在分詞も直説法現在形同様，アスペクト価，時間的価値を持っていない．そして明らかに同時性を表していない実例の存在をふまえれば，本質的には現在分詞が主動詞によって示されている事行との同時性を表していないことは明らかである．同時性を表すというのは，いくつかある可能性の1つにすぎず，現在分詞が持っている本質から文脈などの外的要因の助けを借りて得ることのできる意味効果の1つである．そしてこの同時性という意味効果が生まれやすいことは，現在分詞が他の時制に比べて主動詞に依存している度合いが高いことが影響していると考えられる．

1.11.1.1.2. 現在分詞複合形の時間的・アスペクト的価値

現在分詞複合形の時間的価値について，朝倉(2002)はこう述べる：

「主動詞の表わす時から見てすでに行われた動作を表す： *Ayant trop mangé, il est [a été, sera] malade. [...]* 」(朝倉, 2002, p.365)

RIEGEL らはこう説明する．

「現在分詞複合形は，分詞節の動詞的中心として用いられるか（*Le député ayant démissionné, il faut organiser une élection législative partielle*），あるいは付加詞的機能において用いられる（*Le cavalier n'ayant pas franchi l'obstacle / étant tombé / ayant été désarçonné a été / est / sera éliminé*）．すべての場合において，現在分詞複合形は動詞的地位を持ち，その地位は現在分詞複合形の意味論的価値を決定する．能動態では現在分詞複合形は完了を表し，受動態ではむしろ，事行の完了後の結果状態を表す．両者の場合において現在分詞複合形は，主動詞の時制が何であろうと（現在，過去あるいは未来）その主動詞に対して先行を表す．」*[192]

(RIEGEL, PELLAT & RIOUL, 1994, p.344)

---

*[192] Le participe passé composé s'emploie comme centre verbal d'une subordonnée participe (*Le député ayant démissionné, il faut organiser une élection législative partielle*) ou dans une fonction épithète (*Le cavalier n'ayant pas franchi l'obstacle / étant tombé / ayant été désarçonné a été / est / sera éliminé*). Dans tous les cas, il garde un statut verbal, qui détermine ses valeurs sémantiques. A l'actif, il exprime l'accompli ; au passif, il exprime plutôt l'état résultant de l'achèvement du procès ; dans les deux cas, il marque l'antériorité par rapport au verbe principal, quel que soit le temps de celui-ci (présent, passé ou futur). (RIEGEL, PELLAT & RIOUL, 1994, p.344)

第3章　各時制の分析

現在分詞単純形がすでに述べたようにそれ自身は時間的価値を持たない．その現在分詞単純形を助動詞として用いて形成される複合形にも時間的価値はないと考えられる．RIEGEL らの指摘を検証する前にまずは，現在分詞複合形の実例を検証する．次例では，現在分詞複合形がいわば前未来形のように用いられている．

> (343) Fatalement, 2002 sera un moment d'adaptation à une nouvelle situation plus équilibrée, peut-être plus réaliste. Gageons que l'économie américaine *ayant bientôt fini* de nettoyer la bulle financière qui lui a fait croche-pied, redémarrera dans le second semestre et comme à l'accoutumé l'Europe et la France particulièrement, en subiront les effets positifs juste après.
>
> (exemple tiré de Google)

次例では，現在分詞複合形によって原因が示されている．

> (344) J'ai vu Goethe. Tu sais qu'il s'était donné la peine de traduire mes deux premiers articles sur lui. *Ayant perdu* le manuscrit du second, il l'a retraduit encore une fois pour le prochain numéro de son journal.
>
> (AMPÈRE, *Correspondance* in Discotext)

ここでは ayant perdu を含む分詞節が後続する主節の事行を行わなければならなかった原因を説明している．

以上の例などから明らかになるように，現在分詞複合形自体にも時間的価値はなく，その価値は文脈等の外的要因によって決定されるのである．

1.11.1.2. ジェロンディフ
1.11.1.2.1. ジェロンディフ

現在分詞に非常に近い形態を持つジェロンディフは，当然のことながら現在分詞と比較されることが多い．まずはジェロンディフに関する考察をいくつか検討することから始める．

MAUGER (1968) は，同時性を表すジェロンディフの用法についてこう述べている．

> 「同時性と方法の表現において，会話のフランス語では現在分詞はジェロンディフの前に消滅した．ジェロンディフだけが今日残っている．」[193]
>
> (MAUGER, 1968, p.266)

---

[193] Dans l'expression de la simultanéité et de la manière, le participe s'est effacé en F.P. (= français parlé) devant le gérondif, demeuré ici seul vivant. (MAUGER, 1968, p.266)

ここでMaugerらが「同時性の表現」と呼んでいるものに，どのようなものが含まれるかはっきりしないという問題もあるが，そもそも，この説明によれば，同時性を表す現在分詞の用法は消滅してしまったことになる．しかし，Maugerら自身が引用している次例が同時性を表していないとは考えにくい．

(345) Il est parti en mer, *sachant* la tempête imminente. (ibid., p.265)

Brunot (1953) は次のようにMaugerよりもさらに強い主張をしている．

> 「直説法以外での同時代性：直説法の時制以外では，いかなる時制も過去における同時代性を表さない．ジェロンディフの形は，普遍的な同時性を表しているだけである：*Plusieurs portaient au bas de leur vêtement une déchirure arrêtée par un galon de pourpre, pour bien montrer qu'***en pleurant** *la mort de leurs proches ils n'avaient point ménagé leurs habits* (Flaubert) *En pleurant* は未来時に結びつけられることも可能であろう．」*[194]
>
> (Brunot, 1953, p.779)

Brunotの主張によれば，ジェロンディフは過去時における同時性を表すことはできないことになるが，Brunot自身の引用例

(346) Mon cœur battait *en montant* l'escalier. (ibid., p.233)

において，battaitという半過去形によって表されている事行と，en montant l'escalierによって表されている事行が同時であるという解釈は，完全には排除できないはずである．

Le Goffic (1993) はジェロンディフの意味的価値をこう述べる．

> 「[...] ジェロンディフは，主節の事行と同時のそして付随的な事行を表す．同時性は本質的には時間的価値を持つことができるが[...]，ジェロンディ

---

*[194] Contemporanéité hors de l'indicatif. — Hors de l'indicatif, aucune forme spéciale n'exprime la contemporanéité dans le passé. La forme du gérondif n'exprime qu'une contemporanéité générale : *Plusieurs portaient au bas de leur vêtement une déchirure arrêtée par un galon de pourpre, pour bien montrer qu'***en pleurant** *la mort de leurs proches ils n'avaient point ménagé leurs habits* (Flaubert) *En pleurant* pourrait être rapporté à un futur. (Brunot, 1953, p.779)

第3章　各時制の分析

フの位置や文脈によっては他の価値を持つことができる[...]。」*[195]

(LE GOFFIC, 1993, p.435)

研究史の流れからすれば逆になるが，LE BIDOIS は LE GOFFIC をはじめとするこのような見方に反論し，ジェロンディフが表す事行も，主節の事行と対等であると主張する (LE BIDOIS, 1971, p.475)．例えば，次例では，

(347) Dieu le favorisait *en lui envoyant* des visions et *en lui accordant* le don de prophétie. (FRANCE, *Thaïs I*, cité par LE BIDOIS, 1971, p.475)

en lui envoyant と en lui accordant というジェロンディフによって表されている事行は，主動詞 favorisait が表している事行と対等であるとする (ibid.)．原則として，ジェロンディフのみでは文が成立しないことから，ジェロンディフは主動詞に依存しなければ存在できない．その意味では対等とは言い難いが，表している内容，すなわち事行そのものの重要性に差があるとは言い切れない．

多くの先行研究では，ジェロンディフは現在分詞の変種であるといった指摘がなされている．

「ジェロンディフ：このジェロンディフという名を持つ構文は，現在分詞の用法の1つである．」*[196] (WAGNER & PINCHON, 1962, p.474)

このような考え方と全く異なる主張をしているのが，BONNARD (2000) である．そもそもジェロンディフとは何であるかという問いに対し，次のように答えている．

「分詞は，名詞化あるいは形容詞化されない限り，前置詞に先行されることは決してない：* *de sortant,* * *à sortant,* * *sans sortant,* * *pour sortant* とは言わないのである．逆に，不定法はフランス語では，その性質から間接構文が許されており，前置詞 en の後では不定法がジェロンディフの形になるかのようである．以下を比較されたい：

---

*[195] [...] il (= le gérondif) marque un procès concomitant et annexe par rapport au procès principal. La concomitance peut avoir une valeur essentiellement temporelle [...] ou se charger d'autres valeurs selon la place du gérondif et le contexte [...]. (LE GOFFIC, 1993, p.435)

*[196] Le gérondif. Cette construction, qui porte le nom de **gérondif**, est un cas particulier de l'emploi du participe. (WAGNER & PINCHON, 1962, p.474)

> *Je l'ai prié* **de sortir**　　*Je l'ai appelé* **pour sortir**
> *Je l'ai invité* **à sortir**　　*Je l'ai rencontré* **après être sorti**
> *Je l'ai appelé* **sans sortir**　　*Je l'ai rencontré* **en sortant**

以上から，我々は，ジェロンディフを不定法の形態の１つであると結論づける。」*[197] (BONNARD, 2000, p.235)

ここで BONNARD (2000) は，構文の類似性からジェロンディフを不定法の一種であると捉えている．確かに，現在分詞に付加することのできる唯一の前置詞は en のようであり，この制約については，LE GOFFIC (1993, p.435) などにも指摘がある*[198]．
GOUGENHEIM (1939) はジェロンディフと不定法との類似性について指摘するに留めている．

> 「同時性の考えに，しばしば起こるように，原因の考えが結びつくと，ジェロンディフを用いている例と共に前置詞 à に先行された不定法が使用された例を文体的変種として見いだすことができる： *A vaincre sans péril on triomphe sans gloire.* (Corneille)」．*[199] (GOUGENHEIM, 1939, p.348)

多くの先行研究では，ジェロンディフを現在分詞に前置詞 en が付加されたものと捉えているが，BONNARD はこのような見方には反対していることになる．BONNARD が，une forme de l'Infinitif と呼んでいるものがどのようなものを表しているかにもよるが，この考察はいささか短絡的であると言える．不定法はすでに言われているように（例えば，朝倉 (2002, p.265)）名詞のように機能することができ，その結果，以下の例のように動詞の主語，前置詞の支配語，属辞になることが可能である．

---

*[197] Le Participe, à moins d'être substantivé ou adjectivé, n'est jamais précédé d'une préposition : on ne dit pas * *de sortant,* * *à sortant,* * *sans sortant,* * *pour sortant* ; au contraire, l'Infinitif, en français, accepte par nature la construction indirecte, et **tout se passe comme si le Gérondif était la forme qu'il prend après** *en* ; comparer :

　　Je l'ai prié **de sortir**　　*Je l'ai appelé* **pour sortir**
　　Je l'ai invité **à sortir**　　*Je l'ai rencontré* **après être sorti**
　　Je l'ai appelé **sans sortir**　　*Je l'ai rencontré* **en sortant**

On en conclura que **le Gérondif est une forme de l'Infinitif.** (BONNARD, 2000, p.235)

*[198] La seule préposition susceptible de se construire avec une forme en -ant (invariable, qui ne peut être en synchronie, par définition, que le participe) est *en* (qui, en revanche, ne peut se construire avec un infinitif) : *en mangeant.* (LE GOFFIC, 1993, p.435)

*[199] Lorsqu'à l'idée de concomitance se joint, comme il arrive assez souvent, celle de cause, on trouve, en variation stylistique avec le gérondif l'infinitif précédé de la préposition à : *A vaincre sans péril on triomphe sans gloire* (Corneille) (GOUGENHEIM, 1939, p.348)

(348) *Pouvoir* sans *savoir* est fort dangereux ; *savoir* sans *pouvoir* est inutile et triste. (SENANCOUR, *Obermann* in Discotext)

この例では，être の主語に pouvoir, savoir がなっている．また，sans という前置詞の支配語としても不定法が機能している．

(349) Vouloir, c'est *pouvoir*.

この例のように属辞として機能することも可能である．これらすべての不定法をジェロンディフに置き換えることはできない．

(350) ?? *Pouvant* sans *sachant* est fort dangereux ; *sachant* sans *pouvant* est inutile et triste.
(351) ?? Vouloir, c'est *pouvant*.

川本 (1982) のように，「前置詞が先行することによって，名詞的性格が明らかである」(川本, 1982, p.44) と述べているものもあるが，上例の容認度の違いなどから，ジェロンディフを不定法の1形態（une forme）とみなすことは難しいと考えられる．ただし，両者ともに時間的価値を持たず，また人称毎の活用形を持たないといった共通点があることは事実である．

1.11.1.2.2. ジェロンディフ複合形

朝倉 (2002, p.139) は，ジェロンディフの複合形の使用は稀であるとする．また，ARRIVÉ (1986) らも，使用頻度が低いことを次のようにごく簡単に指摘している．

「我々は，散発的に事行の完了アスペクトを示すジェロンディフの複合形を目にする： *tout en ayant travaillé, il n'a pas été reçu à son examen..*」[*200]
(ARRIVÉ, GADET & GALMICHE, 1986, p.298)

確かに，現在分詞複合形と比較すればジェロンディフ複合形の実例を見つけることは困難である．以下，ouïr, subir, pouvoir, rester がジェロンディフ複合形におかれている実例である．

[*200] On rencontre sporadiquement une forme composée du gérondif, qui marque l'aspect accompli du procès : *tout en ayant travaillé, il n'a pas été reçu à son examen.*
(ARRIVÉ, GADET & GALMICHE, 1986, p.298)

(352) Mais Hérode *en ayant ouï* parler, dit : c'est ce Jean que j'ai fait décapiter ; il est ressuscité d'entre les morts.

(LEROUX, *De l'Humanité, de son principe et de son avenir...* in Discotext)

(353) Tout à coup une sonnerie assez vive retentit, et trois hommes noirs apparurent, à qui Mme Cantinet et Mme Sauvage laissèrent le passage libre. C'étaient d'abord M. Vitel, le juge de paix, et monsieur son greffier. Le troisième était Fraisier, plus sec, plus âpre que jamais, *en ayant subi* le désappointement d'un testament en règle qui annulait l'arme puissante, si audacieusement volée par lui. (BALZAC, *Le Cousin Pons* in Discotext)

(354) Je ne lui dis pourtant pas combien le parti que je prenais m'était personnellement pénible : j'aurais craint d'accroître son chagrin. Ce ne fut qu'à Mme Récamier que je révélai le fond de mon cœur. Elle était plus capable d'entrer dans des regrets dont l'espoir que j'avais de l'emmener à Rome avec ses amis augmentait beaucoup l'amertume. Je ne lui cachai pas l'irritation que m'avaient causée les conseils des hommes qui faisaient si bon marché de moi, de ces hommes auxquels après tout je ne devais rien, et qui m'avaient offensé *en ayant pu* me croire capable de demeurer sous un ministère qui menaçait les libertés de la France. (CHATEAUBRIAND, *Mémoires d'Outre-Tombe* in Discotext)

(355) D'ailleurs ce monde qui faisait si peur à Odette, ne lui inspirait peut-être pas de grands désirs, car pour qu'elle se le représentât bien nettement, il était trop éloigné de celui qu'elle connaissait. Pourtant, tout *en étant restée* à certains égards vraiment simple (elle avait par exemple gardé pour amie une petite couturière retirée dont elle grimpait presque chaque jour l'escalier raide, obscur et fétide), elle avait soif de chic, mais ne s'en faisait pas la même idée que les gens du monde. (PROUST, *La Recherche : Du côté de chez Swann* in Discotext)

BONNARD (2000) はジェロンディフの複合形は稀であるとするが，その根拠をジェロンディフに含まれている前置詞 en の意味に求める．

> 「前置詞 en の時間的な意味（*en 1981*, 1981 年に）に合致し，ジェロンディフはしばしば，時の状況補語となり，主節の事行と同時の事行を表す．[...] ジェロンディフの複合形は，前置詞 en 固有の意味との適合が難しいため，ほとんど使われることがない．」[201] (BONNARD, 2000, pp.435-436)

---

[201] Conformément au sens temporel de la préposition *en* (cf. *en 1981*), le Gérondif est souvent complément de temps, exprimant un procès simultané au procès principal [...] La forme composée du Gérondif, peu compatible avec le sens propre de *en*, est très rarement employée [...].
(BONNARD, 2000, pp.435-436)

第3章 各時制の分析

春木 (1993) は，複合形の使用が正当化される場合があるにもかかわらず，その実例が稀な理由について考察しているが，まずはジェロンディフ（春木 (1993) は Gf と略す）の性質について分析している．

> 「Gf というのは，前置詞 EN の存在により，主動詞の表わす事態を Gf の表わす事態と密接な関係に置く機能を持っていると考えられる．このような Gf と主動詞の関係は先ず何よりも時間的なものであり，Gf の基本的な意味が同時性を表わすと言われる由縁である．次に第2段階として，時間的な関係が，因果的・論理的な関係として捉えられるようになる．」
> (春木, 1993, p.74)

つまり，時間的関係を表わすところから，それが因果的・論理的関係へと拡張していくという主張である．

ところで，一般にジェロンディフの複合形は，時間的先行性を表すのが本質であると言われている．しかし，春木 (1993) の主張はこれと異なる．

> 「内容が未然的なものから已然的なものに変わると，時間的な前後関係，厳密にはアスペクト的関係が前面に出てくる．
>   (8) En ayant fait ses devoirs hier, il peut aller au cinéma ce soir.
>   (9) * En faisant ses devoirs hier, il peut aller au cinéma ce soir.
> ここでアスペクト的という言葉を使ったように，Gf の複合形は単なる時間的な先行性を表わしているのではなく，むしろ主動詞の表わしている時点における結果的な状態を問題にしていると考えられる．」
> (春木, 1993, p.74)

ここで春木 (1993) は，ジェロンディフは結果的状態を表わすというような主張を行っているが，「結果的状態を表わす」ためには「結果状態」が生まれることが不可欠であり，そのためには，事行そのものが完了していなければならないはずである．この点で我々の主張と大きく異なってはいない．

TOGEBY (1983) は，ジェロンディフの複合形が稀である理由についてこう説明している．

> 「ジェロンディフは，それに含まれる前置詞 en が継続相を強調するので，ごく稀にしか複合時制に置かれているものに遭遇しない： *En ayant*

répondu « Oui » à la question, nous avons conscience d'avoir sauvé ce référendum d'un résultat lamentable (Figaro, 24-4-72, 5). [...] ただし，tout によってジェロンディフ複合形が強調されているものは稀ではない： Cela nous permettra de manœuvrer avec chacun d'eux comme si l'autre en ignorait le contenu, tout en ayant pris la précaution de le leur faire connaître (Anouilh, Becket 158)」*²⁰² (TOGEBY, 1983, III, p.57)

1.11.1.3. 現在分詞とジェロンディフ

現代フランス語においても，この２つの差を明確に示すことは困難である．RIEGEL (1994) らは次のように両者の違いを述べる．

> 「ジェロンディフは，現代フランス語において前置詞 en の使用が義務的であることによって，現在分詞と異なる．この前置詞 en は，時間的同時性の表現に最も適しており，それは日付を示すために用いられる en の用法が示す通りである (en été).」*²⁰³

(RIEGEL, PELLAT & RIOUL, 1994, p.342)

しかし，次のようにその区別が難しい場合があることを認めている．

> 「しかしながら，ジェロンディフと現在分詞の機能的な違いはいつも明確に区別できるものではない：現在分詞が主語に並置される時，[...] 現在分詞はジェロンディフが持っているような状況補語（特に，時の状況補語，原因の状況補語）の価値を得る．en の使用だけが，１９世紀までは不規則的であったが，ジェロンディフであることを示すことができる．」*²⁰⁴ (ibid.)

---

*²⁰² Le gérondif, dont le *en* souligne l'aspect duratif, ne se rencontre que très rarement au temps composé : *En ayant répondu « Oui » à la question, nous avons conscience d'avoir sauvé ce référendum d'un résultat lamentable* (Figaro, 24-4-72, 5). [...] Sauf s'il est renforcé par *tout* : *Cela nous permettra de manœuvrer avec chacun d'eux comme si l'autre en ignorait le contenu, tout en ayant pris la précaution de le leur faire connaître* (Anouilh, Becket 158) (TOGEBY, 1983, III, p.57)

*²⁰³ Le gérondif se différencie du participe présent par l'emploi obligatoire, en français moderne, de la préposition *en* [...], qui convient le mieux à l'expression de la simultanéité temporelle, comme le montrent ses emplois pour indiquer une datation (*en été*). (RIEGEL, PELLAT & RIOUL, 1994, p.342)

*²⁰⁴ Cependant, la différence fonctionnelle entre le gérondif et le participe présent n'est pas toujours nettement tranchée : quand le participe est apposé au sujet, il [...] prend des valeurs circonstancielles semblables à celles du gérondif (temps et cause notamment). Seul l'emploi de *en*, irrégulier jusqu'au XIXe siècle, peut alors marquer le gérondif.

(RIEGEL, PELLAT & RIOUL, 1994, p.342)

第3章　各時制の分析

結局 RIEGEL らは，前置詞 en の有無以外に両者をはっきりと区別するものはないと述べているのである．

ジェロンディフ・現在分詞がそれぞれどういった品詞の役割を果たすことがあるかという分析法もある．

> 「ジェロンディフは動詞の非人称法の1つである．統辞論的には，不定法が動詞の名詞化，分詞が形容詞化の結果であるのと同じように，ジェロンディフは動詞の副詞化の結果である．」[205]
> (ARRIVÉ, GADET & GALMICHE, 1986, p.297)

TOGEBY (1983) は以上のような研究よりは，踏み込んだ分析を行っている．まずは，両者に共通する性質についてこう述べる．

> 「副詞的補語として，動詞的形容詞を除いた現在分詞かジェロンディフを用いる．」[206] (TOGEBY, 1983, III, p.55)

ここで，TOGEBY が，いずれも「副詞的補語」として機能すると主張している点が，他の研究とやや異なる点である．TOGEBY はこう続ける．

> 「現在分詞は，派生してできた副詞であり，ジェロンディフはその副詞の前に en がついたものである．いずれも副詞的補語になるべく運命づけられており，両者の違いは構造の面においても意味の面においても大きくない．」[207] (ibid., p.56)

そして，会話においてはジェロンディフしか用いられることがないとの WAGNER の考察を引用するが (ibid.)，TOGEBY はさらに自らの考察を続け，両者の区別を2つの点で試みる．

---

[205] Le *gérondif* est l'un des modes impersonnels du verbe. Du point de vue syntaxique, le gérondif est le résultat de l'adverbialisation du verbe, de même que l'infinitif est le résultat de sa nominalisation et le participe de son adjectivation. (ARRIVE, GADET & GALMICHE, 1986, p.297)

[206] Comme complément adverbial, on emploie le participe présent ou le gérondif, à l'exclusion de l'adjectif verbal. (TOGEBY, 1983, III, p.55)

[207] Le participe présent est un adverbe dérivé, le gérondif une construction où cet adverbe est précédé de *en*. Les deux sont prédestinés à être complément adverbial, et la différence entre eux n'est pas grande, ni sur le plan de la construction ni sur celui du sens. (TOGEBY, 1983, III, p.56)

「いずれも副詞的補語であるが，現在分詞はジェロンディフよりも間接属辞に近い： *Il resta immobile, le visage préoccupé, promenant l'aiguille du transistor le long des stations* (Merle, Malevil 74) [...] 次例で *en dormant* が *éveillé* に対立しているように対句法の中でジェロンディフが間接属辞と対を成すことが時々あるものの，ジェロンディフがこのように使われることはほとんどない： *Il le composait, dit-il, en dormant et l'écrivait éveillé* (Orieux, Voltaire 105)..」[208] (ibid.)

「ジェロンディフは前置詞により導入されている副詞的補語と容易に等位関係に置かれる： *Jones et Baker libérèrent leurs brosses des amarres avec une apparence de hâte et en faisant exprès de s'embrouiller dans leurs nœuds.* (Merle, Ile 14). 現在分詞はジェロンディフと比べるとこのような構成をとることが難しい [...].」[209] (ibid.)

しかしながら TOGEBY 自身も「ほとんどない」といったあいまいな表現で述べているように，以上の2つの指摘はあくまでも傾向であり，規則と呼べるまでのものではないようである．この等位関係に置かれている場合の両者の違い以外に，補語をとらない場合の両者の違い，そして両者の意味における違いについて分析が続く．

「分詞節が補語をとらない場合，ジェロンディフを用いることが多く，現在分詞はこの補語をとらない構文においては動詞的形容詞と競合する [...]. しかしながら，行為の展開を描くというよりは主語を描写する時には，現在分詞が必要である： *Ils sont tous en scène attendant, inquiets.* (Anouilh, Grinçantes 476) [...]」[210] (ibid., p.60)

---

[208] Le participe présent peut facilement être coordonné à un attribut indirect : *Il resta immobile, le visage préoccupé, promenant l'aiguille du transistor le long des stations* (Merle, Malevil 74) [...] Le gérondif ne s'emploie guère ainsi, bien que parfois il fasse pendant à un attribut indirect dans des parallélismes, comme *en dormant* opposé à *éveillé*, dans l'exemple suivant : *Il le composait, dit-il, en dormant et l'écrivait éveillé* (Orieux, Voltaire 105). (TOGEBY, 1983, III, p.56)

[209] Le gérondif peut facilement être coordonné à un complément adverbial introduit par une préposition : *Jones et Baker libérèrent leurs brosses des amarres avec une apparence de hâte et en faisant exprès de s'embrouiller dans leurs nœuds* (Merle, Ile 14). Le participe présent se construit moins facilement ainsi [...] (TOGEBY, 1983, III, p.56)

[210] Si la phrase participiale n'a pas de complément, on emploie le plus souvent le gérondif, le participe présent étant concurrencé dans cette construction par l'adjectif verbal : [...] Le participe présent est pourtant obligatoire quand il s'agit de décrire le sujet plutôt que le déroulement de l'action : *Ils sont tous en scène attendant, inquiets* (Anouilh, Grinçantes 476).

(TOGEBY, 1983, III, p.56)

第3章 各時制の分析

ここでの TOGEBY の，主語を描写する際には現在分詞が必要という指摘は，結果的には現在分詞がジェロンディフと比べて形容詞に近い性質を持っていることを述べていると考えられる．意味の違いについては次の2つの説明がある．

> 「ジェロンディフは特に節の動詞に結びつき，その過程を描写する： *il parle en articulant de son mieux* (Robbe-Grillet, Labyrinthe 139) [...] 現在分詞はむしろ，節全体に結びつき，そこから節の主語へ結びつくこととなり，主語の描写を行う： *Elle était admirable ainsi, riant d'elle-même et de sa fureur* (Butor, Modification 140) [...].」 *[211] (ibid., p.61)

この第1の指摘に関しては，TOGEBY 自身が自己矛盾に陥っている可能性がある．TOGEBY は先に，「行為の展開を描くというよりは主語を描写する時には，現在分詞が必要 (TOGEBY, 1983, III, p.60)」と述べていた．しかしここでは，「現在分詞はむしろ，節全体に結びつき [...]」と主張している．つまり先の主張では，間接的に現在分詞は形容詞的機能を果たすと述べているが，ここではむしろ副詞的であると主張している．一般には，節全体に結びつくものは副詞（相当語）が果たすべき役割である．さらに，「節全体に結びつき，そこから節の主語へ結びつくこととなり」という主張には無理がある．なぜ節全体から，主語へと結びつく先が移行するのか．換言すれば，なぜ主語以外へは関係しないのか．この点に答えないかぎり，TOGEBY の主張には納得できない．

第2の指摘は以下のようなものである．

> 「ジェロンディフは手段あるいは方法を示す： *Il nous a beaucoup intéressés en nous expliquant pourquoi Venise est menacée de dégradation* (Beauvoir, Tout 245) [...] 時に，現在分詞は同じ意味を持つことができる： *elle l'a humiliée pendant toute son enfance, l'appelant « ma grosse » et la traitant de sotte* (Beauvoir, Tout 172) [...] しかし，現在分詞はむしろ結果を描写する： *Bob Schul les avait distancés à Tokyo, remportant la médaille olympique* (Express 28-6-65, 57) *une manifestation antifasciste que la police contra brutalement, tuant six ouvriers* (Beauvoir, Age 168).」 *[212] (ibid., p.61)

---

*[211] Le gérondif s'attache plus particulièrement au verbe de la proposition et en décrit le processus : *il parle en articulant de son mieux* (Robbe-Grillet, Labyrinthe 139) [...] Le participe présent s'attache plutôt à la proposition entière, et, par là, au sujet de la proposition pour en donner une description : *Elle était admirable ainsi, riant d'elle-même et de sa fureur* (Butor, Modification 140) [...]
(TOGEBY, 1983, III, p.61)

*[212] Le gérondif indique le moyen ou la manière : *Il nous a beaucoup intéressés en nous expliquant*

ここでの TOGEBY の主張は，ジェロンディフは手段や方法を表し，現在分詞は結果を表すというものであるが，ジェロンディフや現在分詞でなくとも手段・方法・結果といった内容を表すことは可能であるから，「手段や方法を表す」ということを，ジェロンディフの本質的価値としては捉えられない．例えば，TOGEBY が引用していた例に現れているジェロンディフを複合過去形に換えても，伝達内容はほとんど変わらない．

(356) Il nous a beaucoup intéressés. Car *il nous a expliqué* pourquoi Venise est menacée de dégradation.

同様に，「結果を表す」とする現在分詞の例についても同様である．

(357) Bob Schul les avait distancés à Tokyo. Il *a remporté* la médaille olympique.

TOGEBY がここで指摘しているものは，ジェロンディフや現在分詞の本質的価値ではなく，意味効果の1つであると考えるべきである．

以上，現在分詞とジェロンディフに関する先行研究を検討してきたが，我々の結論は，以下の通りである．まずジェロンディフについてであるが，現代フランス語のジェロンディフは形態的に前置詞が常に付加されることを考慮すると，形容詞というよりはむしろ副詞的に機能すると考えられる．反対に現在分詞は動詞的形容詞と形態的に非常に類似していることもあり，形容詞に近い機能を持っていると考えられる．しかしながら，現在分詞の場合でも動詞の語彙的意味や，主節との関係により，副詞的に機能することもあり，両者の区別が困難になることもある．また，朝倉 (2002, p.240) が指摘しているように，同一文で両者を使用できる場合があるのも事実である．

1.11.1.4. 過去分詞

ここでは，助動詞を使わずに過去分詞を単独で用いる場合について考察する．
TOGEBY (1983) は，統辞的な制約を次のように述べている．

---

pourquoi Venise est menacée de dégradation (Beauvoir, Tout 245) [...] Parfois, le participe présent peut avoir le même sens : *elle l'a humiliée pendant toute son enfance, l'appelant « ma grosse » et la traitant de sotte* (Beauvoir, Tout 172) [...] Mais il décrit plutôt le résultat : *Bob Schul les avait distancés à Tokyo, remportant la médaille olympique* (Express 28-6-65, 57) *une manifestation antifasciste que la police contra brutalement, tuant six ouvriers* (Beauvoir, Age 168)
(TOGEBY, 1983, III, p.61)

第3章　各時制の分析

> 「過去分詞は形容詞である．あらゆる形容詞と同じように，性数一致する．過去分詞は形容詞機能では付加詞あるいは属辞として機能する．[...] この他，過去分詞は動詞的機能も持っており，何よりもまず複合時制において中心的動詞の機能を果たす．しかしこの用法においてさえ，être と共に用いられる動詞では主語との性数一致，avoir と共に用いられる動詞では先行する目的語との性数一致が示すように，過去分詞は形容詞であり続ける．[...] これらの用法を除けば，過去分詞は不定法や現在分詞とは異なり，過去分詞だけでは目的語を持つことが出来ない．しかし，属辞：*un homme devenu aveugle*，間接属辞：*un homme mort jeune*，副詞的補語：*le thé servi à cinq heures* を持つことは可能である．」*[213]
>
> (TOGEBY, 1983, III, p.9)

以上の TOGEBY の指摘から，統辞面においては過去分詞が他の直説法の諸時制などとは性質が異なることが分かる．

多くの先行研究においては，自動詞の過去分詞を単独で用いた場合には過去分詞は先行性を表し，同様に他動詞の過去分詞は受動を表すと述べられている．だが，さらに踏み込んだ分析となると，捉え方に差が出てくる．

> 「時に，助動詞なしで用いられた動詞の形容詞形に過去分詞という名前を与えるが，これは誤用である．この形は，アスペクト価をもち，ある事行の結果に続く状態を想起させる．この形自体には，時間的価値はない．この形が属している文脈の力によって，時間的価値を得るのである．」
> *[214] (WAGNER & PINCHON, 1962, p.321)

ここで WAGNER & PINCHON (1962) は次の例をひいている．

---

*[213] Le participe passé est un adjectif. Il s'accorde en genre et en nombre comme tous les adjectifs. Il s'emploie dans les fonctions adjectivales, comme épithète ou comme attribut. [...] Par ailleurs, le participe passé a des fonctions verbales, avant tout celle de verbe principal dans les temps composés. Mais, même dans cet emploi, le participe passé reste un adjectif, comme le montre son accord avec le sujet des verbes conjugués à l'aide de *être*, et avec l'objet antéposé des verbes conjugués à l'aide de *avoir*. [...] En dehors de ce cas, le participe passé ne peut pas, contrairement à l'infinitif et au participe présent, avoir un objet à lui tout seul. Mais il peut se construire avec un attribut : *un homme devenu aveugle*, avec un attribut indirect : *un homme mort jeune*, avec un complément adverbial : *le thé servi à cinq heures*. (TOGEBY, 1983, III, p.9)

*[214] On donne quelquefois le nom de *Participe passé* à la forme adjective du verbe employée sans auxiliaire. C'est un abus. Cette forme, qui a une valeur d'aspect, évoque l'état qui suit l'achèvement d'un procès. Elle n'a pas, par elle-même, de valeur temporelle. Elle prend une valeur chronologique en vertu du contexte auquel elle appartient. (WAGNER & PINCHON, 1962, p.321)

(358) *Passé le danger*, on se moque du saint. (Proverbe) (ibid.)

WAGNER & PINCHON はこの例で言うならば，passé le danger という分詞節は，[passer le danger] という事行の結果状態を表している．そして passé le danger という分詞節が時間軸上でどこに位置づけられるかは on se moque du saint という主節によって決定されると主張しているのである．WAGNER & PINCHON が「誤用」としているのは，この形態の「participe passé 過去分詞」という名称に関してであろう．すなわち，過去分詞という名前でありながら過去の事行を表すとは限らないという見解である．なお WAGNER & PINCHON (1962) は，「命令法過去」という名称についても異議を唱えている *215.

LEEMAN-BOUIX (1994b) は過去分詞には２つの用法があるとする．動詞形，形容詞形 *216 である (LEEMAN-BOUIX, 1994b, p.24).

LEEMAN-BOUIX が動詞形と呼ぶものは，過去分詞に独自の主語があり，分詞節を形成している次のような場合である．

(359) *Max parti*, Eve se mit à ranger la maison. (ibid.)

次例のように条件節，原因節として機能することもあるという．

(360) *La voiture réparée avant midi*, je pourrais repartir ce soir.
(= *si la voiture était réparée avant midi*) (ibid.)
(361) *Son fils guéri*, Eve put enfin reprendre son travail.
(= *parce que son fils était guéri*) (ibid.)

これに対して形容詞形と呼ぶのは，過去分詞に独自の主語が付いていない場合である．そしてそのような過去分詞の機能をこう述べる．

「形容詞として，過去分詞は形容詞の３つの機能を果たすことができる：付加詞，属辞，同格付加詞 *217.」*218 (ibid., p.26)

---

*215 A la forme composée, l'impératif (dit improprement *passé*) présente le procès comme **achevé**.
(WAGNER & PINCHON, 1962, p.339)
*216 forme verbale, forme adjectivale.
*217 épithète détachée. これは LEEMAN-BOUIX が *L'enfant, effrayé, recula / Effrayé, l'enfant recula / L'enfant recula, effrayé.* (LEEMAN-BOUIX, 1994b, p.25) に現れている *effrayé* のような付加詞を指すものとして用いている語である。
*218 Comme adjectif, le participe passé peut assurer les trois fonctions de l'adjectif : épithète, attribut, ou épithète détachée (LEEMAN-BOUIX, 1994b, p.26).

第3章　各時制の分析

この3つについて，それぞれ以下の例があげられている．

 (362) La femme *tombée sur le trottoir* hurlait de douleur. (ibid.)

この例では tombée sur le trottoir は付加詞の役割を果たし，

 (363) La femme, *tombée sur le trottoir,* hurlait de douleur. (ibid.)

では，同格付加詞の役割を果たし，

 (364) L'agent crut la femme *tombée sur le trottoir*, mais en réalité elle avait été renversée dans le passage clouté. (ibid.)

では，直接目的語 la femme の属辞になっているという (ibid.)．この最後の例では，付加詞との違いが微妙であるように思われるが，LEEMAN-BOUIX は代名詞化によってこの両者を区別する．すなわちこの最後の例で代名詞 la を用いて書き換えると

 (365) L'agent *la* crut tombée sur le trottoir. (ibid.)

となるが，ここで代名詞 la は la femme だけを受けていることから，属辞であると断定している (ibid.)．しかしながら，単独で用いられる過去分詞の用法をこのように3つに分けるものの，それぞれの関係やそのような違いが生じる理由については言及していない．
 また，être の後で用いられた場合には，過去分詞が動詞形なのか形容詞形なのか迷うことがあるという (LEEMAN-BOUIX, 1994b, p.27)．例えば，

 (366) La porte est ouverte. (ibid.)

という文において ouverte という過去分詞は，受動態であれば動詞形であるし，そうでなければ形容詞形ということになるとする (ibid.)．ただしこの場合においては，

 (367) ? Tiens, regarde, la porte est ouverte par le gardien, on va pouvoir visiter les musée. (ibid.)
 (368) ? A chaque tempête, la porte est brutalement ouverte par les bourrasques.
                 (ibid.)

といった文が不自然であることなどを根拠に，受動態におかれているという可能性を排除し，ouverte は形容詞形であると判断可能であると述べる (ibid.). しかしながら，LEEMAN-BOUIX 自身述べているように，このような区別が常に可能であるとは限らない．従って，この２つの可能性を分析し明確な区別を試みるのではなく，過去分詞が形容詞的に機能することがあると述べるに留めることにする．

BONNARD (2000) は，助動詞なしで単独で過去分詞が用いられた場合について，事行の性質によって差があるという主張をしている．

「助動詞なしの過去分詞は，事行の結果的状態を表す：過去分詞は，事行が自動詞であるか他動詞であるかによって同一の時間的価値を持たない．」*[219] (BONNARD, 2000, p.238)

自動詞の場合についてはこう述べる．

「事行が自動詞によって表されていれば，原則として être と共に活用される動詞のみ，助動詞なしで単独で過去分詞が用いられる．」*[220] (ibid.)

これは例えば，以下のような場合である．

(369) Les jeunes gens **nés** en 1960. (ibid.)
(370) Les produits nouvellement **sortis**. (ibid.)

上例中の nés, sortis という過去分詞に関する BONNARD の説明は次の通りである．

「naître, sortir によって表されている事行は過去のことであり，その事行から生じた状態だけが名詞に関係している（名詞だけが自動詞によって表されている事行に参加している）．」*[221] (ibid.)

ここでの BONNARD の説明は，自動詞の過去分詞は先行性を表すという一般的な説明と大きく異なるものではない．次に，自動詞でも助動詞が avoir の動詞につ

---

*[219] Le Participe passé sans auxiliaire exprime **l'état résultant du procès** : il n'a pas la même valeur temporelle selon que le procès est intransitif ou transitif. (BONNARD, 2000, p.238)
*[220] Si le procès est **intransitif**, le Participe passé sans auxiliaire n'est usité en principe que pour les verbes conjugués avec *être* [...] (BONNARD, 2000, p.238)
*[221] Le procès "naître" ou "sortir" est passé ; l'état qui en résulte concerne le support (participant seul au procès intransitif). (BONNARD, 2000, p.238)

第3章　各時制の分析

いての説明が続く．

> 「原則として，marché のような助動詞 avoir を用いる動詞の助動詞なしの過去分詞は，用いられない．しかしながらいくかの動詞（完了動詞）は，上で述べた助動詞 être を用いる動詞の過去分詞の場合と同じ価値を持つ： *une rivière **débordée** (elle a débordé)*」*[222] (ibid.)

以上の主張で重要なことは，助動詞に avoir を用いる動詞であってもそれが完了動詞であれば過去分詞を単独で用いることが可能であり，逆に未完了動詞ではそれができないという指摘である．

他動詞の場合については次のように述べる．

> 「事行が他動詞によって表されていれば（つまり avoir と共に活用される動詞ならば），事行の結果状態は動詞が主語を持っていた場合には直接目的語となる一連の語にかかわる： *une malle bouclée (il a bouclé sa malle), des cheveux coupés (elle a coupé ses cheveux)*．これらの過去分詞は受動的な意味を持っていると言われる．」*[223] (ibid.)

ここでの Bonnard の主張は換言すれば，過去分詞が表す事行の結果状態は，もしその過去分詞が現れている文が能動態に置かれていた場合に直接目的語として現れる語句にかかる，ということである．ところが，すべての他動詞が同じように説明されるわけではない．Bonnard の説明は続く．

> 「boucler, couper は完了動詞である．もし事行が未完了のものであるか無限に繰り返されるものであれば，そこから生じる結果状態は，永続するものとして捉えられ，過去分詞は受動態におかれた現在分詞の価値を持つ」*[224] (ibid.)

---

*[222] En principe, le Participe passé simple des verbes à auxiliaire *avoir*, comme *marché*, n'est pas employé. Un certain nombre le sont pourtant (verbes de sens limité), avec la même valeur que les précédents : *une rivière débordée (elle a débordé)* [...] (Bonnard, 2000, p.238)

*[223] Si le procès est **transitif** (donc conjugué avec *avoir*), l'état résultant du procès concerne l'ensemble qui serait complément d'objet direct si le verbe avait un sujet : *une malle bouclée (il a bouclé sa malle), des cheveux coupés (elle a coupé ses cheveux)*. On dit que ces Participes ont le sens **passif**. (Bonnard, 2000, p.238)

*[224] Les verbes *boucler* et *couper* sont de sens limité. Si le procès est continu, ou indéfiniment répété, l'état qui en résulte est conçu comme permanent, et le Participe passé a la valeur d'un Participe présent passif. (Bonnard, 2000, p.238)

BONNARD はこの説明に関して以下の例しかあげていないが,

> (371) Un garçon **aimé** de ses camarades (ibid.)
> (372) Un nom souvent **cité** (ibid.)
> (373) Un malfaiteur **poursuivi** par la police (ibid.)

これらの例は以下のように書き換えが可能であるということであろう.

> (374) Un garçon *étant aimé* de ses camarades
> (375) Un nom souvent *étant cité*
> (376) Un malfaiteur *étant poursuivi* par la police

しかしながら実際には，étant aimé という構文は下記のようなものを除き,

> (377) Mais si je t'aime sans que tu m'aimes, ou si, bien qu'*étant aimé* de toi, je ne t'aime pas, on ne peut pas encore parler de *charité réciproque,* parce que celle-ci ne peut pas être seulement mienne ou tienne: la charité réciproque est commune, elle ne peut pas être privée de la communion d'amour. (exemple tiré de Google)

すなわち名詞に直接付加されていない場合を除き，用いられないということが予想される．Google を用いて実例を検索すると，これは一目瞭然である．以下がその調査結果である．

femme aimée	: 約 2750 例	femme étant aimée	: 0
fille aimée	: 約 325 例	fille étant aimée	: 0
homme aimé	: 約 2560 例	homme étant aimé	: 0
garçon aimé	: 約 210 例	garçon étant aimé	: 0

なお，Discotext においても，名詞に étant aimé (e) を直接付加した形は見つからなかった．おそらく，être は容易に省略することができ，ほとんどの場合には実際に省略されると考えられる．

1.11.3. 不定法
1.11.3.1. 不定法の時間的価値
1.11.3.1.1. 不定法単純形

　不定法の時間的価値に関して，先行研究の中で大きな意見の対立は見られない．つまり，動詞が持っている語彙的意味のみを表すというのがその本質であろう．英仏の不定法の対照研究を行った TURNER は次のように述べる．

> 「我々はフランス語の不定法と英語の不定法（英語における動詞の基本形，すなわち to のつかない不定法）に，"事行の概念の指示"，すなわち，述部の関係の中に入れることなくその事行を他のあらゆる事行と区別し定義できるような物質文化的，かつ差別的な特性の集合，という同じ価値を与える．」*[225] (TURNER, 2000, p.247)

時制体系において独自の考察を行っている WEINRICH も，不定法に関しては他の研究と大きく異なる主張ではない．

> 「不定法は最も中立な形態，すなわち動詞の最も弱く限定された形態である．不定法の形は，以下のような統辞的な対立を中立化する：
> 会話に関わる3要素：話者，聞き手，指示対象
> 数の対立：単数，複数
> 時制群の対立：説明の時制群，物語の時制群
> 時間的浮き彫りの対立：前景，背景」*[226] (WEINRICH, 1989, p.184)

WEINRICH は上記のような対立によって各時制を記述しているが，不定法がこのような対立を中立化すると主張しているということは，他の研究者の主張と対立，矛盾するものではない．ただし，すでに触れたように，WEINRICH が説明手段とし

---

*[225] Nous attribuons à ces deux formes, *INF* (= infinitif) et *BV* (= base verbale anglaise, infinitif "sans to"), la même valeur fondamentale de *renvoi à la notion de procès*, c'est-à-dire à un ensemble de propriétés physico-culturelles discriminatoires permettant de définir la notion d'un procès comme étant distincte de toute autre notion de procès, indépendamment de l'insertion de ce procès dans une relation de prédication. (TURNER, 2000, p.247)

*[226] L'infinitif est la forme la plus neutre, c'est-à-dire la plus faiblement déterminée du verbe. Les formes de l'infinitif neutralisent les oppositions syntaxiques suivantes :
- L'opposition des trois communicants : locuteur vs. auditeur vs. référent
- L'opposition de nombre : singulier vs. pluriel
- L'opposition de registre temporel : commentaire vs. récit
- L'opposition de relief temporel : premier plan vs. arrière-plan (WEINRICH, 1989, p.184)

て用いている対立関係にはいくつか問題のあるものも存在する．例えば，前景と背景の違いは次のように述べられているが，

> 「この物語の中で背景とは何か，前景とは何かを断定的に述べることはできない．しかし反対に，半過去で述べられているものはすべて背景であり，単純過去で述べられているものはすべて前景であると言うことは可能である．」(脇坂 他, p.126)

これはあまりにも乱暴な定義であると言わざるを得ない．

ところで，不定法は時間的価値を持っていないことから，当然のことながら不定法によって表される事行が特に現在時に関することでなくとも良い．(LEEMAN-BOUIX 1994b) は以下のような例をあげてこれを証明する．

(378) Acquérir une voiture est simple. (LEEMAN-BOUIX, 1994b, p.57)
(379) Acquérir une voiture était simple. (ibid.)
(380) Acquérir une voiture sera simple. (ibid.)
(381) Acquérir une voiture hier était simple. (ibid.)
(382) Acquérir une voiture demain sera simple. (ibid.)

次例は，不定法の列挙により，一連の動作が示されている例である．

(383) Puis, une fois les enfants hors du lit, ce sera la douche, puis, *m'habiller*, *déjeûner*, *m'assurer* que les enfants s'habillent et déjeûnent (ce qu'ils devraient normalement avoir déjà largement entamé pendant que j'étais sous la douche), puis *expédier* Frédéric dehors et sur le chemin de l'école, en ayant pris soin de vérifier qu'il avait son lunch, sa collation, son sac d'école contenant tous ses livres (distrait mon Fred ? Non...;). Vous comprenez, avec une maman qui travaille, rien ne doit être oublié car une fois la maison quittée, pas de retour possible... (exemple tiré de Google)

この例には，m'habiller, déjeuner, m'assurer, expédier という4つの不定法が現れているが，これらの不定法によって表されている4つの事行が同時の行為ではないということは，動詞の意味，あるいは puis といった外的要因によって決定される．

1.11.3.1.2. Infinitif de narration

不定法の用法の中に「物語体不定詞 *[227] infinitif de narration」と呼ばれるものがある．その実例としては以下のようなものをあげられよう．

> (384) C'est cet officier que les journaux avaient représenté comme un austère soldat républicain à moustaches grises, lequel n'avait pas voulu servir sous la tyrannie impériale, et qui était si pauvre qu'on avait été obligé de lui acheter à la friperie un uniforme râpé du temps de la Réveillère-Lepaux. *Et moi de m'écrier* : "Eh ! C'est vous ! Comment..." Il me tend le bras, me serre la main sur le cou de Flanquine [...] (CHATEAUBRIAND, *Mémoires d'Outre-Tombe* in Discotext)

統辞的特徴について，朝倉 (2002)，BONNARD (2000) は次のように指摘する．

> 「物語体不定詞（inf. de narration）inf. descriptif あるいは inf. historique とも言う．et + 主語 + de + 不定詞 の形をとるのが普通．多くは et と同じく前文との関連を示す alors, aussitôt, là-dessus を主語の前または後に置き，過去形または現在形を用いた叙述中に挿入されて，前文の結果としてその直後に行なわれた行為を表わし，物語に生彩を与える．et の代わりに mais を用いたり，これらの接続詞・副詞を省いたり，主語が前節の主語と同じなら，主語を省くこともある．不定詞複合形は用いられない．」
> (朝倉, 2002, p.265)

> 「語りの中で，時間的な情報が文脈において十分確立されているとき，直説法の代わりに物語体不定詞と呼ばれる不定法を用いることができる．これは前置詞 de によって導入され，ほとんどの場合，冠詞付きあるいは無冠詞の主語が先行する．[...] この用法の不定法は，行動を論理的しかし現実的，かつその前に行われた行為の直後の帰結として表す．[...]」*[228]
> (BONNARD, 2000, p.286)

「物語体不定詞」という名称をもちながら，この不定法は語らないとする主張もある．

---

*[227] この訳語は，朝倉(2002, p.265)による．
*[228] Au cours d'un récit, dont les coordonnées temporelles sont bien établies dans le contexte, l'indicatif peut faire place à l'infinitif dit de narration, introduit par la préposition *de* et précédé le plus souvent d'un sujet avec ou sans article. [...] Cet emploi présente une action comme la conséquence logique, mais réelle, et rapide de l'action précédente [...] .(BONNARD, 2000, p.286)

「物語体(あるいは歴史的)不定詞と呼ばれるこの不定法は，実際には語らない．特に，この不定法は，時間の枠組みの中に行為を位置づけるための特に物語的な意図に適合するような性質は何も持っていない．」*229

(LE BIDOIS, 1971, I, p.471)

確かにの LE BIDOIS の主張するように，不定法が本質的に文体的な何らかの効果を持っているとは考えにくい．LE BIDOIS はこう続ける．

「その本当の役割は，この動詞形の本質に完全に結びついたものであるが，行動そのもの，あらゆる時間，人，数に関する補足的情報を持ち合わせていない行動を目の前に提示することにある．」*230 (ibid.)

ここで LE BIDOIS が「行動そのもの，あらゆる時間，人，数に関する補足的情報を持ち合わせていない行動」と呼ぶものは，朝倉 (2002, p.265) が「行為が概念の状態であること」と称しているものに通ずる．より一般的な言い方をすれば，不定法自身では時間的価値が決定されないため時間に関する情報はいっさいなく，文字通り不定法が持つ語彙的意味のみの状態であるということであろう．つまり逆の見方をすれば，「この構文が簡潔で生彩に富む (朝倉, 2002, p.265)」のは，意味効果であると LE BIDOIS は主張していることになる．

ENGLEBERT は，Diderot の実例をあげ，その上でこの物語体不定詞になる動詞の意味論的傾向を指摘する．

(385) Et le maître [...] de *poursuivre* Jaques, et Jaques de *tourner* autour du cheval en éclatant de rire, et son maître de *jurer*, de *sacrer*, d'*écumer* de rage et de *tourner* aussi autour du cheval en vomissant contre Jaques un torrent d'invectives, et cette course de *durer* [...]

(Diderot, *Jaques le fataliste* cité par ENGLEBERT, 1998, p.42)

「この例で動的動詞を多く列挙することができる．そういった動詞は，物

---

*229 Cet infinitif, qu'on appelle *infinitif de narration* (ou *historique*), à vrai dire il ne narre pas ; surtout, il n'a rien qui s'accorde au dessein spécifiquement narratif de situer les actions dans le cadre du temps. (LE BIDOIS, 1971, I, p.471)

*230 Son vrai rôle, tout à fait assorti à l'essence de cette forme verbal, c'est de mettre sous les yeux l'action pure, l'action dégagée de toute indication complémentaire de temps, de personne, de nombre. (LE BIDOIS, 1971, I, p.471)

理的変化 (poursuivre, tourner),あるいは心理的変化 (écumer de rage),ある
いはまた,発話行為を示すもの (jurer, sacrer) であり,静的動詞は1つだ
けである (durer). 物語体不定詞の不定詞句に含まれる動詞はほとんどの
場合において,文脈などない状況では動的動詞であり,例えば,行動・
変化の動詞,あるいは devenir などである[...].」*²³¹

(ENGLEBERT, 1998, p.42)

ここで ENGLEBERT はこの構文に現れる動詞の意味的性質について言及している
が,これはこの構文によってもたらされる文体的効果とも関連があると考えられ
る.また,その効果を考慮に入れれば,動的な動詞が多いのは当然である.

1.11.3.1.3. 不定法複合形

不定法過去形と呼ばれることがある複合形についても LEEMAN-BOUIX は同様の
指摘をしている.

(386) Avoir acquis une voiture rend sa vie plus facile.

(LEEMAN-BOUIX, 1994b, p.57)

(387) Avoir acquis une voiture a rendu sa vie plus facile. (ibid.)

(388) Avoir acquis une voiture rendra sa vie plus facile. (ibid.)

その上で,「過去」という意味効果は,完了というアスペクトから生じるもので
あると述べる(LEEMAN-BOUIX, 1994b, p.59). LEEMAN-BOUIX と同様に,不定法複合
形のアスペクト価値が「完了」であるとする研究は多い. RIEGEL らは端的に次
のように述べている.

「不定法過去形は完了を表し,どの時限においても先行性という時間的関
係を示すことができる [...].」*²³² (RIEGEL, PELLAT & RIOUL, 1994, p.334)

WILMET (1997) の捉え方は GUILLAUME の影響を受けているが,RIEGEL らの主張と

---

*²³¹ On y dénombre une majorité de verbes *dynamiques*, marquant une modification, physique (*poursuivre, tourner*) ou psychologique (*écumer de rage*), ou encore renvoyant à des actes de parole (*jurer, sacrer*), et un seul verbe *statique* (*durer*). Les verbes impliqués dans les GI (= groupe infinitif) des IN (= infinitif de narration) sont le plus souvent *dynamiques* hors contexte, en langue, tels les verbes d'action et de modification, tel aussi ce verbe *devenir* [...].

(ENGLEBERT, 1998, p.42)

*²³² **L'infinitif passé**, qui exprime l'accompli, peut indiquer une relation temporelle d'antériorité à n'importe quelle époque [...]. (RIEGEL, PELLAT & RIOUL, 1994, p.334)

相反するものではない.

> 「例えば avoir marché において,auxilié *[233] marché に対応する事行は,時間軸上で助動詞 avoir に対応する事行に先行する(《歩いた》の前に《歩く》).しかし同時に,marcher の構成要素は外延的な段階を開く=《もはや歩かない》という段階,あるいは《歩いたので疲れたと感じている》段階などである.」*[234] (WILMET, 1997, p.333)

次例は,不定法複合形の例であるが,「過去」を表しているとは考えられないものである.

> (389) 15/01/2001 Après un arrêt de quelques jours, je reprends le travail ; j'avais un mal de dos terrible dû à la station assise prolongée...et à l'âge aussi peut-être !!! Ce soir, je pense *avoir fini* la page du dressage qui a été fractionnée pour une question de gain de vitesse et j'ai commencé la page sur les souvenirs.
> (exemple tiré de Google)

この例の中の avoir fini の時間的価値はいかなるものか. この実例中の avoir fini という不定法複合形によって表される事行 (A) と,主動詞 pense によって表されている事行 (B) の時間的前後関係を考えれば,(B)→(A) の順が最も自然な解釈であり,これは一般的な不定法複合形に関する説明と矛盾することになる. 次の例も同様である.

> (390) Samedi 7 Avril -- Nouvelle rubrique Colécovision
> Pas de news aujourd'hui, enfin si, je vous prépare tous les screens des jeux Colécovision ; ça me prend beaucoup de temps mais je pense *avoir fini* demain !! En attendant voici quelques screens que j'ai déjà fait [...]
> (exemple tiré de Google)

---

*[233] auxilié:適当な日本語訳がないため,このまま用いることとする. WILMET の言う auxilié とは *avoir marché* における *marché* のような過去分詞に限らず,*Il va pleuvoir* の *pleuvoir* や,*Pierre doit marcher* の *marcher* なども含まれる. すなわち auxilié は一般的な品詞の区分ではなく,むしろ統辞的な特徴によって付されている名称である.

*[234] Dans p. ex. *avoir marché*, le procès correspondant à l'auxilié *marché* précède sur la ligne du temps le procès correspondant à l'auxiliaire *avoir* (on « marche » avant d' « avoir marché »), mais, simultanément, la composition de *marcher* lui ouvre une phase extensive = « ne plus marcher » ou « se sentir fatigué après la marche », etc. (WILMET, 1997, p.333)

第 3 章 各時制の分析

副詞 demain は主動詞 pense にかかっているのではなく，avoir fini という不定法複合形が表す事行の時間的価値を定義していると思われる．

　このような実例の存在をふまえ，次の 2 点を不定法複合形の時間的・アスペクト的価値に関する我々の考察の結論とする．(1) 不定法複合形も単純形同様に，それ自身は時間的価値を持たず，主動詞や文脈等の外的要因によってそれが決定される．(2) 不定法複合形のアスペクト価値は，すでに考察を行ってきた他の複合時制と同様，完了を表すというのがその本質である．しかし，このことが無条件に，主動詞が表す事行に先行する事行を示すことにつながるわけではない．先行性を表すということが不定法複合形の使用条件・制約ではないのである．

1.11.3.2. 不定法試論

　不定法が時間的価値を持たないという点に関しては，先にあげた LEEMAN-BOUIX 以外にも数多くの指摘があり，異論はないと思われる．また，いわゆる不定法過去形が過去時を表すとは限らないというのも，LEEMAN-BOUIX があげている例を見れば一目瞭然であり，その名称にも関わらず，不定法過去形は完了という情報を持っているに過ぎない．

　不定法は活用語尾を持たないことなどから，直説法現在形よりもさらに無標であり，現代フランス語の時制の中では最も無標な時制である．このことから，物語体不定詞などのような意味効果が生じやすいと考えられよう．

1.12. 命令法

1.12.1. 命令法の時間的価値

　命令という発話行為の性質を考えれば，基本的に命令法の時間的価値は発話時から見た「未来時」ということになりそうであるが，RIEGEL らがあげているような例では，厳密な意味での「未来時」とは言い難い．

　(391) N'*éveillez* pas le chat qui dort. (RIEGEL, PELLAT & RIOUL, 1994, p.333)

この例を次のように書き換えても，フランス語話者によれば，大意は変わらないと言う．

　(392) Vous ne *devez* pas éveiller le chat qui dort.

同様の型として，以下のようなものをあげることができよう．

(393) *Avouez* et *soyez* pendu.
(*Dictionnaire des proverbes, sentences et maximes*, p.58)
(394) Ne *cherche* pas à combien, mais à qui tu plais. (ibid., p.415)

これらの文の性質を考えれば，文内容が発話時から見た未来時のみに有効と考えるよりも，いわば超時的現在形のように，普遍的に有効であると考えるべきであろう．
　また命令法には通常「過去形」と呼ばれる時制が存在する．例えば，次のような例である．

(395) *Soyez partis* demain. (HUGO, *Ruy Blas* in Discotext)

この命令を受けた人たちは，明日までには出発していなければならないというのが通常の解釈であり，これを命令法現在で置き換え，

(396) *Partez* demain.

とすると出発するのは明日で良いことになる．この点が命令法現在形と過去形の最も大きな違いであろう．前述のように命令の性質を考えれば「命令法過去」あるいは impératif passé という名称自体が不適切であると言える．
　命令法のみを詳細に扱った研究は見当たらなかったが，文法書等に見られる多くの先行研究では，命令法過去形は未来完了的な価値を持つと説かれている．

「命令法過去形は，ほとんど使われない．しばしば時の状況補語によって明示的に示されるある未来の時点で完了している事行を表すのに用いられる．」[235] (RIEGEL, PELLAT & RIOUL, 1994, p.333)

「命令法は２つの活用しか持たない．単純形 [...] と複合形 [...] である．[...] 単純形と複合形という対立は，アスペクトにおける対立，すなわち未完了 対 完了 という対立を決定する．」[236]
(ARRIVÉ, GADET & GALMICHE, 1986, p.318)

---

[235] L'impératif passé est peu employé. Il exprime un procès achevé à un moment futur, qui est souvent indiqué explicitement par un complément circonstanciel.
(RIEGEL, PELLAT & RIOUL, 1994, p.333)
[236] L'impératif ne connaît que deux tiroirs : une forme simple [...] et une forme composée [...]. [...] L'opposition forme simple / composée fixe l'opposition aspectuelle de l'inaccompli et de l'accompli. (ARRIVÉ, GADET & GALMICHE, 1986, p.318)

「命令法は2つの時制を持つ．[...] 過去形は，行為を完了相で示し，必然的に未来時の中に位置づけられる．」*237 (WARTBURG & ZUMTHOR, 1973, p.221)

　我々の命令法過去形に関する主張も先行研究と大きく異なるものではないが，時間的価値は持っていないと主張する．

1.12.2. 命令法試論

　先行研究においては，命令法過去形がいわば「未来完了」の意味を持つということにおいて異論は見あたらない．しかし，先例のように命令法現在形が発話時の前後に限らず，超時的な現在における命令を表すことができることを考慮に入れれば，命令法現在形が，未来時に何かをするようにという命令を表すのではなく，直説法現在形のように本質的には時間的価値を持たず，その発話状況等により多くの場合には未来時の価値を持つと考えるべきである．

---

*237 Il (= l'impératif) comporte deux temps : [...] — le passé, indiquant l'action sous l'aspect de l'accompli, se situe nécessairement dans le plan de l'avenir. (WARTBURG & ZUMTHOR, 1973, p.221)

第4章

競合する時制の分析

1. 直説法複合過去形 vs 大過去形

川本 (1954) に，複合過去形と大過去形の本質的な違いを示唆するようなエピソードがある．

> 「ある日わたくしはフランス人のL氏を訪ねた．L氏は旅行中で留守であったので，同氏の若い秘書に会って用を足した．[...] それから数日して，その秘書がこんな経験を語ってくれた．
> 「あの翌日L氏が帰ってきました．いろいろ話をしてから，« Monsieur Kawamoto est venu vous voir. » と言いましたら，L氏が『何故お待たせさせておくのだ，早くお通ししなさい』と言うのです．それで『いいえ，昨日のことです』と言いますと，L氏が『そんなら何故 « Monsieur Kawamoto était venu. » と言わないのだ』と言うのです．」
>
> (川本, 1954, p.149)

この日本人秘書は，L氏と話をした日の前日，つまり過去において川本氏が会いに来たことを複合過去形で表現したが，それでは秘書が言いたかったことが正しく伝わらず，このような状況では大過去形を用いなければならなかったということである．しかし，なぜ複合過去形ではだめで大過去形でなければならないのか．このL氏の指摘を見ても，大過去形＝過去における過去（passé dans le passé）という説明では不十分であるということが分かる．

また，現在時に何らかの関連がある事行を述べる用法が，大過去形には存在する．

(397)
    Gilbert : "Eh ho, je m'excuse, mais..."
    Alex : "(*jouant la surprise*) Quoi ?"
    Gilbert : "Faut y aller, là..."

第4章　競合する時制の分析

  Alex : "Où ?"
  Gilbert : "Tu le sais bien."
  Alex : "Merde, j'*avais oublié*. [...]"
        (*L'avant-scène cinéma,* janvier 1984, *Garçon*, p.41)

このことからも，時間的価値からでは大過去形の本質を説明できないことが分かる．
 先行研究ではなぜか，大過去形は前過去形と比較対照されることが多く，複合過去形との対比を行っているものは少ない．
 例えば，Sten はこう分析する．

> 「この時制（＝大過去形）もまた過去時制である．前過去形よりは頻繁に用いられる．（過去における）習慣を表す半過去形とあわせて用いられるということもよく理解できよう．[...] しかし，この用法以外にも大過去形を使う場合はある．」*[238] (Sten, 1952, p.218)

> 「大過去形は芝居のト書きでも見られ，複合過去と一緒に使われることがある．Elle a été prendre le paquet de linge que Frédéric avait jeté par terre. [...] しかし，ト書きの現在形とも併用できる．[...] この現象から，ト書きの現在形が一種の歴史的現在であり，すなわち先行性を表すために大過去形が要求される過去時制であることを証明していると考えなければならないであろうか．その可能性はある．しかし我々は，この大過去形という時制が二つの行為の間に，複合過去形を用いた場合よりも距離（時間的な距離というわけではない）をおくために用いられると考える．」*[239]
>
>   (ibid., pp.219-220)

ここで，Sten のいう「距離」という概念について検討してみなければならない．

---

*[238] Ce temps est aussi un temps du passé. Il est plus fréquent que le passé antérieur. On comprend bien qu'il se combine avec un imparfait d'habitude [...] Mais il y a bien d'autres occasions de l'utiliser. (Sten, 1952, p.218)

*[239] Le plus-que-parfait se trouve dans les indications scéniques. Il peut se combiner avec le passé composé *Elle a été prendre le paquet de linge que Frédéric avait jeté par terre* [...] , mais aussi avec le présent scénique *Le gérant, qui était sorti par la droite, rentre*. [...] Faut-il voir dans ce fait une preuve que le présent scénique est une sorte de présent historique, donc un passé qui exige le plus-que-parfait pour rendre l'idée d'antériorité ? Peut-être. Nous croyons pourtant que ce temps sert plutôt à mettre un peu plus de distance (il n'est pas dit que ce soit justement une distance temporelle) entre les deux actions que ne nous le permettrait l'emploi du passé composé
         (Sten, 1952, pp.219-220).

特に，時間的な距離とは別のものを考えている点に注目すべきである．Sten はこう述べる．

> 「*Les têtes qui s'étaient relevées se recouchent* と *Ils font des armes avec des fleurets qu'ils ont apportés* [...] というタイプを比較しよう．se relever という行為と se recoucher という行為の間にある時間的な距離は，fleurets を持ち帰ってから armes を faire するまでの時間的な距離よりも，おそらく長くない．しかし，最初の例においては，2つの行為の間にはコントラストがあり，第2の例においては，一方の行為がむしろもう一方の行為の論理的な帰結となっている．」*[240] (ibid., p.220)

この2例に関して Sten が述べている時間的な距離の違いについては異論はないが，Sten がいうところの「コントラスト」という概念が明確ではない．「コントラスト」とは明確には言っていないが，これに関すると思われる説明が後にある．

> 「半過去形は，場面の変化を示すことができ，我々に「隣で起こっていたこと」を見せてくれる．同様に，大過去形も「すでに隣で起こっていたこと」を示すことができる．*Quand cette maudite lettre arriva, j'avais déjà choisi mon cagnard (abri) entre deux roches* [...]．従って，大過去形が半過去形と同じように，語りやある章の最初に表れていても驚くことではない．*J'avais été réveillée brusquement, mais par quoi ?* [...] 」*[241] (ibid., p.221)

確かに以下に見るように，物語の冒頭に半過去形や大過去形が表れることは珍しいことではない．半過去の例：

---

*[240] [...] on compare *Les têtes qui s'étaient relevées se recouchent* avec un type comme *Ils font des armes avec des fleurets qu'ils ont apportés* [...] : La distance temporelle qui sépare les actions de se relever et de se recoucher est sans doute moins grande que celle qui va du moment où on a apporté les fleurets jusqu'à l'instant où on s'en sert. Mais dans le premier cas il y a contraste entre les deux actions, dans le second cas l'une des actions est plutôt la conséquence logique de l'autre.
(Sten, 1952, p.220)

*[241] L'imparfait peut indiquer un changement de scène en ceci qu'il peut nous faire voir « ce qui se passait à côté ». De même le plus-que-parfait peut indiquer « ce qui déjà s'était fait à côté » *Quand cette maudite lettre arriva, j'avais déjà choisi mon cagnard (abri) entre deux roches.* [...] Il n'y a rien d'étonnant à ce qu'un plus-que-parfait, tout comme un imparfait, puisse se trouver au commencement d'un récit ou d'un chapitre *J'avais été réveillée brusquement, mais par quoi ?* [...] C'est un moyen de captiver l'intérêt [...] (Sten, 1952, p.221)

第4章　競合する時制の分析

(398) J'*avais* dix-huit ans et cet homme dont j'ai oublié les traits du visage tapait mes réponses à la machine au fur et à mesure que je lui déclinais mon état civil, mon adresse et une prétendue qualité d'étudiant.
(MODIANO, *Un cirque passe*, p.11)

(399) On *était* en 1913, et « la der des ders », la Première Guerre mondiale, n'avait pas encore éclaté. (BISSON, *Le cinquième élément*, p.7)

(400) Dans la plaine rase, sous la nuit sans étoiles, d'une obscurité et d'une épaisseur d'encre, un homme *suivait* seul la grande route de Marchiennes à Montsou, dix kilomètres de pavée coupant tout droit, à travers les champs de betteraves. (ZOLA, *Germinal* in Discotext)

次は大過去形の例である．

(401) L'ÉTRANGE voyage ! Il *avait* si bien *commencé* cependant !
(LEBLANC, *Arsène Lupin gentleman cambrioleur*, p.11)

などがある．STEN は前述のように，半過去形の本質は事行を未完了のものとして表すことにあると考えているが，半過去形・大過去形が場面の変化を表すことができるとしている点は興味深い．

　物語の冒頭に表れる大過去形について，LE BIDOIS は例をあげながらこう説明する：

「« Booz s'était couché de fatigue accablé; Il avait tout le jour travaillé dans son aire, Puis avait fait son lit à sa place ordinaire. » 語りの冒頭に表れているこれらの大過去形の用法は，思考の非常に繊細な陰影によって説明できそうである：作者である詩人はまず，我々を遠い過去へ導こうとし，詩の主たるテーマとなる行為よりも前の行為を我々に示そうとした．しかし同時にこれらの大過去形は，我々に物語の続きを待たせ求めさせようとする．」*242 (LE BIDOIS, 1971, II, p.447)

---

*242 « Booz s'était couché de fatigue accablé; Il avait tout le jour travaillé dans son aire, Puis avait fait son lit à sa place ordinaire. » L'emploi de ces plus-que-parfaits au commencement d'une narration nous paraît s'expliquer par une très fine nuance de pensée : le poète veut d'abord nous reporter dans un passé lointain, et nous peindre des actions qui ont précédé celles qui vont faire l'objet propre du poème. Mais, en même temps, ces plus-que-parfaits nous font attendre et désirer la suite du récit ; [...] (LE BIDOIS, 1971, II, p.447)

同様の主張は，朝倉 (2002) にも見られる．

> 「物語冒頭の直・大．物語の対象に先立つ事実を語って読者の好奇心をそそる．」(朝倉, 2002, p.403)

確かに，冒頭で大過去形によって示された一節は読者に物語の続きを期待させるかもしれないが，それは大過去形の意味効果の１つであって，本質的にこの時制がそのような力を持っているとは考えにくい．また，物語の冒頭に半過去形が表れることもあるので，その点と併せて考慮すべきであろう．
　朝倉 (2002) は，複合過去形の用法を次のように述べる．

> 「A. 完了を表す複合過去形　直・現が現在だけでなく，過去・未来・一般的事実を表わすのに対応し，複過はそのすべての場合における完了を表わす．」(朝倉, 2002, p.373)

一方の大過去形についてはこう述べる．

> 「直・半が行為の初めも終わりも示さないように，結果である状態の初めも終わりも示されない．」(朝倉, 2002, p.402)

この指摘に続けて実例をあげて補足する．

> (402) Le 20 octobre il *avait terminé* son roman.
> 　　　(Arrivé, Gadet & Galmiche, 1986, p.484 cité par 朝倉, 2002, p.402)

書き終えたという状態は 10 月 20 日以前に始まり，この日付でも継続していたことを示す．Arrivé らはこの同じ文について次のような指摘をする．

> 「この文は，déjà, depuis longtemps のような時の副詞（句）を許容する．小説の完成によって示される完成後の状態の開始については特定されない．」[243] (Arrivé, Gadet & Galmiche, 1986, p.484)

---

[243] On remarque que cette phrase accepte des adverbes temporels tels que déjà, depuis longtemps etc. : le début de la période inaugurée par l'achèvement du roman n'est pas fixé.
　　　　　　　　　　　　　　　　　　(Arrivé, Gadet & Galmiche, 1986, p.484)

第4章　競合する時制の分析

同様の指摘は BONNARD (2000)にも見られる．

> (403) Le 14 juillet, on *avait réparé* le kiosque (BONNARD 2000, p.226).
> (404) Le 14 juillet, on *eut réparé* le kiosque (ibid.).

> 「工事の終了は，複合時制により示されるある状態の開始を構成する．大過去形は，この状態の開始を示さない：7月14日の時点では，ある不特定の時間だけ前からすでに工事は終わっていた．逆に，前過去形は，この状態の開始を示す：工事は7月13日，あるいは7月14日の昼間に終わったのである．」*[244] (ibid.)

　これらの主張をまとめると，次のようなことが言えよう．ある過去の基準点とも言うべき時点（上例で言うならば7月14日）とのつながりが感じられるのが，前過去形を用いた場合で，大過去形の場合にはそれが感じられず，むしろその時点との断絶が感じられる．
　このことは，本論の言葉で説明するならば，前過去形が [actuel] という性質を持つのに対して大過去形は [non actuel] という異なる性質を持つからということになる．上例のような場合には，前過去形の場合と大過去形の場合で，時間的隔たりが生じたり生じなかったりするが，いつもそのような差が出るとは限らない．すでに引用している次例では，同一事行が2つの異なる時制で描写されている．

> (405) Or Luizzi se laissa aller à regarder si attentivement cette femme ainsi posée devant lui, qu'elle baissa les yeux avec embarras et lui dit doucement :
> — Monsieur le baron, vous *êtes venu*, je crois, pour me proposer un marché de laines ?
> — A vous ? Non, Madame, répondit Luizzi. J'*étais venu* pour voir M. Dilois ; avec lui j'aurais essayé de parler chiffres et calculs, quoique je m'y entende fort peu ; mais je crains qu'avec vous, un pareil marché...
> — J'ai la procuration de mon mari, repartit Madame Dilois avec un sourire qui achevait la phrase de Luizzi ; le marché sera bon.
> (SOULIÉ, *Les Mémoires du diable* in Discotext)

---

*[244] La fin des travaux constitue le début d'un état, qu'exprime la forme composée. Le Plus-que-parfait ne montre pas le début de cet état : le 14 juillet, les travaux sont terminés depuis un temps indéfini. Au contraire le Passé antérieur montre le début de cet état : les travaux ont été terminés le 13 juillet, ou même dans la journée du 14. (BONNARD, 2002, p.226)

この例についてはすでに触れているが，同一の事行であるにも関わらず，それぞれの語り手の認識の違いにより異なる時制が用いられている．換言すれば，語り手が述べようとする事行を [actuel] と捉えるか，[non actuel] と捉えるかによって使われる時制が変わるのであって，時間的先行性は，あくまでも意味効果に過ぎないのである．従って，大過去形が表す事行が，複合過去形や単純過去形が表す事行に対して時間的に先行するという現象が常に起こるとは限らない．次の例がこのことを証明する．

   (406) DOCTEUR OUSSADDEN
   Le président élu, à l'unanimité, Docteur OUSSADDEN, est le doyen du Mouvement Culturel Amazighe marocain. Né le 16 mai 1927 à Aït Sadden, non loin de Fès, il avait fait ses études primaires à Bir Tamtam avant d'être admis au Collège Berbère d'Azrou, où il passa cinq ans. C'est là qu'il a « appris que Tamazight est une langue, qui a tous ses attributs: alphabet, grammaire et littérature ». A l'âge de dix-sept ans, il fut admis au Lycée MOULAY DRISS à Fès. Il y passa trois ans avant d'être orienté au Lycée POEYMIREAU à Meknès, où il *obtint* son diplôme de Premier Bachelier Berbère avec mention "très bien". Après, il *avait poursuivi* ses études à l'Institut d'Etudes Politiques, puis à la Faculté de Droit à Paris. Pendant les années cinquante, et durant cinq ans, il avait exercé comme enseignant de Tamazight à l'Ecole Nationale des Langues et Civilisations Orientales (INALCO) à Paris. (exemple tiré de Google)

これは，Oussadden という人物がある組織の長に選ばれたことを伝える記事で，この人物の経歴が簡単に述べられているが，後半に表れている il obtint に続く il avait poursuivi は時間的に obtenir son diplôme という事行に先行しているわけではない．次例も同様である．

   (407) Cela dit. il saisit Erilangus dans ses bras, quoiqu'il fût petit et qu'Erilangus fût grand ; puis, tordant sa jambe difforme autour de l'autre et se dressant sur la pointe du pied, il fit une pirouette, et Pécopin le vit s'enfoncer en terre comme une vrille. Une seconde après il *avait disparu*.
                               (HUGO, *Le Rhin : lettre à un ami* in Discotext)

この例では，vit という単純過去形のあとに現れる il avait disparu の方が，物語の流れとしては後の出来事である．ここでの大過去形の使用を，それ自身過去の時

第4章 競合する時制の分析

点である une seconde après の時点よりも前に完了していた事行を表すからであると説明したとしても，une seconde après 自体が先行する vit という単純過去形によって表される時点よりも後であるから，間接的であるにせよ，大過去形の事行の方が単純過去形によって示されている事行に後続することになり，従来の説明方法では不自然なものとなる．次例においても同様のことが言えよう．

> (408) Il prit son paquet et son bâton, et sauta à bas de la voiture. Un instant après, il *avait disparu*. (HUGO, *Les Misérables* in Discotext)

ここでも大過去形になっているのは disparaître である．それまでの場面に存在していた il という人物が，場面から消えたことを示している．この点に注目しておきたい．次例では oublier が大過去形に置かれている．

> (409) [...] ces phrases elles-mêmes n'étaient que des statements of facts, fort ternes et fort précis ; au premier moment, elles ne faisaient point d'effet, mais une heure après, on *avait oublié* leur nudité et leur monotonie pour ne sentir que leur plénitude et leur justesse.
> (TAINE, *Vie et opinions de M. Frédéric-Thomas Graindorge* in Discotext)

この例においても，それまでは意識されていた leur nudité, leur monotonie といったものが忘れ去られたしまった，すなわち，場面から消えたことを表している．次例も従来の方法では大過去形の用法は説明できない．

> (410) — Ah ! Dit Jacques, j'ai trop aimé Francine.
> — Ça ne vous empêchera pas de l'aimer toujours. Vous l'embrasserez sur les lèvres d'une autre.
> — Oh ! Dit Jacques ; seulement, si je pouvais rencontrer une femme qui lui ressemblât ! ... et il quitta Rodolphe tout rêveur. Six semaines après, Jacques *avait retrouvé* toute sa verve, rallumée aux doux regards d'une jolie fille qui s'appelait Marie, et dont la beauté maladive rappelait un peu celle de la pauvre Francine. (MURGER, *Scènes de la vie de bohème* in Discotext)

この例では，Jacques という男が情熱を失っていたものの，6週間後には元気を取り戻したことが描かれている．言い換えれば，元気のない状態から元気のある

状態への変化が現れている.

このように実例を分析してみると，大過去形が現れるところで，それまでの状態・状況から何らかの変化が生じていることが分かる．このような変化を表現することが可能なのは，大過去形の [non actuel] という性質と，その前後で用いられている単純過去形の [actuel] という性質の違いからに他ならない.

さて，渡瀬 (1985) は，複合過去形と大過去形との区別を「inactuel」という特性によって試みているが，渡瀬 (1985) が分析手段として用いている「inactuel」という概念自体は，Le Goffic らが規定したものと若干定義が異なるため，注意が必要である.

> 「inactuel を《非現実》，といっても単なる《現実からのかい離》の意味でなく，より広義に，一つの過程を別の過程により解消する場合も含めて理解することにしよう．つまり来訪した人が去ってしまえば，来訪の結果は inactuel になるとする.」(渡瀬, 1985, p.44)

例えば過去のある時点において誰かが訪ねてきて，その人物が現在も留まっていれば actuel であるが，帰ってしまったのであればその段階で結果の現実性は消滅し inactuel ということになる．このことから，次のような両義性が出ると言う.

> 「《非現実性》が価値として介入すると，M. Kawamoto est venu. は，M. Kawamoto était venu. となる．ただし表現が，文脈的に完了表現として働いている限りにおいてそうなのである．est venu は過去として「すぎ去った過程」を示す場合，その結果が事実上 actuel「現実的」であろうと inactuel「非現実的」であろうとその両方をカヴァーしてしまう.」
>
> (ibid., p.44)

> 「このように大過去を inactuel という特性で特徴づけておけば，その特性こそが大過去を複合過去から区別する大切な特性である．ただし複合過去は一形式のかげで両義的であり，それが過去として働けるようにさえ文脈的に配慮しておけばその結果が inactualité であろうと（もちろん actualité であろうと），複合過去は過程が過去に生じた過程である限りそれを表現することができる.」(ibid., p.45)

渡瀬 (1985) によれば，大過去形は inactuel という性質を持つが，複合過去形は actuel, inactuel のいずれの性質をも持つことができるということである．ここでは，複合過去形と大過去形が中心に述べられているが，渡瀬 (1985) の規定する《非現実性》という概念を用いると，たとえば大過去形と単純未来形はこの同じ性質を持つことになってしまう．この2つの時制はいずれも直説法であるから，何らかの等価なものを持っていることは事実であるが，直説法の他の時制からこの2つだけを取り出すような基準が必要であろう．

ところで，大過去形には以下にあげた指摘に見られるような制約があるとされる．

「(a) 半過去形と比較し，大過去形はあらゆる時況節において先行性を示す： Quand il *avait fini*, il *se levait*; Il *prétendait* que je *n'avais pas écouté*; Il *avait plu*, le sol *était* mouillé.
(b) 単純過去形・複合過去形と比較し，大過去形はやはり先行性を示すが，時の従属節の中で用いられることはできない．[...] Il *avait fini*, il se *leva* は可能であるが，Quand il *avait fini*, il se *leva* とは言えない．」[*245]

(GOUGENHEIM, p.211)

MARTINON (p.353) などにもほぼ同様の指摘が見られる．

GOUGENHEIM らの「大過去形が先行性を示す」という指摘はこれまで見てきたように，一概にはそうとは言えない場合があるが，時の従属節の中で用いられることができないという指摘については，その理由を考察せねばならない．

OLSSON (1971) は，quand + 大過去形の連鎖が見られる実例を下記の通り収集している．

quand + 大過去形，大過去形： 91 例
quand + 大過去形，半過去形： 64 例
quand + 大過去形，単純過去形： 2 例
quand + 大過去形，複合過去形： 1 例　　(OLSSON, 1971, pp.135-142)

[*245] (a) Par rapport à l'imparfait le plus-que-parfait marque l'antériorité dans toute espèce de propositions: Quand il **avait fini**, il **se levait**; Il **prétendait** que je **n'avais pas écouté**; Il **avait plu**, le sol **était** mouillé.
(b) Par rapport au passé simple et au passé composé le plus-que-parfait marque aussi l'antériorité, mais il ne peut être employé dans les propositions subordonnées temporelles : [...] Il **avait fini**, il **se leva**, mais non Quand il **avait fini**, il se **leva**. (GOUGENHEIM, p.211)

OLSSON が見つけた「quand + 大過去形，複合過去形」の実例は下記のものである．

> (411) Fonthill-Abbey, était-il vraiment sinistre ? Constable, qui l'*a visité* en 1823, c'est-à-dire *quand* Beckford l'*avait* déjà *vendu*, dit dans une lettre à sa femme...
> (*Magazine litt.* No 8-67, p.33,3 cité par OLSSON, 1971, p.142)

この例に関して，OLSSON 自身はこう分析する．

> 「2つの節の結びつきが緩いことが分かる；まず，1823 年という年号，さらに quand の前に c'est-à-dire があることを考慮しなければならない．この2つの要因が，「時制の一致」の規則違反を容認するきっかけになっている可能性がある．」*[246] (OLSSON, 1971, p.142)

OLSSON 自身はこの唯一の例はあくまでも例外的であり，原則として quand + 大過去形の連鎖は容認されないと見ている．

このように，quand + 大過去形の連鎖には厳しい制約があることと，quand + 半過去形の連鎖にも制約があることは当然のことながら，無関係ではない．

> (412) Quand Loulou *cessait* d'être turbulent, il ne *devenait* pas pour autant pensif et mélancolique, comme Olivier. (SABATIER, p.224 cité par OLSSON, 1971, p.113)

この例のように過去時における習慣を表すような場合には全く問題ないが，次のように習慣ではない事行を表す場合には，制約があるようである．

> (413) Ma mère et moi, nous arrivâmes à Thiviers, convoqués par dépêche, quand elle *vivait* encore. (SARTRE, p.77, cité par OLSSON, 1971, p.120)

OLSSON の収集した例における頻度で言えば，この例に見られるように quand で始まる従属節が主節に後続する型が圧倒的に多い (ibid.)．SANDFELD は従属節の位置に制約があることを指摘するにとどまっている．

---

*[246] On se rend compte que les deux propositions sont reliées d'une manière très relâchée; il faut d'abord prendre en considération la présence de la date *en 1823*, en outre *quand* est précédé de *c'est-à-dire*. Il est possible que ces deux facteurs facilitent l'infraction aux « règles de concordance». (OLSSON, 1971, p.142)

「comme il achevait son récit, le domestique entra の代わりに，il achevait son récit quand (lorsque) le domestique entra とは言えるが，quand (lorsque) il achevait son récit... とは言えない．」*[247] (SANDFELD, 1936, p.268)

　この問題において重要な点は，このように，quand あるいは lorsque の後に続けるにあたって制約があるのは，半過去形と大過去形だけであるという点である．つまり，この2つには共通の特性があり，複合過去形をはじめとするこの2つ以外の時制にはそれがないということが予想される．
　本論の立場で述べるならば，これはやはり，[actuel] vs [non actuel] の違いということになろう．前述の通り，半過去形には何らかの支えとなるような point d'ancrage が必要である．これは，その複合形である大過去形についても同様である．しかし，[actuel] という特性を持つ時制の場合にはそれは不可欠ではない．半過去形と大過去形の場合には，point d'ancrage の設定などから quand, lorsque ではじまる従属節の位置には制約が生まれるのである．

　ところで，quand と lorsque はどう違うのであろうか．
　OLSSON が集めた時況節の4438例のうち，約65%にあたる2913例で quand が用いられ，約35%にあたる1525例では lorsque が使われていた．使用頻度としては quand の方が高いということを認めつつも，作者や文体といった要因によって比率は変わるとしている(OLSSON, 1971, pp.21-22)．両者の違いは単に，頻度の問題だけなのであろうか．
　quand と lorsque の違いの説明を WARTBURG & ZUMTHOR をはじめ，何人かの研究者は試みた．

「Lorsque は逆に，反復されていない行為を示すためにしか用いられない．」
　*[248] (WARTBURG & ZUMTHOR, 1973, p.91)

　しかし，OLSSON の調査によれば，lorsque + 習慣的事行を表す半過去形の例は235例見つかっており，quand の場合と比較してその数は約半数ではあるが，少なくとも WARTBURG & ZUMTHOR の主張は誤りであることが分かる．(OLSSON, 1971, p.113)

---

*[247] Au lieu de *comme il achevait son récit, le domestique entra* on peut dire : *il achevait son récit quand (lorsque) le domestique entra*, mais non pas : *quand (lorsque) il achevait son récit*, etc.
(SANDFELD, 1936, p.268)
*[248] *Lorsque*, en revanche, ne s'emploie bien que pour marquer les actions non-répétées.
(WARTBURG & ZUMTHOR, 1973, p.91)

OLSSON 自身は，quand と lorsque の違いを次のように述べる．

「Quand は lorsque よりも頻繁に用いられるか，その頻度は現れている文章の文体により変動する．[...] この２つの接続詞の違いは文体的なものであり，筆者は好みに合わせて選択することができる．日刊紙では lorsque の方が自然であり，文学作品の中では quand の方が頻度が高い．」*249

(OLSSON, 1971, p.22)

結局 OLSSON は，両者に大きな差は見られず，いずれの接続詞も，時況節を形成するという点で共通するという結論を出している．

quand と lorsque に関する研究で，時間の流れで言うならば OLSSON (1971) に続く研究は，CHÉTRIT (1976) である．しかしながらその参考文献に，OLSSON (1971) はあげられていない．CHÉTRIT は文学作品や新聞等の書かれたコーパスから 3190 の時況節の実例を収集し，そのうち quand が用いられているのは 1316 例，lorsque が用いられているのは 580 例 (CHÉTRIT, 1976, p.24) である．これを quand : lorsque の比率に換算すると約 69 : 31 となり，OLSSON が収集した時況節中に現れている quand : lorsque の比率，約 65 : 35 に極めて近い数値となり興味深い．

CHÉTRIT は文学作品中の時況節の quand あるいは lorsque の部分を空欄にし，そこに quand または lorsque を選んで入れさせるという形の調査を試みた．だが，結果は多くの場合においてほぼ両者同数程度であったという (CHÉTRIT, 1976, pp.75-76)．しかし CHÉTRIT は最終的には両者には違いがあるとの結論を出す．その根拠は，両者間の置換が不可能な場合があることにある．

(414) Décider, agir. Où ? *Quand* ? Et aussi comment ? (CHÉTRIT, 1976, p.77)

(415) — Bien ! ... Ce rendez-vous, c'est pour *quand* et où ? (ibid.)

これらの例中の quand は lorsque で置き換えることはできないとする．ただ，品詞の考え方の問題であるが，OLSSON は上記２例に現れているような quand を主たる考察対象としていない．我々も，OLSSON が収集したデータと，CHÉTRIT がここであげている例を同次元で扱うことには抵抗がある．しかし，下記の例において lorsque による置換が不可能であるとする CHÉTRIT の指摘は興味を引く．

---

*249 Quand est plus fréquent que lorsque, mais sa fréquence relative varie d'un genre à l'autre. [...] La différence entre les deux conjonctions est stylistique, un auteur peut opter pour l'une ou pour l'autre suivant son goût. Lorsque a une place naturelle dans les journaux quotidiens [...], tandis que la conjonction quand est plus courante dans les œuvres littéraires [...]. (OLSSON 1971, p.22)

第4章　競合する時制の分析

(416) — Vous pourrez rentrer *quand* vous voudrez.

(*Français fondamental*, 250 cité par CHÉTRIT, 1976, p.77)

以下がその指摘である．

> 「これら14の発話の中で quand を lorsque によって置換することは拒否される．それはまさに，我々が多機能語と呼ぶフランス語における文法語彙素に quand が含まれるからである．この多機能語とは，qui, si, que / quoi, quand そして comment / comme である．我々の仮説は，quand がこの閉ざされたグループに属する語によってのみ置換されうる時，lorsque による置換は不可能であり，このグループ以外の語による置換が可能な場合には，競合する lorsque による置換が可能である，というものである．」
> *250 (CHÉTRIT, 1976, pp.77-78)

例えば CHÉTRIT は qui は疑問代名詞，関係代名詞というように2つの名称を与えられているが，いずれの品詞の場合にも qui 自体の性質は変わらないために，このように2つの呼称を与えるのは奇妙なことであり，このようなものをまとめて多機能語と呼ぶことにしている (ibid.)．しかしながら我々は，関係代名詞の qui には先行詞があるが疑問代名詞の qui にはそれがないといった違いがあるため，この2つを同一物とするには問題があると考える．CHÉTRIT のこの問題に対する結論は以下の通りである．

> 「自律的な時間的な基礎を欠いた quand は，しかしながらその競合相手 lorsque が排除されるような様々な構文に入り込む．つまり quand は，最も無標な時の従属詞である [...]．つまり quand は1つの多機能語であり，lorsque の方はといえば，"状況従属節" でしか用いられない．」*251
>
> (ibid., p.98)

[*250] Dans ces 14 énoncés le remplacement de *quand* par *lorsque* est exclu, à cause justement de l'appartenance de *quand* à un groupe de morphèmes grammaticaux en français que nous appellerons des *plurifonctionnels* et qui sont : *qui, si, que / quoi, où, quand* et *comment / comme*. Notre hypothèse est que là où *quand* commute exclusivement avec les membres de cette série fermée, il ne saurait être remplacé par *lorsque*. Toutes les fois qu'il peut commuter concurremment avec d'autres morphèmes extérieurs à la série, il peut être remplacé par *lorsque* qui le concurrence.
(CHÉTRIT, 1976, pp.77-78)

[*251] Dépourvu d'une base temporelle autonome, *quand* entre cependant dans différentes constructions d'où est exclu son concurrent. C'est donc le subordonnant de temps le moins marqué, [...] C'est donc un mot *plurifonctionnel*, *lorsque* servant pour sa part dans la "subordination circonstancielle" exclusivement. (CHÉTRIT, 1976, p.98)

この結論からは，2つのうち quand しか用いられない理由についての主張は読み取ることができるが，いずれも可能な場合については結局のところ不明である．

さてそれではここで，quand (lorsque) + 半過去形・大過去形の連鎖に制約があるのはなぜかを検討することとする．

まず，OLSSON によれば，quand + 半過去形の連鎖のうち，半過去形が表す事行が習慣的なものではない時には，述部に意味上の制約があるようである．第一に OLSSON は être の頻度の高さに注目する．OLSSON が見つけた時況節に非習慣的な半過去形が用いられている全 35 例（ただし，主節は習慣的な内容）のうち，27 例には être が表れている (ibid., p.115)．そのいくつかを引用しよう．

(417) *Quand j'étais* enfant, je rêvais d'être médecin. [...]
(*L'Express*, 882-69, pp.33 cité par OLSSON, 1971, p.115)

(418) *Quand il était* jeune il se disait : la vie est un taureau de combat.
(MONTHERLANT, p.250 cité par OLSSON, 1971, p.115)

次に頻度が高かったのは avoir を用いた年齢表現であったと言う（5/35 例）(ibid.)．

(419) *Quand j'avais sept ans*, la vraie Mort, la Camarade, je la rencontrais partout, jamais là. (SARTRE, p.78 cité par OLSSON, 1971, p.115)

(420) *Quand j'avais sept à huit ans*, je ne me contraignais pas devant elle, je lui parlais avec une grande liberté. (BEAUVOIR, p.54 cité par OLSSON, 1971, p.116)

残る 3 例はいずれも人生のある時代を表すような動詞である (ibid., p.116)．

(421) Chaque matin, au saut du lit, *quand il résidait* à Casablanca, il se précipitait sur la vitre pour constater le progrès accompli dans les vingt-quatre heures.
(*Historia*, 277-69, p.127 cité par OLSSON, 1971, p.116)

(422) *Quand je vivais* en France, je ne pouvais rencontrer un homme d'esprit sans qu'aussitôt j'en fasse ma société. (CAMUS, p.8 cité par OLSSON, 1971, p.116)

(423) Lorsqu'une France faible se trouve en face d'une puissante Russie, je ne crois plus un mot de ce que je croyais *lorsqu'une France puissante se trouvait* en face d'une faible Union Soviétique.
(MALRAUX, p.125 cité par OLSSON, 1971, p.116)

第 4 章　競合する時制の分析

これら 35 例に共通すると思われることは，半過去形が表す事行自体で時間的な定義が可能になるという点である．すなわち，半過去形が表す事行のみの力で，時間軸上に位置づけることが可能である．

　quand, lorsque はいわば point d'ancrage として時間軸の上に事行を位置づけようとするが，quand, lorsque に後続する半過去形がその動きに相反してはならないのである．

> (424) *Quand j'avais vingt ans, ...* (作例)

であれば，時間軸上の 20 歳という時点に位置づけることができるが，

> (425) *Quand je marchais dans la forêt, ...* (作例)

では，位置づけは不可能である．

　つまり，quand + 半過去形の連鎖の制約は，quand や lorsque 自体の時間軸上での定置化という操作と，半過去形が表す事行が絶対的な時間軸上で定義できるか否かによるものなのである．しかし，複合過去形の場合には，ancrage を必要としないため，このような制約は存在しない．これもまた，複合過去形と大過去形の違いということになる．

2. 直説法前過去形 vs 大過去形

大久保 (1997) は，大過去形と前過去形の比較研究の中で，大過去形についてこう述べている．

> 「PQP の場合，基準点は主体の居る場であり，事行は主体が居る場から回顧方向に振り返る形で捉えられる．PQP にとって大切なのは，この時点では既に行為が完了しているということだけであって，行為完了がすぐ前なのか，ずっと前なのかということは問題ではない．」(ibid., p.90)

大久保 (1997) は，ある基準点から事行を回顧して捉えると説明しているが，そこで問題となるのは，どのように基準点を設定するかということである．大過去形の基準点についてはこう述べる．

> 「PQP の場合，主体の居る場の定まり方は様々である．[...] まず何らかの時の指示により，主体の居る場が定められる場合もあるが，[...] 主節の

事行時点が基準点となる場合もある．いずれにしろ PQP の基準点は，談話レベルで一旦主体の居る場が確定すれば，個々の事行毎に基準点を形成する必要がなく，多くの場合，一つの時点が複数の IMP や PQP，CON (条件法：田中注) の基準点となる．」(大久保，1997, pp.90-91)

大久保 (1997) は，大過去形において大切なことは基準点において行為が完了していることであるとしているが，以下のような例ではどう考えるのであろうか．

> (426) On *avait appris* que le jeune homme qui *passait* par-dessus le mur était Emile Germain. (DURANTY, *Le Malheur d'Henriette Gérard* in Discotext)

apprendre は大過去形であるが，時間的には le jeune homme が passer par-dessus le mur した方が先であると考えるべきであろう．

> (427) Olivier tressaillit : il *avait reconnu* le pas qui *s'approchait*.
> (MURGER, *Scènes de la vie de jeunesse* in Discotext)

この例では，歩く音が近づいてこなければ認識できないはずである．同じように，次例でも，la nappe claire が couler しなければ faire une pierre lisse という事行は成立しないはずである．

> (428) Il se haussa à l'aide des poignets. Une haleine fraîche le frappa aux joues. Au milieu des joncs et des lentilles d'eau, dans le rayon de jour glissant du trou, la femme était sur l'échine, nue jusqu'à la ceinture, avec une draperie qui lui cachait les cuisses. C'était quelque noyée de cent ans, le lent suicide d'un marbre que des peines avaient dû laisser choir au fond de cette source. La nappe claire qui *coulait* sur elle, *avait fait* de sa face une pierre lisse, une blancheur sans visage, [...] (ZOLA, *La Faute de l'abbé Mouret* (1) in Discotext)

以上の例から，大久保 (1997) が主張するように，基準点の段階で大過去形が表す事行が完了しているとは言いきれない．

次に，大過去形を「回顧的」であるとしている点について検討する．

> (429) A peine *eut-il parlé* qu'elle *avait disparu*.
> (HUGO, *Légende des siècles* in Discotext)

217

この例においては，à peine ... que という構文から，前過去形で記述されている parler という事行の方が，大過去形で示されている disparaître よりも前であることは明らかである．この例を見る限り，大久保 (1997) が大過去形を「回顧的」と主張していることには疑問が生じる．

　この2つの時制ついてはすでにいくつかの指摘をした．それは，複合過去形と大過去形の違いに通ずるものがあり，第一の違いは前過去形が [actuel] グループ，大過去形は [non actuel] グループに属する点．第二の違いは，前過去形はそれ自身で「過去時」という時間的価値を持つが，大過去形は本質的にはそのようなものは持たず，意味効果として表れることがあるという点である．
　詳しくは後述するが，大過去形や前過去形が事行を「完了」したものとして記述はするものの，それは何らかの基準点に対してではなく，純粋に，その事行が終点に達したことを表しているだけであると考えれば，一見矛盾するように見える上記のような例についても説明が可能である．

3. 直説法複合過去形 vs 前未来形

　すでに複合過去形の項，前未来形の項でそれぞれの時制の本質的価値については考察を行った．ここでは，その考察をふまえ，この2つの時制の対比を行う．まず，動詞の時制が異なるだけで，その他は全く同一である次の1組の文について検討する．

　　(430) Il ne vient pas ; il *a eu* un accident.
　　(431) Il ne vient pas ; il *aura eu* un accident.

いずれの発話においても，彼という人物が来ないという点は共通しているが，その来ない理由についての表現の仕方が異なっている．また，第2文中の前未来形が未来時の事行を表しているとは考えにくい．もし未来時の事行であるとすれば，彼が来ない理由が，「これから事故にあうため」となってしまい，極めて不自然な状況を描写してしまう．ここでは，その解釈が選択される可能性は極めて低い．
　フランス語話者によれば，複合過去形を用いた第1文であれば「彼が事故にあったこと」はほぼ確実であるが，前未来形を用いた第2文では，それは推測に過ぎないと言う．
　この指摘を換言すれば，2つの文の意味上の差は確実性の問題であり，この点はすでに我々が主張してきた通りである．すなわち，複合過去形は [± certain] と

いう特性を持つが，前未来形は [- certain] である．この特性の違いにより，確実性の差が生まれるということになる．この確実性の差を除けば両者に違いはなく，この特性の差のみが，両者を区別するものとなる．

第5章

複合時制と否定形

　この章では，複合時制と否定との関連を述べる．具体的には，主節・独立節において複合時制が否定形で現れる場合（Hier, *je n'ai pas chanté ; Il n'a pas dit* que c'était fini 型）と，従属節，特に時の副詞節で複合時制が否定形で現れる場合（*Quand il n'aura pas fini* ses devoirs, il ne pourra pas jouer.型）との違いについて分析を試みる．

1. 主節・独立節の場合

　主節・独立節の動詞が複合時制で，かつ否定形になっていることは珍しいことではない．

　　(432) Il *n'est pas* encore *venu*.
　　(433) Il *n'a pas fini* ses devoirs.

このような実例は難なく見いだすことが可能であるが，ここではアスペクトについて考察する．上例が否定形ではなく下記のように肯定形の場合,

　　(434) Il *est encore venu*.
　　(435) Il *a fini* ses devoirs.

いずれもアスペクト価は完了であるが，否定形の場合にはそうではない．このことは，encore の日本語訳からも明らかになろう．

　　(436) 彼は<u>まだ</u>来ていない．　　　　< *Il n'est pas encore venu.*
　　(437) ?? 彼は<u>また</u>来ていない．　　　< *Il n'est pas encore venu.*

このフランス語訳の反意になるものは，

220

(438) Il est déjà venu.

であるが，同一の副詞が用いられているという同一条件下で，動詞の意味の変化を見るために，次の仏文との対比を行う．

(439) Il est encore venu.

この文の解釈は，次のようになろう．

(440) ?? 彼は<u>まだ</u>来ていない．　　　　< *Il est encore venu.*
(441) 彼は<u>また</u>来た．　　　　　　　　< *Il est encore venu.*

encore にはこのように，動詞の意味や時制のアスペクト価等によって変化する大別すれば2つの意味があることは，FRANCKEL (1989, pp.215-232) などの指摘でも明らかである．

　ところで，複合時制の否定形について論じているものは数少ない．朝倉 (1981) は，以下のような主張を行う．

「完了動詞の複合時制，例えば Il est sorti. は助動詞 est で示されている現在より以前に完了した動作の結果が現在まで続いているという現在完了の意味から，動作が完了した過去の時点を表わすようになり，「彼は外出中である」（現在）と「彼は外出した」（過去）の両義を持つ．」
　　　　　　　　　　　　　　　　　　　　　　　　　　(朝倉, 1981, p.239)

ここまでの主張は，これまでにすでに我々が先行研究を概観しながら検討してきた内容である．朝倉 (1981) はこう続ける．

「Il n'est pas sorti il y a huit jours. 「彼は1週間前に外出しなかった」は過去の動作の否定であるが，次例では「外出していない」という継続動作を表わす．

(22a) *Il y a* (*Voilà, Ça fait*) cinq jours *qu*'il n'est pas sorti.
　　　彼は外出しなくなってから5日になる．
(22b) Il n'est pas sorti *depuis* cinq jours.
　　　彼は5日前から外出していない．

第5章　複合時制と否定形

これを例 21b (= Il y a (Voilà, Ça fait) cinq jours qu'il ne sort pas.) と比べると，Il ne sort pas. も Il n'est pas sorti. も結局同じことになる．Pinchon (p.280) によると「現在形/複合過去形の対立が否定表現によって中和（neutralisé）された」という．この事情は未完了動詞についても同じである．」(ibid.)

このように，複合時制が否定形に置かれている場合には，もともと複合時制が持っている完了というアスペクトが否定により打ち消され，解釈レベルにおいて未完了となる．そしてその結果，単純時制の否定形と解釈の段階で同じことになってしまうのである．

2. 時の副詞節の場合
　時の副詞節中の動詞が単純時制であれば，否定形になっている例は容易に発見できる．

(442) Ainsi, vois, Gérard, que nous pourrons vivre sans trop dépense... *quand il n'y aura pas beaucoup d'argent*, je ferai la cuisine; [...]
(CHAMPFLEURY, *Les Aventures de Mademoiselle Mariette* in Discotext)
(443) Paul, prenez bien garde de me tutoyer *quand nous ne serons pas seuls*.
(VILLIERS DE L'ISLE-ADAM, *Contes Cruels* in Discotext)

しかしながらこれが複合時制になると実例の数は急激に少なくなる．ただ，複合時制の中でも複合過去形や大過去形であれば，見いだすことは可能である．以下は大過去形の実例である．

(444) Mais ces mots: "Mademoiselle Albertine est partie" venaient de produire dans mon cœur une souffrance telle que je sentais que je ne pourrais pas y résister plus longtemps; il fallait la faire cesser immédiatement; tendre pour moi-même comme ma mère pour ma grand'mère mourante, je me disais, avec cette même bonne volonté qu'on a de ne pas laisser souffrir ce qu'on aime: "aie une seconde de patience, on va te trouver un remède, sois tranquille, on ne va pas te laisser souffrir comme cela." et, devinant confusément que, si tout à l'heure, *quand je n'avais pas encore sonné*, le départ d'Albertine avait pu me paraître indifférent, même désirable, c'est que je le croyais impossible, ce fut dans cet ordre d'idées

que mon instinct de conservation chercha, pour les mettre sur ma blessure ouverte, les premiers calmants:[...]

(PROUST, *La Recherche: La Fugitive* (1) in Discotext)

(445) Le souvenir de ce qui m'avait semblé inexplicable dans le sujet de François Le Champi tandis que maman me lisait le livre de George Sand, était réveillé par ce titre (aussi bien que le nom de Guermantes, *quand je n'avais pas vu* les Guermantes depuis longtemps, contenait pour moi tant de féodalité -comme François le Champi l'essence du roman -), et se substituait pour un instant à l'idée fort commune de ce que sont les romans berrichons de George Sand.

(PROUST, *La Recherche: Le Temps retrouvé* (2) in Discotext)

(446) Un jour que plusieurs princes étrangers étaient chez le palatin, on mesura Perkeo à l'un de ces grands grenadiers de Frédéric Ier, roi de Prusse, lesquels, bottés à talons hauts et coiffés de leurs immenses bonnets à poil, étaient obligés de descendre les escaliers des palais à reculons. Le fou dépassait à peine la botte du grenadier. Cela fit très fort rire, dit un narrateur du temps. Pauvres princes d'une époque décrépite, occupés de nains et de géants, et oubliant les hommes ! *Quand Perkeo n'avait pas bu ses quinze bouteilles*, on le fouettait.

(HUGO, *Le Rhin: lettres à un ami* (3) in Discotext)

次は複合過去形の例である．

(447) Ils ne savent pas un nom nouveau depuis dix ans... et puis l'académie a une grande peur, c'est de la bohème. *Quand ils n'ont pas vu* un homme dans leur salon, ils n'en veulent pas: ce n'est pas un homme de leur monde, ils en ont peur.

(GONCOURT, *Journal* in Discotext)

(448) La guerre, ah ! Bon sang ! C'est ça qui fait les hommes !... *lorsqu'on n'y est pas allé*, on ne peut pas savoir. (ZOLA, *La Terre* in Discotext)

(449) J'ai su dans ma route du Cayle que c'était un ami loin de son amie qui a inventé le télégraphe, comme toujours je l'avais pensé: il est des choses qu'on devine, *quand on ne les a pas trouvées*. (GUÉRIN, *Lettres* in Discotext)

この３例のうち，最後の２例は時間的価値が曖昧である．すなわち，ある特定の日時の出来事の描写ではなく，文全体が一般論，あるいは普遍的事実とでも呼ぶべき超時的内容になっている．複合過去形にそのような過去・現在・未来を区別しないような事行の描写が可能なのは，複合過去形という名前にも関わらず「過

第5章　複合時制と否定形

去時」という時間的価値を持っていないからである．この点については，すでに複合過去形の項で述べた．

次に前未来形の場合であるが，これは実例がほとんど存在しない．つまり，一般に「過去時制」と呼ばれている複合時制であればほぼ問題なく時の副詞節内で否定形で現れることが可能であるのに，「未来時制」と称される前未来形では何らかの制約のようなものが働き，quand (lorsque) + 否定形の前未来形という連鎖が生じにくいと考えられる．Discotext ではその実例は皆無，Google でも次の1例のみである．

> (450) *Dt 28:45-* Toutes ces malédictions t'adviendront, te poursuivront et t'atteindront jusqu'à te détruire *quand tu n'auras pas obéi* à la voix de Yahvé ton Dieu en gardant ses commandements et ses lois qu'il t'a prescrits. *[252]
>
> (*La Bible de Jérusalem, Deutéronome*, chap.28 tiré de Google)

さらにこの例は，旧約聖書の申命記の中にある一節であり，かなり特殊な文章である．これが唯一我々が発見した実例であることからも，この連鎖自体がかなり特殊なものであることが予想されよう．

日常的には，フランス語話者によれば次のような発話は可能であると言う．

> (451) *Quand tu n'auras pas fini* tes devoirs, tu ne pourras pas aller jouer. (作例)

ただし，この発話は「仮定的」であると言う．すなわちこの発話全体は，「万が一宿題が終わらなかった場合には遊びに行くことはできない」という一種の仮定文的意味合いを持っている．このように，仮定的な意味が生まれるのはなぜか，そしてそもそも，前未来形の場合にこのような連鎖が生まれにくいのはなぜかを考察したい．まずは，この後者の問題について検討する．

すでに述べたように，我々は quand (lorsque) の機能について，時間軸上に事行を固定させようとする働きがあると考えている．いわゆる過去時制の場合，我々の主張で言うならば [certain] な時制の場合には，否定形であっても事行を問題なく固定できる．しかし，いわゆる未来時制，すなわち [non certain] 時制の場合，動詞によって示される事行そのものが確実性を欠き，さらに前未来形は複合時制

---

*[252] 日本語訳：「このもろもろののろいが、あなたに臨み、あなたを追い、ついに追いついて、あなたを滅ぼすであろう。これはあなたの神、主の声に聞き従わず、あなたに命じられた戒めと定めとを、あなたが守らなかったからである。」

(『新約聖書』申命記, 28-45)

であるものの否定によって完了というアスペクト価が中和されてしまうため，前未来形の否定形で表される事行の時間的価値の定義は極めて難しいものとなる．さらに，quand [lorsque] の使用により，demain といった他の時の副詞句の使用が制限されるため，この前未来形の否定形によって表される事行は，ますます時間的価値を定義されることが困難なものとなる．従って，フランス語話者が述べていたような「仮定文のような性質」が生まれやすいのである．

第6章

過去時制と時の副詞との共起

　この章では，一般に「過去時制」と呼ばれることの多い，半過去形，大過去形，単純過去形，前過去形等と，様々な時の副詞（相当句）との共起について分析する．

1. il y a + 時間表現 との共起

　Leeman-Bouix (1994b) はすでに見たように，

> 「半過去形とは逆に，単純過去形は自立的である．単純過去形は自らの力だけで事行を限定し，それは基準点や外的な支えを必要としない」
> (Leeman-Bouix, 1994b, p.157)

と述べ，以下の2文は容認されないとする．

　　(452) * Il vécut en Afrique depuis des années. (ibid.)
　　(453) * Il vécut en Afrique il y a des années. (ibid.)

この2文に容認度に関しては，単純過去形という時制そのものの性質と，共起させようとしている時の副詞（句）自体の性質が問題となる．depuis des années という表現は継続性を示すものであるが，il y a des années はそうではない．従って，同一の動詞がいずれも単純過去形におかれている上記2例が容認されない理由は，同一ではないはずである．また，述部に単純過去形で現れている vivre がアテリックであることに注目する必要があろう．

　単純過去形と il y a des années の共起例は Discotext では見つからなかったが，il y a X an(s) との共起例は存在する．以下がその例である．

　　(454) *Il y a douze ans* il *se résolut* à vendre sa charge.
　　　　　　　　　　　　　　(Soulié, *Les Mémoires du diable* in Discotext)

(455) Ces poèmes viennent d'être réimprimés, et voilà qu'on les imprime encore peu de jours après. Lorsqu'ils *parurent il y a neuf ans*, ils furent presque inaperçus du public. (VIGNY, *Poèmes antiques et modernes* in Discotext)

(456) *Il y a trois ans*, je *partis* un matin de Chamonix pour me rendre à Martigny en Valais. (TOEPFFER, *Nouvelles genevoises* in Discotext)

これらの例に現れている動詞は全てテリックである．
　X が具体的な数値ではない例も下記のように存在する．以下は，X = quelques の例であるが，単純過去形との共起例も稀ではない．

(457) Ce jeune ecclésiastique *fut envoyé* de Besançon, *il y a quelques années*, pour surveiller l'abbé Chélan et quelques curés des environs.

(STENDHAL, *Le Rouge et le Noir* in Discotext)

(458) *Il y a quelques années*, la comtesse de Strafford *expulsa* 15000 individus de ses terres, qu'ils faisaient valoir comme fermiers. Cet acte d'administration privée fut renouvelé en 1820 par un autre grand propriétaire écossais, à l'égard de 600 familles de fermiers. (PROUDHON, *Qu'est-ce que la propriété ?* in Discotext)

(459) *Il y a quelques années*, un anglais *arriva* assez tard à une auberge de Braubach, soupa et se coucha. (HUGO, *Le Rhin : lettres à un ami* in Discotext)

これらの例に現れている動詞もこれまでと同様，テリックである．これは何を意味するのか．
　これまで考察してきたように，単純過去形という時制そのものは特定のアスペクト価を持っていない．しかしながら，動詞の語彙的アスペクトなどにより，各文脈中でのアスペクト価が決定される．他方，単純過去形は「過去性」という性質を持ち，単純過去形により描写される事行は過去時のものであると解釈される．この際，「過去時の事行ではない」と解釈させるような時の副詞句と単純過去形が共起できないことはすでに指摘した通りであり，また次例が容認されないことにより明らかである．

(460) ? *La semaine prochaine*, je *partis* pour la France.

同様に，過去時から現在時まで継続することを示すような副詞句とも単純過去形は共起しない．

(461) ? Il *resta jusqu'à aujourd'hui*.

第6章　過去時制と時の副詞との共起

なお，jusqu'à という前置詞句自体との共起には問題がない．

 (462) Dargaud arriva à sept heures et *resta jusqu'à* onze.
(M<small>ICHELET</small>, Journal in Discotext)

以上の考察からも分かるように，L<small>EEMAN</small>-B<small>OUIX</small> があげている次例が不自然であると判断される理由は，単純過去形は過去時の事行を示す時制であるにもかかわらず，depuis によって発話時とのつながりが想起され，「過去性」が保証されないからであると考えられる．

 (463) * Il vécut en Afrique depuis des années. [=(452)]

しかし，次例が容認されない理由は異なる．

 (464) * Il vécut en Afrique il y a des années. [=(453)]

朝倉 (2002) は，il y a + 期間 表現について，次のような制約を指摘している．

 「期間の開始点 (de cela)，終止点 (maintenant, aujourd'hui) を示す補語が必要」
(朝倉, 2002, p.254)

従って，(464) が容認されない理由は，il y a + 期間 表現の制約によるものである可能性がある．
 ところで，il y a plusieurs années と単純過去形との共起例は Discotext では見つからなかった．そもそも，Discotext 全体で il y a plusieurs années という連鎖はわずか 3 例しかない．これに対して il y a quelques années は 105 例であるから，時制との共起制約というよりはむしろ，plusieurs / quelques と il y a との共起の問題であろう．以下に見るように，il y a quelques années は様々な時制との共起が可能である．次の 2 例は複合過去形との共起例である．

 (465) Plusieurs habitants de ce village *ont émigré il y a quelques années* sur les
   bords de l'Ohio, où ils ont fondé la nouvelle Vevay.
(A<small>MPÈRE</small>, Correspondance in Discotext)

 (466) Un fauteuil est vacant à l'académie française ; je n'ai certes pas la prétention

de dicter un choix à un goût aussi sûr que le vôtre : je me permettrai seulement d'appeler votre attention sur un célèbre candidat, qui est mon ami et dont je vous *ai vu il y a quelques années* admirer les premières poésies [...]

(HUGO, *Correspondance* in Discotext)

次は半過去形との共起例である.

(467) *Il y a quelques années*, un écrivain, celui qui trace ces lignes, *voyageait* sans autre but que de voir des arbres et le ciel, deux choses qu'on ne voit guère à Paris. (HUGO, *Le Rhin : lettres à un ami* in Discotext)

(468) Nous *étions, il y a quelques années*, en Province, une pléiade de jeunes drôles qui vivions dans un étrange monde, je vous assure.

(FLAUBERT, *Correspondance* in Discotext)

続いて大過去形との共起例である.

(469) Je vous dédie ce livre, mon cher maître, comme j'ai dédié Lorely à Jules Janin. J'avais à le remercier au même titre que vous. *Il y a quelques années*, on m'*avait cru* mort et il avait écrit ma biographie.

(NERVAL, *Les Filles du feu* in Discotext)

(470) Dans les *Saggi di critica del marxismo*, j'*avais cherché, il y a quelques années*, à résumer les thèses marxistes sur l'adaptation de l'homme aux conditions du capitalisme et j'avais présenté ces thèses de la manière suivante [...] (SOREL, *Réflexions sur la violence* in Discotext)

また, il y a X an(s) 型の副詞句が, 特定の時制と結びつきにくいといったこともないようである. 以下, 各時制との共起例を見ながら, この点を確認していく. まずは, 複合過去形との共起例である.

(471) *Il y a dix ans*, j'*ai failli* être lapidé dans ce village aujourd'hui désert, mais alors habité par trente familles. (BALZAC, *Le Médecin de campagne* in Discotext)

(472) Moi aussi j'ai eu mes malheurs, je *me suis donné* une entorse *il y a six ans*, mais je n'en ennuie pas mes amis. (STENDHAL, *Lucien Leuwen* in Discotext)

(473) [...] elle *est morte il y a dix ans*.

(DUMAS, *Le Comte de Monte-Cristo* in Discotext)

第 6 章　過去時制と時の副詞との共起

次は半過去形との共起例である.

>(474) — Monsieur Roguin, dit César, vous l'avez bien prévenu que nous dînions dans un méchant petit entresol...
>— Il le *trouvait* superbe *il y a seize ans*, dit Constance en murmurant.
> (BALZAC, *Histoire... de César Birotteau* in Discotext)
>
>(475) *Il y a quatre ans*, Penelon *était* à Trieste.
> (DUMAS, *Le Comte de Monte-Cristo* in Discotext)
>
>(476) Un ministre *disait, il y a dix ans*, devant plusieurs personnes : "La France sera la première des puissances secondaires." ce mot, qui alors était humble, au point où les choses sont venues depuis, est presque ambitieux. Tellement la descente est rapide ! (MICHELET, *Le Peuple* in Discotext)

続いて大過去形との共起例である.

>(477) Un des nobles pairs à qui la langue arabe, qu'il avait apprise pendant la sublime campagne d'Egypte, était familière, suivit sur le vélin la lecture que le traducteur en fit à voix haute.
>"Moi, El-Kobbir, marchand d'esclaves et fournisseur du harem de s.h., reconnais avoir reçu pour la remettre au sublime empereur, du seigneur franc comte de Monte-Cristo, une émeraude évaluée deux mille bourses, pour prix d'une jeune esclave chrétienne âgée de onze ans, du nom de Haydée, et fille reconnue du défunt seigneur Ali-Tebelin, pcha de Janina, et de Vasiliki sa favorite ; laquelle m'*avait été vendue, il y a sept ans*, avec sa mère morte en arrivant à Constantinople, par un colonel franc, au service du vizir Ali-Tebelin, nommé Fernand Mondego. (DUMAS, *Le Comte de Monte-Cristo* in Discotext)
>
>(478) Ainsi, Monsieur, *il y a trois ans*, le bons sens public de ce bourg, naguère sans intelligence, *avait acquis* les idées que, cinq ans auparavant, un voyageur aurait peut-être désespéré de pouvoir lui inculquer.
> (BALZAC, *Le Médecin de campagne* in Discotext)
>
>(479) Il me racontait qu'à pareille époque, *il y a trois ans*, un convoi de vingt hommes *avait été surpris* par le vent du désert à moitié chemin d'El-Aghouat à Gardaïa. (FROMENTIN, *Un été dans le Sahara* in Discotext)

以上のような実例の存在から，il y a + 時間表現と，半過去形，大過去形，複合過去形との共起については制約はないようである．前過去形との共起については後述する．

2. 絶対的時間表現 との共起

次に，il y a X an(s) のような相対的な時間表示句ではなく，年号や日付，時刻といった絶対的時間表現との共起について検討する．まずは，単純過去形と絶対的時間表示句との共起例であるが，最初の2例は，単純過去形が時刻表示と共起している例である．

(480) *A six heures*, une première secousse très violente *fit* trembler les habitations jusque dans leurs fondements. (tiré de Google)

(481) *A cinq heures du matin*, les commissaires et les officiers de paix *reçurent* la confidence du coup d'Etat et les ordres du préfet. (tiré de Google)

下例は，日付表示との共起例である．

(482) Il *mourut* à Nantes (paroisse Sainte-Croix) *le 17 janvier 1778*. (tiré de Google)

KLUM (1961) によると，KLUM が収集した絶対的時間表示句の実例のうち，単純過去形と共起しているものは，全体の 31.8% であったという (KLUM, 1961, p.198).

続いて前過去形との共起例であるが，KLUM 自身が収集した実例のうち，前過去形の例はわずか2例で，その2例ともに絶対的時間表示句とは共起していないものであるから，単純過去形のような比率は計算できない．しかしながら，前過去形と絶対的時間表示句との共起例は存在する．次例は時刻との共起例である．

(483) Michu, très affamé, se dépêcha si bien que, *vers sept heures et demie*, il *eut fini* sa besogne. (BALZAC, *Ténèbreuse affaire*, tiré de Google)

この例では，「7時30分頃」という時刻表示が前過去形と共起しているが，前過去形におかれている動詞が finir であることも注目されよう．動詞の語彙的意味自身が完了の意味を持っているため，ここでは単純過去形でなく前過去形が選択されたと考えられるが，先行する se dépêcha という単純過去形が示す事行よりも eut fini という前過去形が示す事行の方が，時間的に後続している．この例からもすでに指摘した通り，前過去形自身には「先行性」を示す機能はないと考えるべきである．

第6章　過去時制と時の副詞との共起

次例は，前過去形が年月表示句と共起している例である．

(484) Le théâtre de la ville "Francisco de Paula Toro", sa construction *eut commencé en janvier de 1832* avec la direction de l'architecte français Teodoro Journot, finissait en août de 1834 et inaugurait le 15 de septembre du même année. (tiré de Google)

以上のように，実例は少ないものの，前過去形と絶対的時間表示句が共起する可能性はあると言えよう．

続いて半過去形との共起例であるが，KLUM (1961) によれば，KLUM が収集した絶対的時間表示句の実例のうち，半過去形と共起しているものは，全体の22%であったという (KLUM, 1961, p.178)．以下2例は，時刻表現と半過去形との共起例である．

(485) Le lendemain, *à neuf heures*, Birotteau *se trouvait* rue de Provence, en proie à des anxiétés tout autres que celles par lesquelles il avait passé.
(BALZAC, *Histoire... de César Birotteau* in Discotext)
(486) [...] il *faisait* hier au soir 34 degrés à *8 heures du soir*, et toute la journée le soleil avait été caché par les nuages. (FLAUBERT, *Correspondance* in Discotext)

次例は具体的な日付表現との共起例である．

(487) Lors de la discussion de la loi sur le travail des mines, il a été plusieurs fois question des menaces adressées au gouvernement : *le 5 février 1902*, le président de la commission *disait* à la chambre que le pouvoir avait prêté "une oreille attentive aux bruits du dehors [...]". (SOREL, *Réflexions sur la violence* in Discotext)

半過去形と絶対的時間表示句との共起は，実例も容易に見つかることから，特に制約はないと考えられる．

最後に大過去形との共起であるが，KLUM の絶対的時間表示句の収集例のうち，単純過去形と共起しているものは，全体の10.2%であったという (KLUM, 1961, p.198)．以下2例は，時刻表示との共起例である．

(488) [...] son oncle *s'était mis* en route *à sept heures* pour Saint-Cloud, et le soir il comptait y coucher. (STENDHAL, *Le Rouge et le Noir* in Discotext)

(489) Le lendemain 24 lorsque je me disposais à retourner à Saint-Mandé, Hyacinthe que j'avais envoyé devant moi, vint m'apprendre que l'infortuné jeune homme *avait expiré à cinq heures et demie*, après avoir éprouvé des douleurs atroces [...]
(CHATEAUBRIAND, *Mémoires d'Outre-Tombe* in Discotext)

次例は,日付表現との共起例である.

(490) Bonaparte lui *avait écrit* de Jaffa, *le 9 mars 1799* : "Depuis mon entrée en Egypte, je vous ai fait connaître plusieurs fois que mon intention n'était pas de vous faire la guerre, que mon seul but était de chasser les mameloucks... je marcherai sous peu de jours sur Saint-Jean-D'Acre."
(CHATEAUBRIAND, *Mémoires d'Outre-Tombe* in Discotext)

以上ここまで,各時制と絶対的時間表示との共起例を各時制ごとに見てきたが,それぞれに実例が存在することからも分かるように,半過去形,大過去形,単純過去形,前過去形といった時制そのものには,絶対的時間表示を行う副詞(相当句)との共起に制約は見られない.

3. déjà との共起

先行研究の中には,déjà という副詞が特定の時制と共起できないことを指摘しているものがある.

「déjà は,単純過去形におかれた動詞に結びつけられることはできない.」*[253]
(FRANCKEL, 1989, p.258)

ところが,朝倉 (2002, p.165) も指摘している通り,単純過去形と déjà が共起している例を見つけることは可能である.次例では,arriva という単純過去形と déjà が共起している.

(491) Le premier Malinois *arriva déjà* en 1909 en Suisse. Ce mâle s'appelait "Roc". Cependant on ne retrouve la première inscription dans le LOS *[254] que dans le volume 47 avec le mâle "Umanouc". La première portée de Malinois naquit à Bulle en 1955. (exemple tiré de Google)

---

*[253] *Déjà* ne peut s'articuler à un verbe au passé simple. (FRANCKEL, 1989, p.258)
*[254] LOS : Livre des Origines Suisses.

第6章　過去時制と時の副詞との共起

次例においては，comprit と déjà が共起している．

> (492) Il se trouvait pourtant que l'époque était prête à s'intéresser aux antiquités 'nationales'; les préhistoriens des années trente avaient maintenu le flambeau, ils avaient mis de l'ordre dans certaines collections, travaillé sur certains sites, ils furent des nôtres immédiatement. Tous vinrent à la nouvelle tribune (Heuertz, Lamesch, Herr, Reding,Boecking) et l'on *comprit déjà* que l'on ne peut pas faire mine de s'intéresser au passé en en ignorant la partie la plus longue. (exemple tiré de Google)

これらの実例の存在からも分かるように，déjà と単純過去形との共起そのものに制約はないと思われる．

同様に，前過去形と déjà との共起に関する指摘も見られる．

> 「前過去形：完了としては，大過去形のように，ある過去時の基準点に対するある行為の完了状態を示す：*le 20 octobre, il eut terminé son roman*. しかしながらこの文が déjà も depuis longtemps も容認しないことが観察される：容認されないのは，小説を書き終えた時期の開始が，基準点とちょうど重なるからである．」[255] (ARRIVÉ, GADET & GALMICHE, 1986, p.485)

この指摘で注目すべき点は，前過去形と déjà, depuis longtemps が共起できないことを指摘しているのではなく，引用されている文に déjà や depuis longtemps を付加できないとしている点である．ARRIVÉ らが引用している例とその解釈によれば，執筆を終えたのは10月20日という日付表現によって表されている時である．換言すれば，時の副詞句により表示される時間に前過去形が示す事行は完了する，という主張になろう．しかし，déjà, depuis longtemps が持つ語彙的意味により，執筆の終了時点が10月20日以前に移行しようとする．そのため，文全体として結局執筆が終了したのがいつのことであるか判断できなくなり，容認度が下がると考えられる．前過去形が示す事行と時の副詞句が示す基準時が時間的に重なるものであるという指摘はすでになされているものである．

> 「事行と基準時との間に時間的なずれはない．従って，この基準時は

---

[255] Le passé antérieur : — comme accompli, il marque, comme le plus-que-parfait, l'état d'achèvement d'un procès par rapport à un repère temporel passé : *le 20 octobre, il eut terminé son roman*. On observe toutefois que cette phrase n'accepte pas *déjà* ni *depuis longtemps* : c'est que le début de la période inaugurée par l'achèvement du roman a précisément coïncidé avec le repère temporel. (ARRIVÉ, GADET & GALMICHE, 1986, p.485)

depuis を用いた前置詞句（depuis la veille etc.）によって示されることができない.」*[256] (GREVISSE, 1993, p.1256)

ただ，前過去形についても，déjà との共起自体は可能であるとする指摘はある.

「また，déjà という語が前過去形と共起できることを指摘できるであろう： Aux premières larmes, il eut déjà révisé son jugement sur Pauline Jardin.」*[257] (KLUM, 1961, p.204)

「唯一半過去形を支配するものであるにせよ，déjà という副詞があるにもかかわらず，この早さを示す時の副詞が前過去形の使用を引き起こすことがある： *Aux premières larmes, il eut déjà révisé son jugement sur Pauline Jardin*. (Aymé, Sten 216)」*[258] (TOGEBY, 1982, II, p.424)

以上の考察から，前過去形という時制そのものには，déjà や絶対的時間表示句との共起に制約はないと結論づけられよう.

4. 相対的時間表現 との共起

続いて相対的時間表現との共起について考察する．ここでいう「相対的時間表現」とは，日本語の「昨日」「前日」「明日」「翌日」といった表現に該当するものである．

KLUM (1961) は，単純過去形と demain, ce matin, ce soir, tout à l'heure, en ce moment, maintenant, aujourd'hui, といった時の副詞（相当）句との共起例を発見していない (KLUM, 1961, p.198). hier との共起例をわずかに 4 例見つけたのみである．これは，LEEMAN-BOUIX (1994b) が示す以下の例に対する容認度の判定とも矛盾しないものと考えられる．

(493) ?? Hier, ma voiture *tomba* en panne. (LEEMAN-BOUIX, 1994b, p.158)
(494) ?? Avant-hier, une amie *arriva* de Lyon. (ibid.)

---

*[256] Il n'y a pas de décalage entre le fait et le repère temporel. Par conséquent, celui-ci ne peut être exprimé par un syntagme prépositionnel avec *depuis* (*depuis la veille* etc.)
(GREVISSE, 1993, p.1256)
*[257] On notera aussi que le mot *déjà* peut se combiner avec le passé antérieur : Aux premières larmes, il eut déjà révisé son jugement sur Pauline Jardin. (KLUM, p.204)
*[258] Malgré la présence de *déjà*, qui, s'il est seul, régit l'imparfait, un adverbe temporel indiquant la rapidité entraîne bien l'emploi du passé antérieur : *Aux premières larmes, il eut déjà révisé son jugement sur Pauline Jardin.* (Aymé, Sten 216)(TOGEBY, 1982, II, p.424)

第 6 章　過去時制と時の副詞との共起

 (495) * Tout à l'heure, il *neigea*.　(ibid.)
 (496) ?? Il y a deux heures, le facteur *sonna*.　(ibid.)

 ここで Leeman-Bouix が引用している例に現れている時の副詞（相当）句はいずれも発話時を直接的基準として設定される時間を示すものである．これに対して例えば le lendemain などは，発話時から直接定義される時間ではなく，発話時からいったん過去時を設定し，それを新たな基準点としてその次の日を示すものである．demain, ce matin, ce soir, tout à l'heure, en ce moment, maintenant, aujourd'hui, hier と単純過去形の共起例が皆無，あるいはごくわずかしか発見されなかったのに対し，le lendemain との共起例は 68 例見つかっている (Klum, 1961, p.198) ことからも，発話時から直接定義される時間を示す時の副詞（相当）句と単純過去形との共起にはかなりの制約があると考えられるよう．

 すでに述べたように，単純過去形，およびその複合形である前過去形は「過去性」という性質を持っており，時の副詞等の助けを借りなくとも時制自身で本質的に過去時の事行を示す．それゆえ，demain をはじめとする過去時以外を指向する副詞句と共起することはできない．同様に，単純過去形・前過去形という時制自身が，過去時という性質を持っていることから，過去時以外を基準に設定される相対的時間表現，例えば ce matin, tout à l'heure などと共起することが難しいと考えられる．

第7章

助動詞の機能

1. 助動詞の定義

　そもそも助動詞とは何かを定義することは，容易な問題ではない．まずは，先行研究における助動詞の定義をいくつか引用する．

> 「助動詞：本来の意味を失い，動詞の分詞・不定詞と構成されて，時制・法・アスペクト・態を表わす形態的要素となる動詞．」(朝倉, 2002, p.87)

朝倉 (2002) の主張は，助動詞として用いられた avoir, être は，助動詞ではなくいわば本動詞として用いられている avoir, être とは意味上の差があるというものになろう．朝倉 (2002, pp.91-93) の avoir の項目では，(i) 連結動詞（Il *a* les yeux bleus 型），(ii) 叙法の助動詞（J'*ai à* écrire une lettre 型），(iii) 時制の助動詞に分けて述べられている．この(i)の型については，Il a les yeux bleus であれば，「avoir は本来の意を失い，les yeux と bleus を結ぶ連結動詞（verbe copule）」（朝倉, 1984, p.176）であるとする．このような構文における avoir の用法については，後述する．

　WAGNER & PINCHON (1962) は次のように述べる．

> 「この用法（＝複合時制）における AVOIR と ETRE は助動詞と呼ばれている．このように呼ぶことは，書く際に助動詞が限定している核となる動詞から助動詞を分けて書くことに由来する．しかしその役割は，接合した屈折語尾と全く同じものである．また，助動詞と核となる動詞との間に，副詞的形態素を挿入することも可能である：*J'ai bien aimé ce livre.*」
> *[259] (WAGNER & PINCHON, 1962, pp.231-232)

---

*[259] On désigne AVOIR et ETRE, dans cet emploi, sous le nom de verbes auxiliaires. Cela résulte du fait qu'on les sépare, dans l'écriture, de la base verbale qu'ils déterminent. Mais leur rôle est exactement comparable à celui des morphèmes désinentiels conjoints. On peut insérer, entre eux et la base, quelques morphèmes adverbiaux : *J'ai bien aimé ce livre* [...].
　　　　　　　　　　　　　　　　　　　　　　　　(WAGNER & PINCHON, 1962, pp.231-232)

第 7 章　助動詞の機能

　Wagner & Pinchon らの第二の指摘については，多くの問題を含む．例えばまず，そもそも，辞書等で副詞と定義されている語であれば何であっても挿入することが可能か，という問題である．副詞であっても，数量を表す副詞以外を挿入することは難しい．

　　(497) ?? J'ai *hier* aimé ce livre.

古フランス語においては，助動詞と過去分詞との間に様々な語句を挿入することが可能であったが，現在は不可能であるという指摘は少なくない．

　「複合時制において，古フランス語以降，助動詞は次第に過去分詞に規則的に接合されるようになった．その結果，過去分詞は徐々に自立性を失った．17 世紀前半においてはまだ "J'ai sa belle main pressée" と書くことが可能であったが，後にこのような助動詞と過去分詞を切り離して書くことは不可能になった．」*260 (Cohen, 1973, p.194)

この点は，ほぼ既知の事実として捉えられている．
　Wagner & Pinchon はこう続ける．

　「構造的には，このような挿入というのは，criailler, sautiller といった動詞に挿入されている -aill-, -ill- といった接尾辞に似ている．この接尾辞は語幹と屈折語尾に結びつけられている．この価値において，AVOIR と ETRE は，他の特性を持っている類似の動詞の形をとっているだけである．このことは，次の 2 文を比較するような時に明らかになる：*J'ai déposé de l'argent à la banque.* と *J'ai de l'argent déposé à la banque.*」*261

(ibid.)

---

*260 Dans les temps composés, depuis l'ancien français l'auxiliaire a été de plus en plus régulièrement accolé au participe ; en conséquence celui-ci perdait progressivement son autonomie. Dans la première partie du 17e siècle on pouvait encore écrire "j'ai sa belle main pressée"; mais plus tard une séparation de cette sorte entre auxiliaire et participe est devenue impossible.
(Cohen, 1973, p.194)

*261 structuralement, ces insertions sont analogues à celle des suffixes *-aill- -ill-* qui, dans *criailler, sautiller* sont conjoints au radical et au morphème désinentiel. Dans cette valeur AVOIR et ETRE n'ont que la forme des verbes similaires qui possèdent ailleurs d'autres propriétés. Cela se marque quand on compare : *J'ai déposé de l'argent à la banque.* et *J'ai de l'argent déposé à la banque.*
(Wagner & Pinchon, 1962, p.232)

criailler という動詞を使って WAGNER & PINCHON の主張を補足するならば，criailler という動詞は，cri という語幹，-aill- という接尾辞，-er という屈折語尾から作られている．換言すれば，crier に -aill- という接尾辞が挿入されているということと，*J'ai aimé ce livre* に bien が挿入され *J'ai bien aimé ce livre* という発話が成立することを，WAGNER & PINCHON は同等に扱っており，さらに，助動詞についても同じように扱おうとしているのである．

　ある語に何らかの接尾辞・接頭辞等をつけることで意味が変化することと，動詞に屈折語尾を加えたり変えたりすることで"解釈"が変わることは，広い意味では同等に扱うことも可能である．しかし，*je chante* と *je chantais* の違いと，*importer* と *exporter* の違いを同等に扱うには無理がある思われる．*je chante* と *je chantais* ではいずれにおいても [chanter] という行為がどのような形であれ表されており，*importer* と *exporter* においては全く逆の行為が示されている．

　つまり，WAGNER & PINCHON が主張するように，副詞の挿入も助動詞も屈折語尾も広い意味においては「意味」を変える点で共通している．しかし，その変化の仕方には大きな差があるため，これらをすべて同等に扱うには無理があると考える．

　次に，WAGNER & PINCHON が先の引用で主張していたもう１つの点についてであるが，ここで彼らが引用していた２文をもう一度あげておく．

　　(498) J'ai déposé de l'argent à la banque. (ibid.)
　　(499) J'ai de l'argent déposé à la banque. (ibid.)

この２つの文の解釈が全く同じであると考えることはできない．構造的には，déposer の複合過去形に直接目的語 argent が付いている文と，avoir の現在形に形容詞的に用いられた déposé が付加されている直接目的語 argent が付いている文であるが，２つの文に hier という副詞を付加してみると容認度に差が出る．

　　(500) Hier, j'ai déposé de l'argent à la banque.
　　(501) ?? Hier, j'ai de l'argent déposé à la banque.

どちらも用いられている語自体は全く同一のものであるが，このように語順を変えることで容認度に差が生じるということは，それぞれの文で用いられている avoir には機能面，あるいは意味の面において差があることを示している．WAGNER & PINCHON は次のような指摘を続けるが，

239

第7章　助動詞の機能

> 「単なる文法的形態素である AVOIR と ETRE と，単独では用いることのできない AVOIR と ETRE（*j'ai, je suis* といった表現は，フランス語ではなく，全く異なる価値を持った他の連辞に組み込まれる）を区別することが重要である．」*262 (WAGNER & PINCHON, 1962, p.232)

これは，上の2例の容認度の差から示された avoir の違いをふまえれば正しいと考えられる．

ここで問題となるのは，フランス語の助動詞 avoir, être は共に，助動詞ではないいわば本動詞のような用法を持っており，この助動詞の場合と本動詞の場合を区別するか否かということである．我々の立場は，詳しくは後述するが，統辞的には差異があったとしても意味論的には程度の違いがあるものの，同一のものであるという立場である．すなわち，完全二分化というよりはむしろ，程度の問題であると考える．

2. avoir の機能

FURUKAWA (2002) は，構文上の制約 (contraintes) を生じさせているものは構造的な枠組み (cadre) でありその逆ではない (FURUKAWA, 2002, p.130) という立場で，次のような構文の制約に関する分析を行っている．

　　(502) (4) Elle a les yeux bleus. (ibid., p.130)
　　(503) (5) Elle a son mari malade. (ibid., p.130)

FURUKAWA (2000, 2002) は上記2例を以下のように図式化した上で，この構文における制約を次のように主張する．

　　(504) sujet + *avoir* + [ ] + adj. attribut (ibid., p.130)

> 「我々は，この構文における制約は，鉤括弧によって表された場所を占める名詞句にかかるものであり，この制約は限定辞が定冠詞の場合には，これに続く名詞は(4) に見られる *les yeux* のように譲渡不可能な名詞句であるということ，さらに，(5) における *son mari* のように所有形容詞＋名詞という名詞句はこの制約に当てはめるもう1つの方法である，という

---

*262 Il importe de distinguer AVOIR et ETRE, simples morphèmes grammaticaux, de AVOIR et ETRE, incapables d'être employés seuls (*j'ai, je suis* ne sont pas français et entrent dans d'autres syntagmes avec des valeurs très différentes.) (WAGNER & PINCHON, 1962, p.232)

ことを示した.」*263 (ibid.)

その上で FURUKAWA (1987, 1996, 2002) は，これらの文は次のようなアマルガム構造になっていると分析する.

(505) (4') [$_{P1}$ Elle a ($_{P2}$ les yeux] bleus) (FURUKAWA, 2002, p.130)
(506) (5') [$_{P1}$ Elle a ($_{P2}$ son mari] bleus) (ibid.)

そしてここに見られる制約を次のように述べる.

「我々の考えでは，直接目的語のステータスに関する１つ，あるいは複数の制約 — 譲渡不可能な名詞の制約と，もう一方では所有形容詞の制約 — が存在する理由は正に，動詞 avoir に所有の意味の表現を"免除"するということと，２つの主題を提示するための単なる道具として，その命題内容は空であるかあるいはほとんど情報を持たない道具として，述部（P1 と示された (4') においては *elle a les yeux*，(5') においては *elle a son mari* の部分）の構成に役立てることにある.」*264 (ibid.)

ここで FURUKAWA (2002) は，動詞 avoir には，いわゆる「所有」の意味を持たない場合があるという主張を行っていることになる. また，FURUKAWA (1996) においても，*il y a une place de libre* 型の構文を，同じ立場で分析している.

(507) [$_{P1}$ Il y a ($_{P2}$ une place] de libre) (FURUKAWA, 1996, p.132)

ここでは，名詞句の形態により命題の性質に差がある (ibid.) と述べる. 具体的には次の５文では，

---

*263 On a avancé que la contrainte dans cette construction portait sur le SN occupant la position représentée par les crochets, que cette contrainte voulait qu'au cas où le déterminant serait un article défini, le nom qui suit soit un nom de possession inaliénable, comme *les yeux* en (4), et que le SN de forme "adj. possessif + N", comme *son mari* en (5), était une autre façon d'y satisfaire.
(FURUKAWA, 2002, p.130)

*264 A notre avis, la raison d'être de la ou des contraintes portant sur la position de complément d'objet direct — contrainte du nom de possession inaliénable d'une part et d'autre part celle de l'adjectif possessif — consiste précisément à "dispenser" le verbe *avoir* d'exprimer le sens de possession et à contribuer ainsi à la formation de l'unité propositionnelle (notée P1, *elle a les yeux* en (4'), *elle a son mari* en (5')) en tant que simple appareil présentateur de deux thèmes, appareil dont le contenu propositionnel est vide ou presque vide d'information. (FURUKAWA, 2002, p.130)

第 7 章　助動詞の機能

 (508) (a) Il y a ma place de libre. (ibid.)
 (509) (b) Il n'y a pas ma place de libre. (ibid.)
 (510) (c) Il y a une place de libre. (ibid.)
 (511) (d) Il n'y a pas une place de libre. (ibid.)
 (512) (e) Il n'y a pas de place libre. (ibid.)

《名詞句＋ de ＋形容詞》という連鎖の命題的性質の度合いが，(a) において最も高く，(e) において最も低い (ibid.) と述べる．そして，最もここで我々の興味を引いたのは次の指摘である．

 「《名詞句＋ de ＋形容詞》という連鎖の命題的，あるいは名詞的性質の度合いが高いかどうかにより，非人称表現 il y a の機能も変化する．a-b-c-d-e の順に，その提示力は低くなるが，ゼロにはならない．」*265

(ibid., p.133)

無論，外的要因によるものではあるが，FURUKAWA (1996) は同じ il y a という構文であっても，その提示力に違いがあることを主張しており，この力がなくなることはないが，段階的な差があることを示唆している．我々はこの重要な指摘をふまえ，avoir の機能に関して以下のように結論づけることとする．
 動詞 avoir は次の 7 例のように，様々な用法・価値を持つ．

 (513) Hier, Michel *a eu* un accident. (作例)
 (514) Hier, Michel *a eu* vingt ans. (作例)
 (515) Michel *a* vingt ans. (作例)
 (516) Michel *a* un frère. (作例)
 (517) Elle *a* son mari malade. (FURUKAWA, 2002, p.130)
 (518) Elle *a* les yeux bleus. (ibid.)
 (519) Elle *a* écrit une lettre. (作例)

我々はこれら全ての例のおいて，いわゆる助動詞として用いられる場合や，朝倉 (2002) が連結動詞と分類するものも含め，動詞 avoir は常に所有の意味を持っており，それが完全に消滅することはないと主張する．そして，時には所有の意味が全く感じられない場合もあるが，構文によってその意味の強弱が変化している

---

 [265] En fonction du caractère plus ou moins propositionnel ou nominal de « SN + *de* + adj. », la fonction de l'expression impersonnelle *il y a* change ; dans l'ordre a-b-c-d-e, sa fonction présentative diminue, mais ne se réduit pas à zéro. (FURUKAWA, 1996, p.133)

のであって，avoir そのものの機能は本質的には変わらないのである．

　朝倉 (2002) は次の 3 例をあげ比較しながら考察を行っている．

> (520) Il *eut* un cri. (朝倉, 2002, p.328)
> (521) Il *cria*. (ibid.)
> (522) Il y *eut* [Ce *fut*] un cri. (ibid.)

表している事行自体はいずれの場合においてもほぼ同じであるが，行為を動詞 1 語（crier）で表すより主語 ＋ avoir ＋ 名詞構文の場合が「名詞に注意を集中させる (ibid.)」という．また，主語＋ avoir ＋名詞の構文を，il y a あるいは c'est のような構文と比較すると，後者の方が「行為の主体が表現されていないから，いっそう un cri が強調される (ibid.)」と述べる．いずれの場合にせよ，「叫んだ」という事行そのものは同じであるが，強調のされ方が異なるというのが朝倉 (2002) の主張である．この主張は，我々の結論と対立するものではない．ただし，朝倉 (2002) があげている例は単純過去形であるから，これを次のように複合過去形に書き換えて比較を行ったほうがより明確になろう．

> (523) Il *a eu* un cri.
> (524) Il *a crié*.

いずれにおいても，「彼は叫んだ」という内容は論理的に差がない．朝倉 (2002) の主張をふまえれば強調のされ方が異なるということである．我々の分析に基づいて解釈を行えば，Il *a eu* un cri の方が Il *a crié* よりも avoir に所有の意味が感じられるというのは，程度の差の問題であり，伝達内容に大きな差がない以上，2 つの文に表れる avoir を全く別物として捉える理由もない．

3. être の機能

　LE BIDOIS (1971) は様々な être の機能を次のようにまとめている．

> 「これら全ての用法において，動詞 être は結局のところ，一種の等式のようなもので構成要素を結び，同一性，従って単なる繋合，不活性な関係，そしてそれは代数で等号と呼ばれるものに完全に類似している同一性を示す役割を果たしているだけである．」[*266]　(LE BIDOIS, 1971, II, p.372)

[*266] [...] dans tous ces emplois le verbe *être* ne fait en somme que lier les membres d'une sorte d'équation, que marquer une identité, simple copule par conséquent, lien inerte, pourrait-on dire, tout à fait analogue au signe d'égalité (=) dans un système algébrique. (LE BIDOIS, 1971, II, p.372)

第7章　助動詞の機能

ここでの Le Bidois の être の機能の定義は特に新しいものではないが，以下のように，être 以外の動詞をここで併せて扱っている点は注目に値する．

> 「être のように状態を表す文において，繋合動詞の役割を果たす動詞は多い．そのような動詞は，正確には存在ではなく，外観を表すものである：sembler, paraître, avoir l'air 等．そしてまた，アスペクトを表すもの，すなわち，始まり，継続，終わりを表すような動詞である：devenir（naître もこれに似ている），rester, demeurer, subsister, cesser d'être (cf. mourir)，あるいはまた，その《持続》において，すなわち進歩的なもの，あるいは減少的なもの：croître, décroître, devenir plus ou moins tel ou tel. これら全ての動詞は，être のように，単なる繋合動詞である．これらの動詞は，être と以下の点でのみ異なっている：être (être が exister を強めた意味で用いられているのではない場合) は結局，一種の代数記号であり，実体と活気を欠く繋合詞でしかない．この結果，行為を表すことはできない．」*[267] (ibid.)

être が繋合動詞であるとする主張は珍しいものではないが，sembler から devenir といった動詞までをも同じように扱おうとしている点は，特筆されるべきものである．また逆に，あらゆる用法の être が繋合動詞であるというようには考えていない点については補足が必要であろう．まずここでは，後者の点について検討する．

Le Bidois はこう説明する．

> 「この動詞はおそらく，存在の事実を示すことができる．それは，次のような文中におけるものである：« *Etre* ou n'*être* pas, voilà le problème.» (Shakespeare)；« Je pense, donc je *suis*. » (Descartes). しかしこの動詞が通常表すことは，存在の一種，状態である（あるいは存在の仕方）．」*[268]
>
> (ibid.)

---

*[267] Nombreux sont les verbes qui, comme *être*, servent de copules dans la *phrase d'état*. Tels sont ceux qui énoncent non pas l'être exactement, mais sa simple apparence : *sembler, paraître, avoir l'air*, etc. ; — et aussi ceux qui l'énoncent du point de vue de « l'aspect », c'est-à-dire en tant que commençant, ou continuant, ou finissant : *devenir* (auquel s'apparente *naître*), *rester, demeurer, subsister, cesser d'être* (cf. *mourir*) ; — ou encore dans sa « durée », c'est-à-dire en tant que progressant ou diminuant : *croître, décroître, devenir plus ou moins tel ou tel*. Tous ces verbes sont comme *être* de simples copulatifs. Ils ne diffèrent de ce verbe qu'en ceci, qu'*être* (lorsqu'il

この説明から推測されることは，Le Bidois はここで引用されている Shakespeare や Descartes の実例中の être の用法はいわば"例外的"なものであるとして捉えている点である．統辞論的に言えば，主語― être ― 属辞（あるいは状況補語句）の形をとっていないものを例外視しているということである．
　ここで，être の機能を Le Bidois らが主張するように一種の代数記号であるかのように捉え，この仮説が助動詞の場合にも有効であるかを検証していく．まずは，Leeman-Bouix (1994b) があげていた例をここで再度取り上げる．

　　(525) Max est parti. (Leeman-Bouix, 1994b, p.109)

この発話は，2つの解釈を可能にし，その2つとは，(i)「Max は出発した」という行動を記述するものと，(ii)「Max は出発している」という行動の結果状態を記述するものであった．どちらの解釈であろうと，「Max が出発した」という論理的内容に違いはないが，統辞的に (i) の場合には上例中の動詞は partir の複合過去形，(ii)の場合には être の現在形＋ partir の過去分詞（すなわち partir の複合過去形ではない）というように分析される．
　ところで，次の能動態の文

　　(526) On ouvre la porte.

を受動態にすると

　　(527) La porte est ouverte.

という文が得られる．能動態の文においては，「扉を開ける」という行為が描写されていると感じられるのに対し，受動態に書き換えた文では「扉は開いている」という状態が描写されていると感ずる．換言すれば，能動態の文によって表されている行為の結果状態を，受動態の文は表していることになる．
　ここで，受動態の文に過去分詞が現れることに注目したい．過去分詞は前述し

---

n'est pas pris au sens fort d'exister), n'est en somme qu'une sorte de terme algébrique, une copule dénuée de substance et de vie, et par conséquent incapable d'action, [...]

(Le Bidois, 1971, II, p.372)

[268] Ce verbe, sans doute, peut affirmer le fait de l'existence ; c'est ce qui a lieu dans des phrases comme celles-ci : « *Etre* ou n'*être* pas, voilà le problème » (Shakespeare) ; « Je pense, donc je *suis* » (Descartes). Mais ce qu'à l'ordinaire il énonce, c'est le genre d'existence, l'*état* (ou manière d'être). (Le Bidois, 1971, II, p.372)

たように「完了」を示す機能を本質的に持つ．つまり，ouvrir という行為は完了
している．他方，être が現在形に置かれていることから，特に時間を指向するよ
うな副詞（句），文脈などがないため，現在時の事行を表すことが可能となる．
この《être + 過去分詞》という構文から，先に述べた「行為の結果状態」を表す
ことが可能となるのである．

　我々の être の機能に関する主張をまとめると次のようになろう．動詞 être は助
動詞であるか否かを問わず，本質的には繋合動詞である．そしていわゆる助動詞
として用いられている場合にも，その性質は極めて弱まるものの完全に消滅す
ることはなく，過去分詞を主語に結びつける役割を担っている．また，助動詞＋過
去分詞の連鎖をある動詞の複合過去形であるか，être にいわば形容詞化された過
去分詞が結びついたものであるかを識別できない場合があるが，識別できなかっ
たとしても，過去分詞の本質的性質，すなわち完了を表すという性質により，根
底にある伝達しようとする論理的内容に差はない．ただ，その根底にある内容に
加えて結果・状態の意味が加わるかどうかは，時の副詞句や発話状況等外的要因
によって左右される．重要な点は，我々はこの２つの場合を対極にある２つの対
立概念としてみなすのではなく，完了という本質に加えて結果・状態を表すとい
う二次的意味効果が生じる可能性があると主張している点である．

4. 助動詞の選択

　Bonnard (2000) は助動詞の選択について，他動詞であれば avoir，自動詞であ
れば avoir か être，代名動詞であれば être であると述べた上で (Bonnard, 2000,
p.220)，自動詞のうち être を選択するものは以下の動詞とその派生語でほぼ全て
であるとする．

> 「accourir, aller, arriver, décéder, demeurer, descendre, devenir, éclore, entrer,
> monter, mourir, naître, partir, passer, rester, retourner, sortir, tomber, venir」
>
> (ibid.)

これらの動詞に共通する点を次のように説明する．

> 「これらすべての動詞は，主語がある状態に達する事行を表しており，そ
> れは主語が続けたり再び始めることのできないものである：２度生まれ
> たり死ぬことは不可能であり，出ることなく２度入ることもできない．
> 逆に，歩いた者は歩き続けることが可能であるし，くしゃみをした者は

またくしゃみをすることができる.」*[269] (BONNARD, 2000, p.220)

これに例外があることを後の注 *[270] (BONNARD, 2000, p.221) で BONNARD 自身が触れているが，ここまでの指摘が正しいものであるかをここで検討するために，BONNARD のあげたリストの中にあるいくつかの動詞を比較検証する．

BONNARD は，「主語が続けたり [...] できないもの」と述べている点であるが，次の２例で明らかなように，そうとは言えない動詞がある．

(528) ?? Il *est né* à Tokyo pendant trois jours.
(529) ?? Il *est mort* à Tokyo pendant trois jours.
(530) Il *est resté* à Tokyo pendant trois jours.

確かに，naître, mourir は継続を表す *pendant trois jours* といった副詞句と相性が悪いが，rester などは問題なく一緒に用いることができ，いわば «rester» し続けることは可能である．また，BONNARD は「歩いた者は歩き続けることができる」と述べているが，«éclater» したタイヤが再び «éclater» することは修理でもしない限り不可能である．

以上の考察から，BONNARD の自動詞のうち助動詞 être を選択する動詞についての主張は，正しいものであるとは言い難い．

TOGEBY (1982) は，複合時制で助動詞 avoir を用いる動詞を次のように定義する．

「1. 全ての他動詞（代名動詞を除く）：*il a pris le livre.*
2. mouvement *[271] を表す動詞を除く全ての自動詞：*il a parlé.*
3. *rester* を除く未完了 mouvement を表す動詞：
   Il avait toujours marché derrière moi. (GW) [...]
4. 大部分の完了 mouvement を表す動詞：
   Je n'ai pas sombré dans la démence qui a surgi sa boîte

(Anouilh, Ne réveillez pas 179) [...]

---

*[269] Tous ces verbes expriment un procès aboutissant à un état du sujet tel qu'il ne peut continuer ni recommencer : on ne peut pas naître ou mourir deux fois, ni entrer deux fois sans être ressorti. Au contraire, celui qui *a marché* peut continuer à marcher, celui qui *a éternué* peut recommencer.
(BONNARD, 2000, p.220)

*[270] Certains verbes intransitifs prennent l'auxiliaire *avoir* ou *être* selon que l'on considère plutôt l'action elle-même dans sa durée éventuellement prolongée, ou son terme [...]
(BONNARD, 2000, p.221)

*[271] mouvement：日本語に訳すことによって TOGEBY が意図していることがかえって難解になると思われるので，原文で用いられている語をそのまま用いることにする．

第7章　助動詞の機能

5. 変化を表す全ての動詞.」*[272] (TOGEBY, 1982, II, p.430)

「resterを除く未完了mouvementを表す動詞」とは,「aller — venir, arriver — partir, naître — mourir (décéder), devenir — rester (TOGEBY, 1982, II, p.433)」である。このうち，resterを除けば全て完了動詞である．

TOGEBYが「変化を表す」動詞の例としてあげているものは以下のものである： changer, commencer, finir, résulter, guérir, rajeunir, vieillir, grandir, maigrir, durcir, raidir, tendre, dégénérer, divorcer, casser (TOGEBY, 1982, II, pp.430-431). これらの動詞は原則として複合時制では助動詞avoirが用いられるが，êtreが現れることもあり，その点については次のように述べている．

「変化を表す動詞は助動詞avoirと共に活用されるが，このような動詞の過去分詞はしばしばêtreの属辞の役割を果たすこともある．この属辞の役割を果たす構文と，複合時制の構文は慎重に区別しなければならない．複合時制は変化を強調し，属辞構文はそこから生じる状態を強調する．」
*[273] (TOGEBY, 1982, II, p.430)

この点についてTOGEBYがあげている例で説明するならば，同じchangerという動詞であっても，

(531) Les temps *avaient changé* (ibid.)

の場合には変化したこと自体が強調されているが,

(532) Qu'est-ce que tu as fait à Albert, hier？ Il *est* tout *changé*. (ibid.)

においては，変化した後の状態が強調されているということである．次のように，2つの構文が同一文に現れることもある．

---

*[272] 1. Tous les verbes transitifs (excepté les verbes pronominaux) : *il a pris le livre.*
2. Tous les verbes intransitifs qui ne sont pas des verbes de mouvement : *il a parlé.*
3. Les verbes de mouvement imperfectifs, à l'exception de *rester* : *Il avait toujours marché derrière moi* (GW) [...]
4. La plupart des verbes de mouvement perfectifs : *Je n'ai pas sombré dans la démence qui a surgi de sa boîte* (Anouilh, Ne réveillez pas 179) [...]
5. Tous les verbes de changement. (TOGEBY, 1982, II, p.430)
*[273] Les verbes de changement se conjuguent avec l'auxiliaire *avoir*, mais leur participe passé joue souvent aussi le rôle d'attribut du verbe *être*, construction qu'il faut soigneusement distinguer de celle d'un temps composé. Le temps composé met l'accent sur le changement, la construction attributive sur l'état qui en résulte. (TOGEBY, 1982, II, p.430)

(533) J'*étais* déjà *divorcé*... Si je ne m'étais pas marié, je *n'aurais pas divorcé.*

(ibid., p.431)

　この文の冒頭では，je がすでに離婚しているという状態にあったことが述べられているが，仮定文の中の divorcer は離婚するという行為そのものを示していると考えられる．BRUNOT (1953) も同様の主張を行っている．

「また，そしてこの考察は一般論として述べることができるものであるが，ある状態に入ること，そしてその状態での持続を表すことができる動詞は，行為そのものが問題であるか，その後生じる結果状態が問題であるかによって助動詞が変わるということに注意しなければならない．[...]」
*[274] (BRUNOT, 1953, p.299)

BRUNOT は次の例をあげてこの主張を補足する．

(534) Il *a vieilli.* (ibid.)
(535) Il *est vieilli.* (ibid.)

avoir が用いられれば「老化する」という変化そのものを表すが，être が用いられると「老化した状態」を表すことになるというのである．
　ところで，mouvement を表す動詞について，TOGEBY, GROSS は非常に興味深い指摘をしている．

「mouvement を表す動詞のうち，大部分の動詞の過去分詞は être の後で属辞機能を果たすことができる．」*[275] (TOGEBY, 1982, II, p.434)

これには，すでに述べた通常は助動詞 avoir を用いるが，être を使うことで過去分詞が属辞機能を果たすことができる動詞に限らず，もともと助動詞 être を用いる動詞も含まれる．例えば，次例の est sortie は一見すると複合過去形に見えるが，

(536) Pendant que Marie *est sortie*, Jean pleure. (GROSS, 1968, p.18)

---

*[274] Il faut en outre signaler, et cette observation a une portée générale, que dans les verbes qui marquent l'entrée et la progression dans un état, l'auxiliaire change suivant qu'il s'agit de l'action elle-même ou de l'état qui en résulte [...] (BRUNOT, 1953, p.299)
*[275] Le participe passé de la plupart des verbes de mouvement peut également avoir la fonction d'attribut après le verbe *être*. (TOGEBY, 1982, II, p.434)

第7章 助動詞の機能

これを次のように書き換えることができないため，複合過去形ではなく être の現在形に sortie という属辞が付いているものと分析される．

(537) * Pendant que Marie *a bu*, Jean pleure. (ibid.)

すなわち，pendant que によって時間に幅があることが予想されるが，a bu という複合過去形が容認されないのは，これが完了の事行を表しており時間的継続を想定することが困難であるためである．一方の est sortie であれば，être の現在形により「でかけている」という状態の継続が想起されるために文全体の容認度に問題はない．

このように，助動詞 être ＋過去分詞という連鎖の場合には，それ全体が複合時制として解釈される場合と，être の単純時制＋属辞として解釈される場合の2通りがある．しかし Togeby 自身も「大部分」という表現を使っているように，助動詞に être を用いる動詞であっても，常にこの2通りの解釈が可能になる訳ではない．Togeby が「*rester* を除く未完了 mouvement を表す動詞」と呼んだ動詞を，上の例の *a bu* の位置に当てはめてみることで，性質の違いが明らかになる．

(538) ?? Pendant que Marie *est arrivée*, Jean pleure.

(539) ?? Pendant que Marie *est née*, Jean pleure.

(540) ?? Pendant que Marie *est morte*, Jean pleure.

少なくとも，arriver, naître, mourir はここでは不自然であるが，Togeby, Gross らの指摘は再考に値するものである．この点については後述する．

次に，Wilmet (1998) の助動詞の選択に関する3つの主張を検討する．

「1. Etre は他動詞（そして多くの《本質的》あるいは《偶発的》代名動詞）の受動態を構成するのに役立つが，助動詞でも coverbe [276] でもなく，繋合動詞（コピュラ）である．」

「2. 代名態は，助動詞 être により aspect extensif を表す．」

「3. 自動詞は，(a) 助動詞 avoir，(b) または助動詞 être，(c) または助動詞 avoir か être（繋合動詞？）をとる」[277] (Wilmet, 1998, p.322)

第一，第二の点については，「態」という別な問題が介入することになるため，

---

[276] coverbe : 適切な訳語がないため，フランス語の単語をそのまま用いることとする．

[277] 1. Etre servant à la « voix passive » des verbes transitifs (et de plusieurs verbes « essentiellement » ou « accidentellement pronominaux » [...]) n'est ni un auxiliaire ni un coverbe mais une copule.

2. La « voix pronominale » exprime l'aspect extensif par l'auxiliaire *être* [...].

3. Les verbes intransitifs adoptent (a) tantôt l'auxiliaire *avoir*, (b) tantôt l'auxiliaire *être*, (c) tantôt

ここでは検討の対象外とし，第三の点についてさらに考察したい．WILMET は第三の指摘を (a)(b)(c) の3つにさらに分類している．ただし，(a) については，助動詞 avoir をとる動詞が羅列されているに過ぎないため，(b)(c) の考察についてのみ検討する．

「移動を表す動詞は，規範に従って常に助動詞 être を用いて活用される：*aller, arriver, décéder, descendre, échoir, entrer, mourir, naître, partir, rester* (ゼロ移動), *sortir, tomber, venir* [...].」*[278] (ibid., p.323)

「移動を表す」としているこれらの動詞のうち，décéder, mourir に移動の概念を認めることは困難であるし，rester を「ゼロ移動」とするのにも無理があるように思われる．「ゼロ移動」という概念を導入するならば，demeurer などは常に助動詞 être が用いられるはずである．しかし実際には，次例のように habiter の意味では助動詞 avoir が使われるとされる．

(541) Je prends des informations sur la Syrie, où une personne de ma connaissance *a demeuré* deux ans et en dit des choses qui tenteraient d'y aller [...]
(LAMENNAIS, *Lettres à la Baronne Cottu* in Discotext)

ここまでですでに明らかになったように，助動詞としてどちらを用いるのかという基準を，客観的に示すことは極めて困難である．他動詞，代名動詞については例外なく規則的になっているが，自動詞についてはその基準の明確化は難しい．
LEEMAN-BOUIX (1994b) は，この問題についてまずは統計的なことに触れている．動詞の活用表 *Bescherelle* によれば，掲載されている 10000 の動詞のうち，助動詞として être のみを用いる動詞はおよそ 30 であり，比率に換算すればわずか 0,3% にすぎないという (LEEMAN-BOUIX, 1994b, p.108). 助動詞として avoir, être のいずれをも用いる可能性があるものはおよそ 60, 0.6 % であり (ibid.)，残りは助動詞として avoir を使うものということになる．
LEEMAN-BOUIX (1994b) は，統辞的に助動詞選択の根拠を記述することは困難であるとし，意味による区別を試み，(1) 意味の違いが区別できるもの，(2) 意味の

---

l'auxiliaire *avoir* ou l'auxiliaire (la copule ?) *être*. (WILMET, 1998, p.322)
*[278] (b) Se conjuguent toujours, suivant la norme, avec *être*, les verbes de déplacement *aller, arriver, décéder, descendre, échoir, entrer, mourir, naître, partir, rester* (déplacement zéro), *sortir, tomber, venir* [...] (WILMET, 1998, p.323)

第 7 章　助動詞の機能

違いが見いだせないもの，(3) 助動詞 être を選択できないもの，に区別して分析する．

まず，(1) 意味の違いが区別できる動詞であるが，助動詞として être のみを用いる動詞の場合，être + 過去分詞は 2 通りの解釈が可能であるとする．

(542) Max est parti à 5 heures. (Leeman-Bouix, 1994b, p.109)
(543) Max est parti. (ibid.)

第 1 例では，出来事が描写されているが，第 2 例ではその行為の結果状態が描かれているとする (ibid.)．このように，est parti という同一形態を用いても，伝達内容に差が出うるという主張は，Togeby, Gross らと共通する．

次に，(2) 意味の違いが見いだせない動詞については，以下の例をあげ，意味の違いを見いだすことは出来ないとする．

(544) Les enfants ont accouru. / sont accourus pour goûter. (ibid.)
(545) Ils ont demeuré / sont demeurés ici assez longtemps. (ibid.)

しかしながら，Grevisse のように，être を用いた場合には avoir の場合よりも結果状態が重視されると主張する研究者もいると述べるものの，自論の展開はない．

(3) 助動詞 être を選択できない動詞というのは，現代フランス語においては許容されがたいと思われるものであり，例文を列挙するに留まっているので特に検討を行わない．従って，我々としては (1)(2) の場合のみを問題とする．

Leeman-Bouix (1994b) の結論は，次の通りである．

「こうして，過去分詞を状態のように解釈できない場合には，être は後退し avoir に道を譲ると結論できるであろう．言い換えれば，2 つの助動詞の振り分けは次のように行われている：出来事・行動が問題となるとき avoir，結果・状態が問題となるとき être．」*[279] (ibid., p.111)

つまり，aller, venir のように助動詞が決定されている，換言すれば文法的拘束のようなものによって決まっているものもあるが，いくつかの動詞は話者の伝達し

---

*[279] Ainsi peut-on conclure que *être* régresse au profit de *avoir* lorsque l'on ne peut pas interpréter le participe passé comme un état. Autrement dit, une répartition paraît se faire entre les deux auxiliaires : *avoir* lorsqu'il s'agit de l'événement, de l'action, et *être* lorsqu'il s'agit du résultat, de l'état. (Leeman-Bouix, 1994b, p.111)

たい内容によって話者自身が助動詞を決定できるのである．前者の場合にも，Leeman-Bouix が主張するように「出来事・行動」を問題とするか，「結果・状態」を問題とするかによって助動詞の選択が変わってくるが，共時的分析のみではその根拠が説明できない動詞があるのも事実である．特に，自動詞のうち，助動詞に avoir を用いるものについては，通時的な考察が不可欠である．

第8章

複合形に共通する機能

LEEMAN-BOUIX (1994b) は次のように対比させる．

「それぞれの法の中で，動詞には2つ形態群があり，それは単純形と複合形である．[...] 全ての場合において，活用された動詞からなる1語の形態（単純形）は，活用された助動詞と過去分詞から成る2語の形態（複合形）に対立する．この対立は，動詞のアスペクトを示している．単純形は，事行を展開中のものとして示し，複合形はそれを完了したものとして示す．例えば，

Tapez-moi cette lettre à 3 heures.

という文からは，聞き手は3時にタイプを始めるか，3時にタイプしている状態にあると予想されるが，

Ayez tapé cette lettre à 3 heures.

という文からは，3時にはタイプし終わった手紙を渡すことができる [...] ということが予想される．この前者の場合には，未完了アスペクトが問題になっており，後者では完了アスペクトである．」*280

(LEEMAN-BOUIX, 1994b, pp.48-49)

ここで LEEMAN-BOUIX があげている2つの例を用いて補足するならば以下のようになろう．いわゆる命令法過去形を用いた場合，3時という基準時において taper という行為は完了していなければならない．しかしながら命令法現在形の場合には，3時時点で taper しているか，taper し始めなければならない．この2つの例

---

*280 Dans chacun des modes, le verbe connaît deux ensembles de formes, soit simples, soit composées. [...] Dans tous les cas, un terme, le verbe conjugué (forme simple) s'oppose à une unité formée de deux termes, l'auxiliaire conjugué et le verbe au participe passé (forme composée). Cette opposition marque l'aspect du verbe : la forme simple montre le procès en cours et la forme composée le montre achevé. Ainsi,
Tapez-moi cette lettre à 3 heures.

で異なるのは，補語代名詞の有無を除けば動詞の活用形が単純形であるか複合形であるかだけである．単純形と複合形の差異は，統辞的には助動詞の有無，過去分詞の有無ということになるが，先に見た通り，過去分詞は本質的に完了を示す．この性質は，複合形の中に過去分詞が現れた場合でも変わることはない．従って，複合形については，複合時制の種類を問わず，完了を表すことが本質であると結論づけることができる．

次に単純形についてであるが，すでに直説法現在形の項で我々は，「完了」という概念に対立する概念として，「未完了」ではなく「完了でも未完了でもない」という中立的な概念を提案した．この中立的なアスペクト価を持つということが，法・時制を問わず，全単純形が共通して持っている性質であると考えられる．そして，このアスペクト価が中立であるからこそ，単純形は解釈レベルにおいて未完了のアスペクトも完了のアスペクトも持つことができる．例えば，次例における dire の現在形のアスペクト価は，この発話がいつ，どのようになされるかによって異なる．

(546) Il *dit* : "Bonjour".

この例においては，時の副詞（句）といった時間を決定する要素がないため，(i)（いつものように）彼は「こんにちは」と（これから）言う，(ii)（いつも習慣的に）彼は「こんにちは」と言う，(iii) 彼は「こんにちは」と言った，というように複数の解釈が可能となる．つまり，上例は，上例の情報だけでは文中の現在形のアスペクト価は決定できないのである．

最後に，「完了」という概念と「先行性」という概念に関してであるが，すでに述べたように，「完了」を表すことが必ずしも「先行性」を示すとは限らないという点を補足したい．

(547) Mais, pendant ce temps, sans perdre une minute, M. Gerbois *avait sauté* dans la première voiture qui *passait*. [=(124)]
(LEBLANC, *Arsène Lupin contre Herlock Sholmes,* p.26)

この LEBLANC の例には，大過去形におかれている sauter と半過去形におかれてい

---

suppose que l'interlocuteur commence à taper ou soit en train de taper la lettre à 3 heures ; tandis que :
  Ayez tapé cette lettre à 3 heures.
suppose que l'interlocuteur soit en mesure à 3 heures de donner la lettre tapée [...]. Dans le premier cas, on parle d'aspect non accompli, dans le deuxième d'aspect accompli.
(LEEMAN-BOUIX, 1994b, pp.48-49)

る passer が現れているが，複合時制である avait sauté によって表されている事行の方が単純時制である passait により示されている事行に先行しているとは考えられない．sauter dans la première voiture はいわばテリックな事行であるから，完了を示す複合時制である大過去形が用いられ，一方，passer の方はアテリックであるため，単純時制でアスペクト価が未決定である半過去形が用いられたと考えられる．この文における avait sauté によって表されている事行が passait により示されている事行に時間的に先行していないという解釈は，時制そのものではなく文脈や動詞の語彙的意味から可能になるのである．

第 9 章

結 論

　時制に関してはおびただしい数の先行研究があるが，その大部分は時制体系全体を扱ったものか，ある特定の一時制の一用法を論じたものである．そのため，複合過去形，大過去形，前過去形，前未来形といった複合時制に共通する機能がどのようなものであるのかは軽視されてきたように思われる．

　また，複合時制に共通の機能を論じるには，単純時制に共通の性質についても分析しなければならない．伝統的に単純時制は全て未完了を表すと説かれることが多かった．特に半過去形に関しては，GUILLAUME (1929, 1951), STEN (1952), IMBS (1960), MARTIN (1971), WILMET (1976, 1998²) をはじめとし，その本質を過去における事行を未完了のものとして提示すると述べる先行研究が数多く見られる．

　しかしながら，SERBAT (1980) らも指摘している通り，例えば現在形が現在の未完了の事行を表すことがその本質であると考えるには問題がある．むしろ，現在形といった単純時制そのものには「未完了」というアスペクト価はなく，文脈や動詞の語彙的アスペクトといった外的要因によって，各文脈における現在形のアスペクトが決定されると考えるべきである．

　単純過去形についても同様に，時制から見ての外的要因である文脈や動詞の語彙的アスペクトによって決定されると考えられよう．しかしここで，単純過去形と同じように単純時制であり，それ自身では固有のアスペクト価を持たない半過去形との差が問題となる．

　(548) Il *mourut* le 26 juin.
　(549) Il *mourait* le 26 juin.

この 2 例の場合，単純過去形を用いれば「彼は死んだ」という解釈が自然であるのに対し，半過去形の場合には少なくとも 6 月 26 日時点では「彼は死にかけていた」にすぎず，これ以上の文脈を与えないかぎり，彼はこの日には死んでいないという解釈が優勢である．なぜ同じようにアスペクト価が決定されていない単

第9章　結論

純時制を用いているにもかかわらず，一方では「死んだ」，もう一方では「死んでいない」という両極端な解釈が生まれるのか．

　これは，単純過去形のみが「過去性」という情報を持っていることによる．すなわち，単純過去形の場合には Il mourut という一節のみで「過去時」であることが保証される．後続する le 26 juin という日付表現は，その「過去時」を特定しているにすぎない．この6月26日が現在，あるいは発話時とは切り離された過去であるという解釈から，mourir という事行そのものも現在や発話時とは時間的に切り離された時間帯における事行であると解釈される．従って，Il mourut が「死にかけていた」という状態を表し，発話時においてもなお「死にかけていた」という解釈は成立しない．換言すれば，Il mourut により「死んだ」という解釈が成立し，「死んだ」という解釈のみが成立しやすい理由は，単純過去形が「過去性」を持っているためである．

　一方の半過去形を用いた Il mourait の場合には，Il mourait という形自体では「死んだ」という解釈であるか「死にかけていた」という解釈であるかは決定されない．半過去形自体に，単純過去形が持っているような「過去性」という性質がないからである．

　次例における mourait が「死にかけていた」という解釈になりがたいということは，héritier といった前後に現れている語彙によるものである．

(550) Les douze-tables décidaient de même que si un homme *mourait* sans héritier sien, la succession appartenait au plus proche agnat. Or nous avons vu qu'on n'était jamais agnat par les femmes. L'ancien droit romain spécifiait encore que le neveu héritait du patruus, c'est-à-dire du frère de son père, et n'héritait pas de l'avunculus frère de sa mère.
　　　　　　　　　　　　　　(FUSTEL DE COULANGES, *La Cité antique* in Discotext)

逆に，次例において「死にかけていた」という解釈が優勢になるのは，前文脈でその兎にキャベツの葉を与えている場面が示されているからである．

(551) [...] l'abbé Adelmonte prenait donc un lapin et lui faisait manger une feuille de chou ; le lapin *mourait*. (DUMAS, *Le Comte de Monte-Cristo* in Discotext)

常識的に死んでしまった兎にキャベツの葉を与えることはしないから，この兎はまだ死んでいないという解釈の方が優勢である．このように，実際に死んだのか死んでいないのかといったいわば最終的な解釈は，前後文脈などによって導き出

されるものであると考えられよう．

　このため，単純時制が本質的にある事行を未完了のものとして示す機能を持っていると考えるよりも，完了か未完了かというアスペクト価の初期値は未決定であり，文脈や発話状況，動詞の語彙的意味その他によって各文脈毎に決定されると考えるべきであろう．

　これまで見てきたように，同一の動詞の同一時制であっても，文脈等によりその解釈は多岐にわたる．従って，それぞれの時制自身がもともと有する本質的価値はごく単純な性質のものであり，WADA (2001) が述べるように，文脈等が与えられることによって最終的な解釈を得るようになると考えられる．

　そして，複合過去形や大過去形といった複合時制という時制群で考えるならば，その本質は先行性を示すことではなく，単に完了を示すだけにすぎない．複合時制によって示されている事行が，単純時制によって示される事行よりも時間的に先行するというのは，文脈その他により派生する意味効果に過ぎず，複合時制という時制そのものの本質から直接生じるものではないのである．

欧文参考文献

ANSCOMBRE, J.-C. (1992) : "Imparfait et passé composé : des forts en thème / propos", *Information grammaticale,* 55.
ARRIVÉ, M., GADET, F., & GALMICHE, M. (1986) : *La grammaire d'aujourd'hui* (*guide alphabétique de linguistique française*), Flammarion, Paris.
BENVENISTE, E. (1959) : "Les relations de temps dans le verbe français", *Problèmes de linguistique général,* I (1966), Gallimard, Paris.
BERTHONNEAU, A.M. & KLEIBER, G. (1993) : "Pour une nouvelle approche de l'imparfait: l'imparfait, un temps anaphorique méronomique", *Langages,* 113.
BERTHONNEAU, A.M. & KLEIBER, G. (1997) : "Subordination et temps grammaticaux : l'imparfait en discours indirect", *Le français moderne,* LXV-2.
BERTHONNEAU, A.M. & KLEIBER, G. (1998) : "Imparfait, anaphore et inférences", *Cahiers Chronos, 2,* Ropodi, Amsterdam.
BERTHONNEAU, A.M. & KLEIBER, G. (1999) : "Pour une réanalyse de l'imparfait de rupture dans le cadre de l'hypothèse anaphorique méronomique", *Cahiers de praxématique,* 32.
BONNARD, H. (1950^9) : *Grammaire française des lycées et collèges*, Société Universitaire d'Editions et de Librairie, Paris.
BONNARD, H. (1964) : "Avec Arne Klum vers une théorie scientifique des marques temporelles", *Le français moderne,* XXXII.
BONNARD, H. (2000^2) : *Code du français courant*, Magnard, Paris.
BRES, J. (1997) : "Habiter le temps : le couple imparfait / passé simple en français", *Langages,* 127.
BRES, J. (1998) : "De l'alternance temporelle passé composé / présent en récit conversationnel", *Cahiers Chronos, 3 : Variations sur la référence verbale,* Ropodi, Amsterdam.
BRES, J. (1999) : "L'imparfait dit narratif tel qu'en lui-même (le contexte ne le change pas) ", *Cahiers de praxématique,* 32.
BRUNOT, F. (1953^3) : *La pensée et la langue*, Masson et Cie, Paris.
BRUNOT, F. & BRUNEAU, C. (1956) : *Précis de grammaire historique de la langue française,* Masson et Cie, Paris.

Buffin, J. M. (1925) : *Remarques sur les moyens d'expression de la durée et du temps en français*, Presses Universitaires de France, Paris.

Cappello, S. (1986) : "L'imparfait de fiction", *Point de vue sur l'imparfait*, Centre de Publications de l'Université de Caen, Caen.

Chétrit, J. (1976) : *Syntaxe de la phrase complexe à subordonnée temporelle*, Klincksieck, Paris.

Chevalier, J.C. (1978) : *Verbe et phrase*, Editions Hispaniques, Paris.

Cohen, M. (1965) : *Le subjonctif en français contemporain*, Centre de documentation universitaire, Paris.

Confais, J.P. (1990²) : *Temps, mode, aspect*, Presses universitaires du Mirail, Toulouse.

Cornu, M. (1953) : *Les formes surcomposées en français*, Francke, Berne.

Culioli, A. (1980) : "Valeurs aspectuelles et opérations énonciatives : l'aoristique", *Recherches linguistiques*, V : *La notion d'aspect*, Klincksieck, Paris.

Damourette, J. & Pichon, E. (1911-1933) : *Essai de grammaire de la langue française*, Editions d'Artrey, Paris.

Declerk. R. (1986) : "From Reichenbach (1947) to Comrie (1985) and beyond", *Lingua*, 70.

De Mulder, W. & Vetters, C. (1999) : "Temps verbaux, anaphores (pro)nominales et relations discursives", *Travaux de linguistique*, 39.

Dendale, P. (1993) : "Le conditionnel de *l'information incertaine* : marqueur modal ou marqueur évidentiel ?", *XXe Congrès International de Linguistique et Philologie Romanes*, tome I, Francke Verlag, Tübingen.

De Voküé, S. (1993) : "Des temps et des modes", *Le gré des langues*, 6.

De Voküé, S. (1999) : "L'imparfait aoristique, ni mutant ni commutant", *Cahiers de praxématique*, 32.

Dubois, J. & Lagane, R. (1995) : *Grammaire*, Larousse, Paris.

Dubois, J. & Lagane, R. (2001) : *La nouvelle grammaire du français*, Larousse, Paris.

Ducrot, O. (1979) : "L'imparfait en français", *Linguistische Berichte*, 60.

Ducrot, O. (1991²) : *Dire et ne pas dire*, Hermann, Paris.

Englebert, A. (1998) : *L'infinitif dit de narration*, Duculot, Louvain-la-Neuve.

Franckel, J. (1984) : "Futur «simple» et futur «proche»", *Le Français dans le monde*.

Franckel, J. (1989) : *Etudes de quelques marqueurs aspectuels du français*, Droz, Genève.

Fouché, P. (1939) : *Le verbe français*, Société d'édition : Les belles lettres, Paris.

FUCHS, P. (1986) : "L'ambiguïté et la paraphrase en psycho-mécanique : l'exemple de l'imparfait", *Point de vue sur l'imparfait*, Centre de Publications de l'Université de Caen, Caen.

FURUKAWA, N. (1996) : *Grammaire de la prédication seconde*, Duculot, Louvain-la-Neuve.

FURUKAWA, N. (2000) : "*Elle est là qui pleure* : construction à thème spatialement localisé", *Langue française*, 127.

FURUKAWA, N. (2002) : "Construction grammaticale et sous-détermination structurelle : autour de l'emploi attributif du verbe *avoir*", *Le français moderne*, LXX-2.

GOSSELIN, L. (1996) : *Sémantique de la temporalité en français*, Duculot, Louvain-la-Neuve.

GOSSELIN, L. (1999a) : "La cohérence temporelle : contraintes linguistiques et pragmatico-référentielles", *Travaux de linguistique*, 39.

GOSSELIN, L. (1999b) : "Le sinistre Fantômas et l'imparfait narratif", *Cahiers de praxématique*, 32.

GOUGENHEIM, G. (1939) : *Système grammatical de la langue française*, Editions d'Artey, Paris.

GOUGENHEIM, G. (1971) : *Etude sur les périphrases verbales de la langue française*, Editions A.-G. Nizet, Paris.

GREIDANUS, T. (1990) : *Les constructions verbales en français parlé*, Niemeyer, Tübingen.

GREVISSE. M (1961~1965) : *Problèmes de langages*, Presses Universitaires de France, Paris.

GREVISSE. M (1993[13]) : *Le Bon Usage*, Duculot, Louvain-La-Neuve.

GROSS. M (1968) : *Grammaire transformationnelle du français, syntaxe du verbe*, Larousse, Paris.

GUILLAUME, G. (1929, 1984[2]) : *Temps et verbe*, Editions Champion, Paris.

GUILLAUME, G. (1951) : "L'emploi des temps verbaux en français moderne", *Langage et science du langage* (1964), Librairie A.G. Nizet, Paris.

HANSE, J. (1991[12]) : *Nouveau dictionnaire des difficultés du français moderne*, Duculot, Paris.

IMBS, P. (1960) : *L'emploi des temps verbaux en français moderne*, Librairie C. Klincksieck, Paris.

IRANDOUST, H. (1998) : "Episodes, cadres de référence et interprétation temporelle : application à l'imparfait", *Cahiers Chronos, 3 : Variations sur la référence verbale*, Ropodi, Amsterdam.

JOLY, A. (1989) : "Du présent large au présent étroit : Essai d'interprétation psychomécanique", *Travaux de linguistique, 19.*

KAMPERS-MANTHE, B. (1991) : *L'opposition subjonctif / indicatif dans les relatives*, Ropodi, Amsterdam.

KLUM, A. (1961) : *Verbe et adverbe*, Almqvist & Wiksell, Stockholm.

LANDHEER, R. & SMITH, P. (éds) (1996) : *Le paradoxe en linguistique et en littérature*, Droz, Genève.

LE BIDOIS, G. & R. (1971) : *Syntaxe du français moderne*, Editions A. et J. Picard, Paris.

LEEMAN-BOUIX, D. (1994a) : "*Si j'aurais su, j'auras pas venu*, remarques sur les auxiliaires, la transitivité et l'intransitivité", *Le gré de langues, 7.*

LEEMAN-BOUIX, D (1994b) : *Grammaire du verbe français*, Nathan Université, Paris.

LE GOFFIC, P. (1986) : "Que l'imparfait n'est pas un temps du passé", *Point de vue sur l'imparfait*, Centre de Publications de l'Université de Caen, Caen.

LE GOFFIC, P. (1993) : *Grammaire de la phrase française*, Hachette, Paris.

LE GOFFIC, P. (1995) : "La double incomplétude de l'imparfait", *Modèles linguistiques, 31.*

LE GOFFIC, P. & LAB, F. (2001) : "Le présent «pro futuro»", *Cahiers Chronos, 7 : Le présent en français*, Ropodi, Amsterdam.

LORIAN, A. (1964) : *L'expression de l'hypothèse en français moderne*, Minard, Paris.

MARTIN, R. (1971) : *Temps et aspect — Essai sur l'emploi des temps narratifs en moyen français*, Klincksieck, Paris.

MARTIN, R. (1980) : "«Déjà» et «encore» et les temps du passé du français", *Recherches linguistiques, V : La notion d'aspect*, Klincksieck, Paris.

MARTIN, R. (1981) : "Le futur linguistique: temps linéaire ou temps ramifié ?", *Langages, 64.*

MARTIN, R. (1983) : "Subjonctif et vérité", *Recherches linguistiques, VIII : La notion sémantico-logique de modalité*, Klincksieck, Paris.

MARTIN, R. (1985) : "Langage et temps de dicto", *Langue française, 67.*

MARTINON, Ph. (1927) : *Comment on parle en français*, Larousse, Paris.

MAUGER, G. (1968) : *Grammaire pratique du français d'aujourd'hui, langue parée, langue écrite*, Hachette, Paris.

MOESCHLER, J. (éds) (1998) : *Le temps des événements*, Editions Kimé, Paris.

MOGET, M.T., BESSE, H., LAPEYRE, F., PAPO, E. (1979) : *Interlignes, culture et société*, Didier, Paris.

MOIGNET, G. (1980) : "La théorie psycho-systématique de l'aspect verbal", *Recherches linguistiques V : La notion d'aspect*, Klincksieck, Paris.

MOLENDIJK, A. (1985) : "Point référentiel et imparfait", *Langue française,* 67.

MOLENDIJK, A. (1990) : *Le passé simple et l'imparfait : une approche reichenbachienne*, Ropodi, Amsterdam.

MOLENDIJK, A. (1996) : "Anaphore et imparfait : la référence globale à des situations présupposées ou impliquées", *Cahiers Chronos,* 1 *: Anaphores temporelles et (in-) cohérence*, Ropodi, Amsterdam.

MOLENDIJK, A. & DE SWART, H. (1999) : "L'ordre discursif inverse en français", *Travaux de linguistique,* 39.

OKUBO, N. (1999) : "Le passé composé et le passé simple: leur concurrence avec leur temps composé", *Bulletin d'Etudes de linguistique française,* 33.

OLSSON, L. (1971) : *Etudes sur l'emploi des temps dans les propositions introduites par quand et lorsque et dans les propositions qui les complètent en français contemporain*, Uppsala, Stockholm.

REBOUL, A. (1996) : "Le paradoxe de l'imperfectif : événements, causalité et états de faits", in LANDHEER, R. & SMITH, P. (éds), *Le paradoxe en linguistique et en littérature*, Droz, Genève.

REGULA, M. (1955) : *Grammaire française explicative*, Carl Winter, Universitätsverlag, Heidelberg.

REICHENBACH, H. (1966) : *Elements of symbolic logic*, Dover Publications, New York.

RÉMI-GIRAUD, S. & LE GUERN, M. (éds) (1986) : *Sur le verbe*, Presses universitaires de Lyon, Lyon.

RIEGEL, M., PELLAT, J.C., RIOUL, R. (1994) : *Grammaire méthodique du français*, Presses Universitaires de France, Paris.

SANDFELD, K. (1936) : *Syntaxe du français contemporain,* II*, Les propositions subordonnées*, Droz, Paris.

SANDFELD, K. (1978) : *Syntaxe du français contemporain, L'infinitif*, Droz, Genève.

SAUSSURE, L. & STHIOUL, B. (1999) : "L'imparfait narratif : point de vue (et images du monde)", *Cahiers de praxématique,* 32.

SCHOGT, H.G. (1968) : *Le système verbal du français contemporain*, Mouton, Paris.

SENSINE, H. (1951) : *L'emploi des temps en français*, Payot, Paris.

SERBAT, G. (1980) : "La place du présent de l'indicatif dans le système des temps", *L'Information grammaticale,* 7.

SERBAT, G. (1988) : "Le prétendu 'présent' de l'indicatif: une forme non déictique du verbe", *L'Information grammaticale*, 38.

SOUTET, O. (2000) : *Le subjonctif en français*, Ophrys, Gap.

STEN, H, (1952) : *Les temps du verbe fini en français moderne*, Munksgaard, Copenhague.

TANASE, E. (1943) : *Essai sur la valeur et les emplois du subjonctif en français*, Rouvière, Montpellier.

TASMOWSKI-DE RYCK, L. (1985) : "L'imparfait avec et sans rupture", *Langue française*, 67.

TASMOWSKI-DE RYCK, L. & DE MULDER, W. (1998) : "L'imparfait est-il un temps méronomique ?" in VOGELEER, SV. , BORILLO, A. , VETTERS, C. & VUILLAUME, M. (éds) , *Temps et discours*, Peeters, Louvain-la-Neuve.

TOGEBY, K. (1951) : *Structure immanente de la langue française*, Nordisk Sprogog Kulturforlag, Copenhague.

TOGEBY, K. (1982-1985) : *Grammaire française*, Akademisk Forlag, Copenhague.

TOURATIER, C. (1996) : *Le système verbal français*, Armand Colin, Paris.

TOURATIER, C. (1998) : "L'imparfait, temps du passé non marqué", *Cahiers Chronos*, 2, Ropodi, Amsterdam.

TURNER, N. (2000) : Linguistique contrastive et traduction, étude contrastive de l'infinitif en français et en anglais, Ophrys, Paris.

VET, C. (1980) : *Temps, aspects et adverbes de temps en français contemporain*, Droz, Genève.

VET, C. (1985) : "Univers de discours et univers d'énonciation : les temps du passé et du futur", *Langue française*, 67.

VET, C. (1996) : "Anaphore et deixis dans le domaine temporel", *Cahiers Chronos*, 1 : *Anaphores temporelles et (in-) cohérence*, Ropodi, Amsterdam.

VET, C. (1999) : "Temps verbaux, relations rhétoriques et chaînes topicales", *Travaux de linguistique*, 39.

VETTERS. C. (éds) (1993a) : *Le temps, de la phrase au texte*, Presses Universitaires de Lille, Lille.

VETTERS, C. (1993b) : "Passé simple et imparfait : un couple mal assorti", *Langue française*, 100.

VETTERS. C. (1998) : "Les temps du verbe. Réflexions sur leur temporalité et comparaison avec la référence (pro) nominale", in VOGELEER, SV. , BORILLO, A., VETTERS, C. & VUILLAUME, M. (éds) , *Temps et discours*, Peeters, Louvain-la-Neuve.

VOGELEER, SV., BORILLO, A., VETTERS, C. & VUILLAUME, M. (éds) (1998) : *Temps et discours*, Peeters, Louvain-la-Neuve.

VUILLAUME, M. (1990) : *Grammaire temporelle des récits*, Editions Minuit, Paris.

VUILLAUME, M. (1993) : "Le repérage temporel dans les textes narratifs", *Langages,* 112.

VUILLAUME, M. (2000) : "Heureusement que Pierre n'est pas venu demain !", *Cahiers Chronos,* 6 : *Passé et parfait*, Ropodi, Amsterdam.

WADA, N, (2001) : *Interpreting English Tenses*, Kaitakusha, Tokyo.

WAGNER, R.L., PINCHON, J. (1968) : *Grammaire du français classique et moderne*, Hachette, Paris.

WARTBURG, W., ZUMTHOR, P. (1973^3) : *Précis de syntaxe du français contemporain*, Francke, Berne.

WEINRICH, H. (1989) : *Grammaire textuelle du français*, Didier, Paris.

WILMET, M. (1968) : "L'imparfait dit hypocoristique", *Le français moderne,* XXXVI-4.

WILMET, M. (1976) : *Etudes de morpho-syntaxe verbale*, Klincksieck, Paris.

WILMET, M. (1980) : "Aspect grammatical, aspect sémantique, aspect lexical: un problème de limites", *Recherches linguistiques,* V : *La notion d'aspect*, Klincksieck, Paris.

WILMET, M. (1995) : "L'articulation *mode-temps-aspect* dans le système du verbe français", *Modèles linguistiques,* 31.

WILMET, M. (1996) : "L'imparfait : le temps des anaphores ?", *Cahiers Chronos,* 1 : *Anaphores temporelles et (in-) cohérence*, Ropodi, Amsterdam.

WILMET, M. (1997) : *Le français en Belgique*, Duculot, Louvain-la-Neuve.

WILMET, M. (1998^2) : *Grammaire critique du français*, Duculot, Paris.

YVON, H. (1923) : "A propos du futur antérieur", *Revue de Philologie française et de littérature,* 35.

YVON, H. (1926) : *L'imparfait de l'indicatif en français*, Société d'Edition "Les Belles Lettres", Paris.

YVON, H. (1953) : "Indicatif futur antérieur, ou suppositif probable d'aspect composé ?", *Le français moderne,* XX-III.

和文引用文献

朝倉 季雄 (1955, 2002²):『フランス文法事典』, 白水社.
朝倉 季雄 (1956):『動詞 I』, フランス語学文庫 8, 白水社.
朝倉 季雄 (1958):「複合時称と完了相」,『フランス文法論』(1988), 白水社 所収.
朝倉 季雄 (1968):『フランス文法覚え書』, 白水社.
朝倉 季雄 (1975):「時を表す従属節と主節の動詞時称の対応関係」,『フランス文法論』(1988), 所収.
朝倉 季雄 (1981):『フランス文法ノート』, 白水社.
朝倉 季雄 (1984):『フランス文法メモ』, 白水社.
阿部 宏 (1987):「フランス語の半過去について」,『フランス文学語学研究』, 6, 早稲田大学大学院同誌刊行会.
阿部 宏 (1989):「Je t'attendais 型の半過去について」,『フランス語学研究』, 23.
阿部 宏, 春木 仁孝, 前島 和也 (2000):「文献案内:半過去研究」,『フランス語学研究』, 34.
青木 三郎 (1987):「現代仏語のアスペクトとモダリティ —être en train de と現在形について—」,『フランス語学研究』, 21.
青木 三郎 (1993):「現代フランス語の「複合過去形」の考察(1)」,『文藝言語研究 言語篇』, 23, 筑波大学 文芸・言語学系.
青木 三郎 (1998):「現代フランス語の単純未来形の「多変性」について」,『文藝言語研究 言語篇』, 34, 筑波大学 文芸・言語学系.
市川 雅己 (1988):「半過去の本質的機能について「物語の半過去」(imparfait narratif)を通して」,『筑波大学フランス語フランス文学論集』, 5, 筑波大学.
市川 雅己 (1993):「時制記述の一枠組みについて:A. MOLENDIJK : *Le passé simple et l'imparfait : approche reichenbachienne*, Ropodi, 1990」,『フランス語学研究』, 27.
市川 雅己 (1996):「comme si —法と時制」,『フランス語学研究』, 30.
市川 雅己 (1999):「半過去形の機能について」,『フランス語学研究』, 33.
大久保 伸子 (1990):「語り手の時制としての単純過去」,『茨城大学教養部紀要』, 22.

和文引用文献

大久保 伸子 (1994)：「物語の冒頭における発話レベルと単純過去」,『茨城大学教養部紀要』, 26.

大久保 伸子 (1997)：「前過去と大過去」,『フランス語フランス文学研究』, 77.

大久保 伸子 (2002)：「切断の半過去について ― Huit jours plus tard, elle mourait...」,『フランス語学研究』, 36.

小熊 和郎 (1993)：「トコロダと aller, venir de, être en train de + infinitif ―アスペクトとモダリティの関連を巡って―」,『フランス語フランス文学論集』, 29, 西南学院大学学術研究所.

小熊 和郎 (2001a)：「フランス語の現在形と＜境界＞の消去 ―英仏対照の観点から―」,『フランス語フランス文学論集』, 42, 西南学院大学学術研究所.

小熊 和郎 (2001b)：「「現在形」と迂言形式：英仏対照」,『フランス語研究』, 35.

小熊 和郎 (2002)：「半過去と＜境界＞の消去」,『フランス語フランス文学論集』, 43, 西南学院大学学術研究所.

川本 茂雄 (1954)：「フランス語の複合時称 ?時称組織の三次元的解釈の試み（その１）」,『言語の構造』(1985), 白水社 所収.

川本 茂雄 (1967)：「弁別特質 $\alpha^1 \alpha^2 \omega$ の設定」,『言語の構造』(1985), 白水社 所収.

川本 茂雄 (1982)：『フランス語統辞法』, 白水社.

木下 光一 (1969)：「H.G. SCHOGT : Le système verbal du français contemporain」,『フランス語学研究』, 4-5.

木下 光一 (1973)：「動詞時称体系と isomorphisme」,『フランス語学研究 7』

古石 篤子 (1987)：「現代フランス語複合過去形の「曖昧性 (ambiguïté)」について」,『流通経済大学論集』, 22-2.

阪上 るり子 (1999)：「時況節を含む発話における節間の時・アスペクト関係」,『フランス語学研究』, 33.

佐藤 房吉 (1977)：「「愛着を示す」半過去について」,『文藝言語研究 言語篇』, 2, 筑波大学 文芸・言語学系.

佐藤 房吉 (1990)：『フランス語動詞論』, 白水社.

佐藤 正明 (1984)：「«présent dilaté dans le passé» の制約」,『フランス語学研究』, 18.

佐藤 正明 (1985)：「Aller +inf. と未来形の機能的差異」,『フランス語学研究』, 19.

佐藤 正明 (1986)：「未来形と modalité」,『東北大学教養部紀要』, 46.

佐藤 正明 (1994):「発話者の個人的評価を示す前未来」,『フランス語学研究』, 28.

佐藤 正明 (2000):「完了の複合過去 ―時間的定位とその質的安定化の構図―」,『人文論叢』, 32-3, 福岡大学総合研究所.

曽我 祐典 (1985, 2001²):「フランス語の動詞叙法」,『フランス語学の諸問題 I』, 東京外国語大学グループセメイオン.

曽我 祐典 (1995):「判断の表現 <penser + INF / que IND>」,『フランス語学研究』, 29.

田中 善英 (1999):「フランス語動詞直説法時制体系試論」『フランス語フランス文化研究』, 7, 獨協大学大学院外国語学研究科.

田中 善英 (2003): Imparfait de dramatisation,『フランス語フランス文化研究』, 11, 獨協大学大学院外国語学研究科.

西村 牧夫 (1979):「発話時制空間と半過去・大過去」,『フランス語フランス文学論集』, 15, 西南学院大学学術研究所.

西村 牧夫 (1985, 2001²):「現在にかかわる大過去」,『フランス語学の諸問題 I』, 東京外国語大学グループセメイオン.

練尾 毅 (1997):「近接未来形について」,『フランス語を考える フランス語学の諸問題 II』, 東京外国語大学グループセメイオン.

春木 仁孝 (1991):「Je ne savais pas que c'était comme ça ―確認の半過去―」,『フランス語フランス文学研究』, 59.

春木 仁孝 (1992):「時制・アスペクト・モダリティー ―フランス語の半過去の場合―」,『言語文化研究』, 18, 大阪大学.

春木 仁孝 (1993):「ジェロンディフの複合形について」,『フランス語学研究』, 27.

春木 仁孝 (1999a):「半過去の統一的理解を目指して」,『フランス語学研究』, 33.

春木 仁孝 (1999b):「新しい半過去論の構築に向けて ― LE GOFFIC, DUCROT, BERTHONNEAU et KLEIBER を批判する ―」,『言語文化研究』, 25, 大阪大学.

春木 仁孝 (2000a):「J'ai rencontré un réfugié qui arrivait du Kosovo ―半過去の属性付与機能について―」,『フランス語フランス文学研究』, 77.

春木 仁孝 (2000b):「テキスト構成とテンス・アスペクト」, Gallia, XL, 大阪大学フランス語フランス文学会.

和文引用文献

春木 仁孝 (2000c)：「現代フランス語の大過去とテンス・アスペクト」,『言語文化研究』, 26, 大阪大学.

春木 仁孝 (2001)：「Mourir の時制 ―「語り」における複合過去の機能―」,『現代フランス語のテンス・アスペクト・モダリティー』, 大阪大学言語文化部・大阪大学大学院言語文化研究科.

林 迪義 (2001)：「接続詞 si と真実」,『フランス語学研究』, 35.

古川 直世 (1987)：「フランス語における主題の概念と遊離構文」,『文藝言語研究 言語篇』, 12, 筑波大学 文芸・言語学系.

前島 和也 (1997)：「時制と人称：半過去の場合」,『慶應義塾大学日吉紀要フランス語フランス文学』, 25.

前島 和也 (2001)：「自由間接話法と半過去の両義性」,『フランス語学研究』, 35.

南舘 英孝 (1997)：「Aller +inf. と単純未来 ―その棲み分けと競合―」,『フランス語を考える フランス語学の諸問題 II』, 東京外国語大学グループセメイオン.

三宅 徳嘉 (1967)：「シンタクスの分析と記述」,『フランス語学研究』, 1.

森本 英夫 (1979)：『フランス語動詞時称記述の方法』, 駿河台出版社.

山田 秀男 (1994)：『フランス語史 増補改訂版』, 駿河台出版社.

脇阪 豊, 大瀧 敏夫, 竹島 俊之, 原野 昇 共訳 (1971)：『時制論』, 紀伊国屋書店. (原題 WEINRICH, H. *Tempus*)

渡瀬 嘉朗 (1985, 2001²)：「動詞の「時」と「相」」,『フランス語学の諸問題 I』, 東京外国語大学グループセメイオン.

渡瀬 嘉朗 (1997)：「二つの過去形 ― 意味の枠組の明確な過去, 枠組のない過去―」,『フランス語を考える フランス語学の諸問題 II』, 東京外国語大学グループセメイオン.

渡邊 淳也 (1998)：「他者の言説をあらわす条件法について」,『筑波大学フランス語フランス文学論集』, 13, 筑波大学.

渡邊 淳也 (2004)：『フランス語における証拠性の意味論』, 早美出版社.

欧文出典

BALZAC, H. (1971) : *Le Père Goriot*, Gallimard, Paris.
BAYARD, G. (1983) : *Michel aux Antilles*, Hachette. Paris.
BISSON, T. (1997) : *Le cinquième élément*, traduit de l'anglais par Dominique HAAS, Pocket, Paris.
BOYER, F. (1968) : *Jeux interdits*, Denoël.
BROWNE, D. (1984) : *Hägar Dünor, Viking, ménage-toi !*, Dargaud, Paris. (Bandes dessinées).
BUTOR, M. (1957) : *La modification*, Les Editions de Minuit, Paris.
CAMUS, A. (1942) : *L'étranger*, Gallimard, Paris.
CHRISTIE, A. (1958) : *Le train de 16 heures 50*, traduit de l'anglais par Jean BRUNOY, Librairie des Champs-Elysées, Paris.
DUMAS, A. (1981) : *Le Comte de Monte-Cristo*, Gallimard, Paris.
FLAUBERT, G. (1990) : *Madame Bovary*, Pocket, Paris.
FLAUBERT, G. (1999) : *Trois Contes*, Librairie Générale Française, Paris.
GALLAND, J,P. (1983^2) : *Dictionnaire des rues de Genève*, Promoédition, Genève.
GIDE, A. (1921) : *Isabelle*, Gallimard, Paris.
HUGO, V. (1973) : *Les Misérables*, Gallimard, Paris.
HUGO, V. (1980) : *Les Travailleurs de la mer*, Gallimard, Paris.
HUGO, V. (1998) : *Notre-Dame de Paris*, Librairie Générale Française, Paris.
KRISTOF, A. (1986) : *Le Grand Cahier*, Editions du Seuil, Paris.
LEBLANC, M. (1963) : *Arsène Lupin contre Herlock Sholmes*, Librairie Générale Française, Paris.
LEBLANC, M. (1964) : *Arsène Lupin, La comtesse de Cagliostro*, Librairie Générale Française, Paris.
LEBLANC, M. (1964) : *Arsène Lupin, L'aiguille creuse*, Librairie Générale Française, Paris.
LEBLANC, M. (1965) : *Arsène Lupin, Le bouchon de cristal*, Librairie Générale Française, Paris.
LEBLANC, M. (1965) : *Les Confidences d'Arsène Lupin*, Librairie Générale Française, Paris.

欧文出典

LEBLANC, M. (1966) : *Arsène Lupin, 813 / La double vie d'Arsène Lupin*, Librairie Générale Française, Paris.
LEBLANC, M. (1966) : *Arsène Lupin, 813 / La double vie d'Arsène Lupin*, Librairie Générale Française, Paris.
LEBLANC, M. (1969) : *Arsène Lupin, L'île aux trente cercueils*, Librairie Générale Française, Paris.
LEBLANC, M. (1976) : *Les trois yeux*, Librairie Générale Française, Paris.
LEBLANC, M. (1977) : *Le Formidable événement*, Librairie Générale Française, Paris.
LE CLÉZIO, J.M.G. (1978) : *Mondo et autres histoires*, Gallimard, Paris.
LE CLÉZIO, J.M.G. (1991) : *Onitsha*, Gallimard, Paris.
MÉRIMÉE, P. (1996) : *Carmen*, Librairie Générale Française, Paris.
MODIANO, P. (1981) : *Une jeunesse*, Gallimard, Paris.
MODIANO, P. (1992) : *Un cirque passe*, Gallimard, Paris.
MURAKAMI, R. (1977, 1997) : *Bleu presque transparent*, traduit du japonais par Guy MORET et Georges BELMONT, Picquier poche, Editions Philippe Picquier.
OYONO, F. (1956) : *Le vieux nègre et la médaille*, Union Générale d'Editions, Julliard, Paris.
PROUST, M. (1958) : *Contre Sainte-Beuve*, Gallimard, Paris.
RIO, M. (1984) : *Alizés*, Editions Balland, Paris.
SAINT-EXUPÉRY, A. (1929) : *Le Courrier sud*, Gallimard, Paris.
SAINT-EXUPÉRY, A. (1946, 1999) : *Le Petit Prince*, Gallimard, Paris.
SÉGUY, P. (1991) : *Jeanne d'Arc*, Pocket, Paris.
SIMENON, G. (1968) : *Maigret hésite*, Librairie Générale Française, Paris.
STENDHAL, M. (1827, 2000) : *Le Rouge et le Noir*, Gallimard, Paris.
WELLS, H.G. (1958) : *L'homme invisible*, traduit de l'anglais par Achill LAURENT, Editions Albin Michel, Paris.
ZOLA, E. (1983) : *Germinal*, Librairie Générale Française, Paris.

あとがき

　本書は，2003 年に獨協大学に提出した学位論文に誤字・脱字の訂正といった必要最小限の修正を加えたものです．

　学位論文の執筆にあたっては，井村順一先生，木下光一先生，古川直世先生，保苅瑞穂先生，山田秀男先生より多大なるご指導ご鞭撻を賜りました．この場を借りて心より感謝申し上げます．

　また，インフォーマントチェックを快く引き受けてくれた Damien Poupi さん，Emilie Thoré さん，東京日仏学院の同僚の皆さんにも感謝申し上げます．

　最後に，本書の出版を快諾して下さった早美出版社に感謝の意を表します．

　2006 年 3 月

田中　善英

フランス語における
複合時制の文法

著 者

©

田中 善英
(たなか よしひで)

獨協大学専任講師、東京日仏学院講師
専攻：フランス語学

2006 年 4 月 20 日　初版発行

定価本体 4800 円

発行者　山　崎　雅　昭

印刷所　株式会社　シナノ
製本所　愛千製本有限会社

有限会社　早美出版社

〒 162-0042　東京都新宿区早稲田町 80 番地
TEL. 03 (3203) 7251　FAX. 03 (3203) 7417
振替　東京　00160-3-100140

ISBN4-86042-039-X